AF315656

L'APPROVISIONNEMENT

DE PARIS

EN

TEMPS DE GUERRE

Souvenirs et Prévisions

PAR

A. MORILLON

Ancien chef du bureau de l'*Approvisionnement* à la Préfecture de la Seine.

PARIS

LIBRAIRIE ACADÉMIQUE DIDIER

PERRIN ET Cⁱᵉ, LIBRAIRES-ÉDITEURS

35, QUAI DES GRANDS-AUGUSTINS, 35

L'APPROVISIONNEMENT

DE PARIS

L'APPROVISIONNEMENT

DE PARIS

EN

TEMPS DE GUERRE

SOUVENIRS ET PRÉVISIONS

PAR

A. MORILLON

Ancien chef du bureau de l'*Approvisionnement* à la Préfecture de la Seine

PARIS

LIBRAIRIE ACADÉMIQUE DIDIER

PERRIN ET Cⁱᵉ, LIBRAIRES-ÉDITEURS

35, QUAI DES GRANDS-AUGUSTINS, 35

1888

Tous droits réservés

Quelques jours suffiraient dans cette hypothèse pour mettre Paris en contact immédiat avec l'ennemi, notre armée de première ligne ayant été mise, momentanément au moins, hors de combat.

Est-ce probable ? Nous espérons tous que non.

Mais il suffit que ce soit possible pour que le devoir du Gouvernement soit tout tracé.

Il faut approvisionner Paris au premier signal sérieux de guerre.

C'est ainsi qu'en 1875, lorsque les Allemands ont voulu se jeter sur nous, le ministère du maréchal de Mac Mahon a demandé immédiatement un programme d'approvisionnement et se mettait en mesure de l'exécuter, lorsque le duc Decazes et le général Le Flô opposèrent à l'orage l'intervention de l'empereur Alexandre II.

Certaines personnes disent : « Paris, avec ses nouveaux Forts, ne peut plus être investi. » On en disait autant en 1870. C'est une dangereuse erreur.

Il n'est pas nécessaire, pour arrêter tout apport de vivres, que le blocus soit hermétique. Il suffit de quelques corps d'armée bien munis de cavalerie et placés de manière à intercepter les voies ferrées, routes, fleuves et canaux qui nous ravitaillent au jour le jour.

« Nous empêcherons les arrivages avec 80,000

hommes de cavalerie, disait M. de Bismarck à Jules Favre à Ferrières, le 20 Septembre 1870.

Il y faudrait peut-être aujourd'hui plus de troupes qu'en 1870.

Mais on sait que les Allemands disposent d'une énorme cavalerie. Donc, l'investissement est toujours possible. Un auteur d'au-delà du Rhin a pris soin de le démontrer dans un article inséré en 1882 au *Journal des Sciences militaires*.

Ne nous faisons donc pas d'illusions.

Qu'importe qu'il puisse passer entre deux partis de hulands quelques bestiaux et quelques sacs de farines? Qu'est-ce que cela pour trois millions de consommateurs ?

Je le répète : on devra approvisionner Paris au premier signal sérieux de guerre.

C'est une grosse affaire. Il importe donc de s'y préparer, et, la première chose pour s'y préparer consiste à se rendre bien compte de ce qui s'est fait en 1870, afin de ne rien perdre de l'expérience payée si cher.

Or, une partie considérable des documents spéciaux a péri dans les incendies de mai 1871. C'est une lacune à combler.

Les circonstances ont voulu que dès le moment où l'on a commencé à s'occuper d'approvisionner Paris, j'aie dû suivre l'opération et prendre des notes économiques et chronologiques, toutes personnelles d'ailleurs.

En y ajoutant mes souvenirs, ceux de mes amis et les renseignements puisés dans les décrets, arrêtés, proclamations, affiches, rapports, journaux, comptes, discussions parlementaires, etc., j'ai essayé d'esquisser une petite page de l'histoire du siège.

C'est la première partie de ce travail ; les *souvenirs*.

Dans l'approvisionnement de Paris, comme dans le reste, il a été commis bien des fautes, quelques unes inévitables. Uniquement préoccupé d'en prévenir le retour, je les ai signalées sans hésitation, comme sans parti pris ni politique ; c'était mon devoir.

Mais on ne pourra me reprocher de me borner à la critique ; car je livre à l'appréciation de ceux que ces questions intéressent, les principaux résultats de mes recherches sur l'approvisionnement de Paris, lors de la prochaine guerre.

Ces études ont, du moins, le modeste avantage de reposer sur une statistique sérieuse et de résumer des opinions autorisées.

Elles constituent ma seconde partie ; les *prévisions*.

SOUVENIRS

1870

SOUVENIRS 1870

CHAPITRE PREMIER

L'APPROVISIONNEMENT DE PARIS EN 1870

Origines de l'approvisionnement de Paris. — M. Dumas, président du Conseil Municipal. — M. Henri Chevreau, préfet de la Seine. — Programme. — Pain, viande, fourrages et sel. — Insuffisances et omissions. — Déclarations de M. Emile Ollivier. — M. Alphand et les portes de Paris. — M. Louvet, ministre du Commerce. — M. Perrier, intendant militaire. — 19 millions de conserves. — M. Clément Duvernois, ministre du Commerce. — Emprunt d'un milliard. – Marche sur Sedan. — Le général comte de Palikao. — Le maréchal de Mac-Mahon. — Refuges offerts pour leurs denrées aux agriculteurs du rayon de Paris. — Délibérations du Conseil Municipal des 19 et 22 août. — L'approvisionnement de Paris au Corps Législatif. — M. de Jouvencel et les blés de la Brie: M. Jules Simon et les émigrations ; M. de Kératry et les meules de grains et fourrages ; M. Thiers et les mesures coercitives ; M. Josseau et les lenteurs administratives : M. Darblay et les magasins généraux ; M. Cochery et les chemins de fer; M. Rampont et la viande sur pied; déclaration de M. Clément Duvernois. — L'approvisionnement de Paris au Sénat. — Opinion de M. le baron Haussmann. — Refuges offerts aux femmes et enfants de Paris par les habitants de Buchy (Seine-Inférieure). — Les marchés de Paris ouverts tous les jours. — Avis aux Parisiens de se pourvoir. — M. Sarcey. — Nouvelles invitations aux agriculteurs du rayon de Paris. — Malentendus. — Résultats. — Opinion de M. Jules Simon.

» L'approvisionnement de Paris, *commencé dans la nuit du 4 au 5 août*, a exigé de la part de l'administration des efforts et a produit des effets que l'histoire appréciera. »

C'est en ces termes que M. Dumas, président du Conseil Municipal sous l'Empire, a précisé, dans la séance de l'Académie des Sciences du 18 octobre 1870, la date d'origine de l'approvisionnement.

Mes souvenirs et mes notes la confirment en ce sens, non pas qu'on a commencé l'approvisionnement, mais qu'on y a songé pour la première fois, le 4 août au soir, en apprenant la défaite de Wissembourg qui ouvrit la sinistre série.

Du 5 août au 18 septembre, jour où l'investissement a été complet, on a donc eu six semaines et demie pour exécuter les achats, concentrations, transports et magasinages dont s'est composée cette très grosse et toute nouvelle entreprise. Nous allons voir comment on les a utilisées.

Le gouvernement, au reçu de la terrifiante dépêche, demanda immédiatement à la préfecture de la Seine quelles étaient les denrées et les quantités nécessaires pour approvisionner Paris *pendant deux mois.*

M. Henri Chevreau qui, depuis le 1ᵉʳ janvier, avait remplacé M. Haussmann, réunit sur l'heure une commission composée de M. Dumas, président, de conseillers municipaux et de fonctionnaires et la chargea d'étudier d'urgence la réponse à faire au Ministère.

D'après le plan adopté par le Gouvernement, le concours de la Ville pour son approvisionnement était borné au magasinage. Comme il s'agissait d'un intérêt national, l'État prenait l'opération à son compte et se chargeait de tous les achats ; ce qui devait avoir, disait-on, l'avantage d'éviter sur les divers marchés des concurrences, et, par suite, des majorations de prix.

La commission, chargée du programme, fut, d'abord, un peu étourdie de cette responsabilité qu'il fallait affronter sans retard.

Approvisionner pour deux mois près de deux millions de consommateurs ! cela ne s'était jusqu'alors jamais vu.

On ne trouvait aucune trace sérieuse, en 1814 ni 1815, d'un approvisionnement de Paris menacé par l'invasion. Tout au plus s'était-on alors préoccupé, sans succès du reste, de retrouver un procédé de conservation des viandes qu'on avait laissé perdre et qu'on croyait excellent, le procédé Villauris.

Il est vrai qu'à cette époque la boulangerie avait toujours, dans les magasins de la Ville, un stock de trois mois de farines. Aujourd'hui la situation était bien différente. Il y avait sept ans déjà que l'Empire, nous gratifiant de libertés économiques pour tenir lieu de libertés politiques, avait renoncé à cette garantie.

On le regrettait tout bas. Combien ce stock de trois mois aurait simplifié les questions !

Le public se rassurait par l'idée que l'investissement de Paris était peu probable. Dans un document officiel destiné à renseigner la commission, je me souviens d'avoir lu que Paris conserverait, en tout état de cause, ses communications avec la province, par la rive gauche de la Seine ; qu'au pis aller il suffisait de réunir, en ce qui concerne la viande fraîche, un approvisionnement de douze jours.

Ces illusions étaient générales ; et nous étions excusables de nous tromper à ce point sur la puissance de l'armée allemande, nous qui n'avions pas lu les rapports de l'attaché militaire à notre ambassade de Berlin, colonel Stoffel ! Mais, le Gouvernement ?...

M. Dumas et sa commission partageaient-ils à un degré quelconque cette dangereuse sécurité ? On le croirait vraiment à la vue du programme qu'ils fournirent quelques jours plus tard ; après le second désastre, celui de Reischoffen.

En effet, cette commission commença par décider qu'on n'avait à s'occuper, ni du sucre, ni des légumes secs, ni du café, ni du chocolat, ni de l'huile, ni du vin, ni des beurres fondus, etc. etc. ; attendu que ces denrées étaient en quantités suffisantes dans les magasins et entrepôts.

Quant au combustible, il n'en fut question à aucun degré. On verra plus tard ce qu'il en résulta de souffrances et d'embarras.

En somme, le programme fut limité au pain, à la viande, aux fourrages et au sel.

Pour le pain, les comptes de la caisse de la Boulangerie, de 1864 à 1870, donnaient une consommation annuelle moyenne, pour 1,825,274 habitants (recensement de 1866), de 2,180,999 quintaux 46 kilogrammes de farines; soit, par jour, un peu moins de 6,000 quintaux. Mais, ce chiffre ne représentant que 400 grammes de pain par tête, la commission conseillait de tabler sur 500 grammes, à raison du déficit probable des autres aliments usuels.

A 0,385 grammes de farine par 500 grammes de pain, c'était, pour deux mois, 430,000 quintaux de farines à acheter.

Presque tous les boulangers de Paris (1380 à cette époque) avaient, d'ailleurs, constamment en magasin une avance de quinze jours de farine environ.

Quant à la viande, la commission adoptait, par jour, une moyenne de 700 têtes de gros bétail, 700 veaux, 4,000 moutons et 800 porcs ; ce qui, à 350 kilogrammes de viande nette par bœuf, 78 kilogrammes par veau, 21 kilogrammes par mouton et 83 kilogrammes par porc, donnait une consommation par habitant de 245 grammes, chiffre dépassant le *quantum* ordinaire qui est de 210 grammes environ. Mais on tenait compte du manque de poisson, de volaille, d'œufs, de beurre et de *viande à la main ;* c'est le nom qu'on donne à la viande qui vient de l'extérieur, sans passer par les abattoirs.

Il fallait donc, pour 61 jours, 42,700 bœufs, 42,700 veaux, 244,000 moutons et 48,800 porcs.

Les vaches laitières ne sont pas comprises dans cette évaluation. Il ne pouvait être question de garantir aux habitants de Paris les 310,000 litres de lait qu'ils consommaient par jour.

Quant aux nouveau-nés, y avait-on songé? J'en doute. Heureusement, il y avait à Paris 4,000 vaches laitières donnant, à 10 litres environ par jour, 40,000 litres ; ce pouvait être à la rigueur suffisant, si on les conservait exclusivement pour les 39,957 enfants au-dessous de deux ans, chiffre fourni par le dernier recensement. Mais, les vieillards? les malades? Ils devaient souffrir cruellement du déficit.

En ce qui concerne les fourrages, les rations étaient évaluées comme suit :

Pour un bœuf, 2 bottes de foin de 5 kilogrammes et une botte de paille de 10 kilogrammes ;

Pour un mouton, 2 kilogrammes de foin et 200 grammes de paille ;

Pour un veau, 500 grammes de farine d'orge et 1 kilogramme de paille ;

Pour un porc, 2 kilogrammes de son, 2 kilogrammes de remoulage et 1 kilogramme de paille.

On voit, même en tenant compte de la diminution progressive des bestiaux, tant par la consommation journalière que par les salaisons, quelles masses de fourrages devenaient nécessaires, si l'on parvenait à se procurer, en temps utile, les quantités de bétail sur pied qui viennent d'être énumérées. On devait, il est vrai, acheter des tourteaux, et, on comptait sur les fourrages du rayon de Paris.

Quant au sel, il fallait en avoir trop : c'est un axiôme en cas de siège.

Tel était le programme.

Il était notablement insuffisant ; d'autant plus que le chiffre, pris pour base, de 1,825,000 habitants, vrai en 1866, ne l'était plus en 1870. Il aurait fallu tenir compte de l'augmentation annuelle moyenne, qui était, à cette époque, de 15 à 18,000 têtes, et, tabler sur 1,900,000 consommateurs environ, puisqu'en ce moment on ne pouvait pas prévoir encore le chiffre des émigrations.

Quoi qu'il en fut, dès le 9 août, M. Emile Ollivier ne craignait pas de déclarer au Corps Législatif que : « Paris allait être en état de défense et que son approvisionnement était assuré pour longtemps. »

Ces deux allégations étaient aussi risquées l'une que l'autre. Le ministre avait dû être abusé par des rapports trop zélés.

Quant aux fortifications, les canons n'étaient pas encore arrivés ; je ne sais même pas s'ils étaient en route. Les entrepreneurs des terrassements de Paris venaient, il est vrai, d'être chargés des travaux de fermeture des portes de l'enceinte, et M. Alphand avait mission de les diriger, comme l'Inspecteur général Liard et les ingénieurs sous ses ordres, militairement organisés, avaient été chargés, en

1814, par le maréchal Moncey, des travaux de défense de Paris. Mais il fallait, aux devis et profils dressés à la hâte, l'approbation et, par conséquent, l'examen préalable du commandant en chef du génie, général de Chabaud-Latour. Il n'y avait donc rien de fait.

Quant à l'approvisionnement, M. Louvet ministre du Commerce, n'y voulait mettre que 19 millions. Reculant devant l'idée d'approvisionner Paris en viandes fraîches, il s'en tenait aux conserves et avait chargé M. Perrier, intendant militaire, d'en acheter jusqu'à concurrence de 40,000 quintaux ; ce qui, pour 1,825,000 habitants, à 240 grammes par jour, représentait la consommation de huit à neuf jours. Or, les achats étaient à peine commencés. Il résulte d'ailleurs du rapport officiel que les premiers arrivages datent du 14 août seulement.

Donc, M. Émile Ollivier se trompait ; chose peu surprenante. Jamais homme politique se trompa-t-il davantage ?

La vérité est que l'approvisionnement ne fut activé qu'à partir de la prise de possession du ministère du Commerce par Clément Duvernois, 10 Août.

L'argent, heureusement, ne devait pas manquer. Dès le 12 août, une loi porta à 1 milliard l'emprunt de guerre déjà élevé à 500 millions, le 21 juillet précédent.

Le jeune et aventureux journaliste, bombardé ministre en ces tragiques circonstances, aborda l'opération avec le sentiment de la situation et du milliard et avec l'aplomb d'un homme résolu à faire grand, bien qu'y connaissant peu de chose.

« Le ministre de la guerre, a-t-il raconté, me dit dans le conseil qu'il fallait que l'approvisionnement de Paris fût effectué dans le plus bref délai, parce-qu'il lui était impossible de m'indiquer la date de l'investissement; mais qu'il pouvait avoir lieu très prochainement. La marche de Mac-Mahon sur Metz venait, en effet d'être résolue. »

On voit que le comte de Palikao réunissait ces deux idées, l'investissement de Paris et la marche sur Metz. Le maréchal de Mac-Mahon aurait dit de même, en donnant l'ordre du départ : « Allons nous faire casser les reins. »

Dès ce moment, les hommes de guerre ne croyaient plus au succès.

Clément Duvernois commença par donner l'ordre à M. Perrier de continuer les achats prescrits par M. Louvet. Puis, il s'adjoignit une commission composée du président du Conseil Municipal, M. Dumas, de M. Ozenne, secrétaire général de son ministère, de quelques employés supérieurs et de M. Perrier.

D'autre part, la commission de l'hôtel de ville continuait à fonctionner, avec le préfet pour président, les anciens membres et un nouveau secrétaire, plein de bonne volonté, ancien artiste dramatique, qui avait joué Ruy-Blas à l'Odéon et qui disait très bien le « Bon appétit, Messieurs » !

J'aurai à parler plus loin des marchés conclus par Clément Duvernois. Il me faut m'arrêter, d'abord, sur certaines mesures administratives commandées par la situation et qui devaient avoir d'importants résultats. Je m'efforcerai de mettre dans mon récit moins de confusion qu'il n'y en eut dans ces mesures elles-mêmes.

Dès le 12 août, le Conseil Municipal avait voté pour les dépenses de guerre 5 millions sur les 63 que la loi du 23 juillet l'avait autorisé à se procurer par des émissions de bons sur la caisse municipale. Ces 5 millions devaient pourvoir surtout à l'installation des magasins et dépôts qui allaient devenir nécessaires.

Car il importait, avant tout, de soustraire à l'ennemi les denrées du rayon de Paris, et, par conséquent, de leur faciliter l'accès de la capitale. Le ministre et M. Dumas s'entendirent à ce sujet, mais sans que leur entente pénétrât assez dans les détails. En effet, ce ne fut que par deux délibérations tardives des 19 et 20 Août 1870, que le Conseil Municipal autorisa, exceptionnellement, l'entrée à Paris de toutes marchandises, avec libération des droits d'octroi, soit par consignation desdits droits, soit au moyen de billets à trois mois garantis par deux cautions dûment agréées ; le tout, avec faculté

de réexportation, et, dans ce cas, avec remboursement des droits consignés. Les vins et spiritueux
étaient, en outre, exemptés de tout droit de location dans les entrepôts de la Ville. C'était un premier point.

Mais cela ne suffisait pas. Ce qu'il fallait surtout,
c'était des magasins et des transports. Les propriétaires et agriculteurs s'inquiétaient. Dès le 17
août, M. de Jouvencel, député, avait signalé au Corps
Législatif le syndicat formé par les agriculteurs de
la Brie pour vendre leurs blés au Gouvernement.
Clément Duvernois en avait pris note et s'était montré favorable. M. Thiers, dont l'autorité allait gran-
dissant, avait approuvé : mais on ne s'était pas
pressé.

Enfin la préfecture de la Seine fit publier le 22
Août un avis portant qu'elle s'était entendue avec
les magasiniers Trotrot, Moranvillé et Godillot, qui
devaient recevoir les blés, farines, légumes secs et
fourrages amenés par les agriculteurs et propriétaires, les emmagasiner et les conserver, le tout
sans frais, de telle sorte que les expéditeurs pussent en disposer à leur gré. M. Alfred Blanche, faisant fonction de préfet, ajouta « que cette mesure
aurait pour effet de faire de la capitale une sorte
d'entrepôt de subsistances, dans lequel, après la
guerre, les contrées de la France dont les cultures
auraient souffert, pourraient trouver d'utiles ressources ». On verra plus tard ce qu'il en fut.

Cet avis fut immédiatement suivi d'une note complémentaire offrant comme dépôts aux agriculteurs des terrains variant entre 500 et 34,000 mètres, dans les Ve, XIe, XIIe, XVe, XVIe, XIXe, arrondissements.

L'Administration s'engageait nettement à acheter les denrées amenées ainsi dans les magasins de Paris.

Les bestiaux étaient compris dans le nouvel avis.

Ces facilités devaient être augmentées encore quelques jours plus tard.

C'est, du reste, dans la période comprise entre le 19 Août et le 1er Septembre qu'a lieu le grand effort en vue de l'approvisionnement.

On s'en occupe au Parlement avec insistance.

Dans la séance du Corps Législatif du 23 août, M. Jules Simon fait observer qu'il y a deux manières de pourvoir à l'approvisionnement; la première consiste à remplir les magasins; la seconde consiste à diminuer la population. Il exhorte le Gouvernement à s'adresser aux Compagnies de chemins de fer pour en obtenir les transports gratuits des femmes et enfants qui feront constater leur indigence et des citoyens incapables d'un service de guerre.

Le conseil était bon, mais il ne fut pas suivi de suite. C'est, en effet, six jours plus tard seulement que la préfecture de la Seine publia une note invitant, dans l'intérêt de la défense plus encore que

dans celui des subsistances, les personnes hors
d'état de faire face à l'ennemi à s'éloigner de Paris.
Il est vrai que nombre de gens n'avaient pas attendu cet avis.

A la tribune, le 24 août, M. Thiers loue « l'activité du ministre du Commerce dans l'importante
affaire des approvisionnements », et, dans la séance
du Sénat du 26 août, M. Busson-Billault, ministre
président le Conseil d'Etat, annonce qu'ils s'accu-
mulent avec promptitude et en grandes quantités.

Le même jour, 26, au Corps Législatif, M. de
Kératry fait connaître qu'il existe des meules de
grains et de fourrages dans les départements de la
Seine, de Seine-et-Oise et de Seine-et-Marne ; et
il demande qu'on les fasse enlever d'office. Clément
Duvernois répond que les récoltes peuvent entrer
librement dans Paris ; de plus, il a fait annoncer par
affiches qu'il est disposé à acheter tous les grains
et tous les bestiaux amenés. Il ajoute qu'il appartient au comité de Défense de prendre des mesures
coercitives, s'il le juge convenable ; mais que, jusqu'alors, les précautions prises se bornent à l'offre
du refuge à Paris et de l'acquisition par le ministre
du Commerce.

Là-dessus, intervention de M. Thiers qui soutient
que le Gouvernement a parfaitement le droit d'employer les moyens coercitifs « Comment, s'écrie-t-
il, le Gouvernement a le droit, vu l'état de guerre,
de faire couper des bois, de démolir des maisons et

il ne pourrait pas faire enlever des meules? » Il est applaudi.

M. Josseau se plaint que les populations aient été prévenues trop tard. C'était très vrai.

M. de Jouvencel demande qu'on utilise le cours de la Marne pour conduire à Paris les récoltes de la Brie. Peu pratique! C'était multiplier les manutentions et partant les retards. Or, on était pressé.

M. Darblay veut qu'on augmente le nombre des magasins généraux. C'était s'y prendre un peu tard; mais l'idée était bonne.

M. Cochery veut qu'on traite avec les Compagnies de chemins de fer pour avoir des tarifs réduits. Très juste.

M. Jules Simon demande si on a pourvu au transport des émigrants et M. Alfred Le Roux répond que la Compagnie de l'Ouest délivre des billets gratuits. Bien! et les autres Compagnies? Elles y vinrent un peu plus tard; mais alors, un jour de retard valait un mois.

M. Rampont émet l'avis qu'on pourrait loger dans Paris 20 ou 30,000 bêtes à corne qui subviendraient à l'entretien des habitants de la capitale pendant deux mois! On a vu plus haut ce qu'il en fallait; M. Rampont se trompait des deux tiers.

Clément Duvernois lui répond que la question est difficile; qu'on voulait d'abord n'acheter que des conserves; mais qu'on y a renoncé: 1° parce qu'il n'y en aurait pas eu assez dans toute l'Europe;

2° parce que c'était une nourriture dangereuse pour la santé publique ; qu'on s'était résolu à acheter des bestiaux sur pied et qu'on *comptait sur les propriétaires d'étables et d'écuries pour les loger*. Qui lui avait suggéré cette chimère ? Il en résulta que, quand ils arrivèrent, on ne sut où les mettre.

Depuis ce jour, 26 août, il ne devait plus être question au Parlement de l'approvisionnement de Paris, si ce n'est, le 29, au Sénat où le baron Haussmann, rapporteur d'une loi militaire de circonstance, déclara que « des approvisionnements de toute espèce étaient assurés pour environ un mois et demi ». Et c'était exact. Comme on le verra, surtout en ce qui concerne la viande, il n'y en avait que pour un mois et demi. M. Haussmann avait naturellement une réputation de compétence dans les questions parisiennes. Aussi sa déclaration répandit de la confiance, à cette époque où personne ne prévoyait un siège de quatre mois. Peut-être, par contre, eût-elle le résultat d'empêcher des émigrations.

Je ne dois pas oublier ici la commune de Buchy (Seine-Inférieure) dont les habitants offrirent un asile aux femmes et aux enfants chassés par l'invasion. Le *Journal Officiel* a enregistré cet acte de patriotisme.

Les avis et les mesures destinés à attirer dans l'enceinte fortifiée les denrées du rayon de Paris furent continués plusieurs jours encore. On ajouta de nouveaux dépôts aux précédents.

Mais les moyens de transport manquaient et l'Autorité ne s'en préoccupa pas assez ; tort grave. Des quantités importantes ne purent rentrer à temps.

Je m'arrête sur tout cela, parce que, en pareil cas, il faudrait renouveler cette opération capitale, en tâchant de profiter de l'expérience acquise, c'est-à-dire, en préparant des abris convenables et surtout des transports pour les céréales et les bestiaux.

Le 27, pour répondre aux observations échangées la veille, comme on vient de le voir, au Corps Législatif, le ministre de l'Intérieur, Henri Chevreau, rappelait, par une note au *Journal Officiel*, les dispositions prises par le Conseil Municipal, en ce qui concerne l'octroi. Il ajoutait que les vins et spiritueux pourraient stationner dans des locaux particuliers pendant cinq jours sous les scellés des agents de l'octroi, à charge d'introduction aux entrepôts, dans un second délai de cinq jours.

On comprend la portée de cette nouvelle facilité. Il fallait sauver avant tout les liquides déposés dans les nombreux magasins que les négociants en gros avaient établis par économie aux environs de Paris.

Le 28, nouvelle note portant que, pour activer l'apport des denrées de la banlieue, les marchés de

quartier, couverts ou non couverts, tiendraient désormais tous les jours.

Le 29, invitation aux habitants de se pourvoir
eux-mêmes à l'avance des diverses denrées alimentaires de conservation facile. Cet avis venait trop
tard. On aurait dû commencer par là et y revenir
pour forcer les habitants à en tenir compte.

En effet, si les Parisiens avaient été stimulés
quinze jours plus tôt, ils auraient vidé les boutiques
de la ville, et les commerçants se seraient ingéniés
par tous les moyens possibles à refaire leur stock,
ce qui eût doublé l'approvisionnement et entravé
la hausse des prix ; mais, à cinq jours de Sedan !

Quand le vide commença à se faire sentir chez
les marchands, l'investissement était imminent. Il
était trop tard pour se ravitailler. Il y eut là une faute
grave.

Les approvisionnements particuliers furent,
d'ailleurs, sans importance.

M. Jules Simon a écrit : « Nous regardions comme
très urgent de pousser le commerce et les familles
à se procurer en quantités exceptionnelles toutes
les denrées susceptibles d'être conservées. Nous ne
fûmes pas secondés à cet égard par l'Administration [1]. » M. Jules Simon était alors député.

M. Sarcey a écrit de son côté : « Le Gouvernement avait engagé les particuliers à faire leurs pro-

---

[1] *Souvenris du 4 septembre.*

visions d'avance. Mais personne ou presque personne n'avait pris cet avertissement au sérieux [1]. »

On le vit bien vers la fin du siège, quand la détresse fut presque universelle et s'étendit même aux maisons où l'argent ne manquait pas.

Ce même jour, 29, nouvelle invitation aux agriculteurs à profiter du magasinage gratuit qui leur était offert, avec avis « que les employés de l'octroi feraient connaître aux déposants les locaux disponibles et leur remettraient un bulletin d'introduction. » Mais les frais de transport étaient à la charge des déposants, ainsi que les risques de toutes sortes.

« Les bestiaux devaient être accompagnés de gardiens pour les soigner et de fourrages et litières pour vingt-cinq jours au moins. Les animaux qui deviendraient malades seraient abattus sur l'ordre du vétérinaire, sans que les propriétaires pussent en réclamer la valeur. »

Pourquoi n'avait-on pas dit tout cela plus tôt ? Si je m'attarde dans ces détails, c'est pour faire voir combien on a manqué de méthode.

On sentait la main d'administrateurs surpris par les événements, troublés et qui n'avaient pas pris assez la précaution élémentaire de se faire assister par les spécialistes, qu'ils eussent trouvé si aisément dans le commerce. C'était l'improvisation à

---

[1] *Le Siège de Paris.*

jet continu ; état de choses qui devait nécessairement s'aggraver, quand le 4 septembre aurait
amené à la direction des affaires des administrateurs moins préparés encore.

On se plaignait généralement des entraves résultant de l'obligation infligée aux réfugiés de présenter à l'octroi deux cautions solidaires et de
conduire les bestiaux et céréales dans des enclos
où rien n'était disposé pour les recevoir. En effet,
où les malheureux cultivateurs de la banlieue auraient-ils trouvé ces cautions, et pourquoi ne pas
leur laisser la faculté de conduire leurs bêtes et
leurs marchandises chez des amis, ou en tous cas,
dans des propriétés particulières?

On finit par y venir.

En effet, le 31 août, ils furent prévenus par une
note au *Journal Officiel*, qu'ils pourraient diriger
leurs denrées et animaux sur des locaux autres que
les dépôts publics, à la condition de présenter une
déclaration signée, indiquant leurs noms, prénoms,
résidence et profession, avec engagement d'acquit-
ter les droits sur les quantités qui ne seraient pas
réexportées. Ces dispositions étaient applicables
aux boissons passibles des droits du Trésor.

Pourquoi n'a-t-on pas pris toutes ces mesures
dès le début?

Mais voilà que le 1ᵉʳ Septembre on informe tout
à coup par contre les intéressés, que les magasins
de la ville ne peuvent plus recevoir de bétail à da-

ter du 3 du même mois. Et on ne se contente pas de les autoriser, on les invite à se pourvoir chez les particuliers.

N'y avait-il donc plus de terrains disponibles à Paris, ni d'architectes, d'entrepreneurs et d'ouvriers pour construire des hangars? Si, puisque le 12 septembre suivant, la Mairie Centrale devait mettre à la disposition des cultivateurs de la banlieue 32,000 mètres rue du Chevaleret, 34,000 mètres quai de Javel et 10,000 mètres rue de l'Ave-Maria ; en tout, 76,000 mètres. Je crois tout simplement qu'on ne s'était pas donné la peine d'en chercher. Le manque de méthode produit nécessairement le manque de prévoyance.

Maintenant, quel a été le résultat de ces mesures bien intentionnées, mais discordantes?

Le premier appel aux cultivateurs de la banlieue est daté du 22 août, quinze jours après la défaite de Reischoffen. C'était trop tard. De plus, les abris n'étaient pas prêts, je l'ai dit ; les transports surtout n'étaient nullement organisés.

M. Jules Simon, dont l'opinion comme membre du Gouvernement et président de la Commission des Subsistances, est très intéressante à connaître, a dit : « L'appel de M. Clément Duvernois ne fut pas entendu par les cultivateurs, puisqu'ils étaient encore en possession de leurs blés après le 4 septembre, et que le Gouvernement les réquisitionna entre leurs mains. L'ennemi trouva des ressources en céréales, viande sur pied, vins et fourrages dans tous les pays qu'il traversa. De même qu'on avait complaisamment écarté de sa route l'armée de Mac-Mahon, on lui avait aussi conservé les granges pleines et les magasins richement approvisionnés. »

Il y a, ce semble, dans cette appréciation, un peu de polémique, je veux dire d'exagération.

Il importait peu que les blés fussent encore aux mains des cultivateurs après le 4 septembre ; ce qui était essentiel, c'était qu'ils fussent sauvés de l'ennemi et acquis à l'approvisionnement. Or, il en était ainsi, et le Gouvernement n'eut que la peine de les prendre, chose facile, puisqu'ils se trouvaient presque tous emmagasinés dans des locaux gardés par l'administration. Seulement, ce n'était qu'une partie de ce qu'il eût fallu sauver. En cela, M. Jules Simon a parfaitement raison.

Il resta aux mains des Prussiens une quantité considérable de marchandises, faute de hâte et de méthode dans les mesures prises pour les amener dans le périmètre des forts. Il faut en prendre bonne note, puisque nous cherchons surtout ici dans le passé la leçon de l'avenir.

On aurait dû tirer deux fois plus du rayon de Paris, puisqu'on était au lendemain de la moisson.

Toutefois, si les apports des réfugiés donnèrent à la défense peu de bétail, ils lui donnèrent [assez de blés pour que Paris en ait vécu pendant la moitié du siège.

Ce fut l'approvisionnement de seconde ligne. Cela serait encore, si la guerre éclatait au lendemain de la moisson. Mais on devrait y songer plus tôt, s'y prendre mieux pour le réunir et l'enlever à l'ennemi; sans trop y compter toutefois; car la guerre peut éclater en un autre moment qu'au lendemain de la moisson.

CHAPITRE DEUXIÈME

LES MARCHÉS DE L'APPROVISIONNEMENT

Rôle de Clément Duvernois dans l'approvisionnement. — Les combustibles. — Les moulins. — La viande sur pied. — Marché Cardon et Rollin. — M. Ozenne, secrétaire général. — Les marchés avec n'importe qui. — Baronne de Schlick. — Borde et Tellenne, ingénieurs. — Fournier, tapissier. — Venlangenhove. — Verdier, banquier. — Latruffe, ancien gendarme. — Robert, journaliste. — Doubles emplois. — Marchés Cavagna; Chollet; Klotz et Lévy, marchands de soieries; Arone; Terme; Ruffel; Préverd et Mundel. — Les payements. — La danse des écus. — La caisse du marché aux Bestiaux; la caisse des Halles. — Les trésoriers généraux. — Les transports par voie ferrée. — Temps perdu.

Pendant que le ministère de l'Intérieur et la préfecture de la Seine combinaient et appliquaient, tant bien que mal, les mesures administratives destinées à sauvegarder, au profit de la défense, les marchandises et bestiaux du rayon de Paris, Clément Duvernois achetait, achetait encore, tant mal que bien, et finalement, il faut bien le reconnaître, contribuait plus que tout autre à réaliser l'approvisionnement imparfait, dont le programme, plus imparfait encore, lui avait été donné.

Quelques détails sur ces achats sont nécessaires, ne fût-ce qu'à titre de renseignements, ou plutôt d'enseignements. Mais un mot d'abord sur l'homme.

Il est certain que la présence au pouvoir de ce ministre, pour le moins inattendu, avait tout d'abord inspiré une confiance médiocre.

Sur le boulevard, un de ses plus spirituels confrères racontait ce qui suit... et l'on riait.

— Voulez-vous de la houille? disait un grand industriel à Clément Duvernois.

— De la houille! je crois bien; c'est le pain de l'industrie.

— Et de quelle espèce la voulez-vous?

— De quelle espèce?

— Sans doute, il y en a de trois sortes.

— Très bien! Alors un tiers de chacune.

— Et combien vous en faut-il?

Le ministre indique un chiffre; l'industriel sourit.

— Ce serait, dit-il, la consommation d'un jour à Paris.

— Ah! vraiment, dit le ministre... Eh bien! alors, *tant qu'il en pourra tenir!*

Plût à Dieu que l'anecdote eût été vraie, et pas seulement humouristique! Que de difficultés et de réquisitions en moins!

La vérité est que l'on ne trouve pas plus de trace de combustibles dans les marchés que dans le programme. Clément Duvernois n'y avait pas plus pensé que M. Dumas.

« C'est un peu fort! » dira-t-on. Sans doute! Et cependant, il y a plus fort : c'est que, après la terrible expérience du siège et de l'hiver 1870-1871, après que les moulins eurent été vingt fois sur le point de s'arrêter, faute de charbons, le Gouvernement, lors du ravitaillement en 1871, n'y avait pas plus pensé que MM. Dumas et Duvernois en 1870, au moment de l'approvisionnement. J'y reviendrai.

J'ai parlé des moulins. Peu s'en est fallu qu'il en fût de même en ce qui les concerne. Le ministre du Commerce n'avait songé qu'à acheter du blé. Heureusement le directeur de la caisse de la Boulangerie demanda, dès le mois d'Août, l'établissement de cent paires de meules à l'usine Cail. Cela y fit penser.

Un ingénieur des Ponts et chaussées, M. Bouniceau, fut alors chargé d'acheter à la Ferté-sous-Jouarre les meules qui manquaient totalement à Paris. Elles arrivèrent, mais par les *derniers* trains qui circulèrent sur la ligne de l'Est, avant l'investissement.

A quoi tiennent les réputations? On est allé jusqu'à dire que Clément Duvernois avait mis du génie dans l'exécution de l'approvisionnement. Supposez qu'il ne se soit pas trouvé quelqu'un pour faire penser aux moulins, qu'eût-on dit de ce pauvre Duvernois, « qui achetait du blé, mais qui attendait que les moulins lui tombassent du ciel ? » Quels quolibets ! quelle avalanche de ridicules, et quel... désastre !

Maintenant que nous avons vu ce qu'il n'a pas

acheté, voyons un peu ce qu'il a acheté et comment il a conduit ses achats.

On lui a attribué personnellement l'idée d'acheter du bétail vivant. Le programme l'avait devancé.

Le plan d'acquisition des animaux de boucherie sur pied avait été préparé au ministère avant l'arrivée de Clément Duvernois. Le directeur de l'agriculture avait demandé à l'inspection générale des Halles et Marchés une liste des personnes les *plus aptes à donner un concours efficace;* et, le 9 août, cette liste avait été transmise. Or, l'entrée de Duvernois est du 10; mais, il n'avait été rien fait encore. C'est le 19 août seulement, un mois juste avant l'investissement, que fut conclu par le ministre le premier marché relatif au bétail.

Son mérite est d'avoir osé et son conseil avec lui.

MM. Cardon et Rollin, commissionnaires honorablement connus au marché de la Villette, furent choisis, sur la liste fournie par l'inspecteur des halles et marchés, comme agents administratifs chargés d'effectuer pour le compte du Gouvernement toutes les opérations d'achats et d'expédition, jusqu'à concurrence de 21,000 bœufs et vaches, 120,000 moutons et 12,000 porcs.

M. Dumas, qui faisait partie de la commission dont se faisait plus ou moins assister Duvernois, a expliqué plus tard, à l'Académie des Sciences, qu'on n'avait pas voulu prendre de veaux, parce qu'il fallait garder pour les enfants et les malades tout le lait dont on pouvait disposer. Quant aux porcs qui auraient été si utiles, la saison n'était pas favorable. Quoi qu'il en soit, il y avait là la consommation d'une vingtaine de jours environ.

Le choix de MM. Cardon et Rollin était sage. Ils étaient en état de mener à bien la lourde opération qui leur était confiée.

Mais à peine ce marché était-il conclu que Clément Duvernois, trouvant la commande insuffisante et croyant voir dans les agents du ministère une certaine hésitation, se résolut, à faire, avec l'aide du secrétaire général, des achats à côté de ceux qui s'opéraient par l'intermédiaire régulier de ses bureaux.

Le traité Cardon et Rollin était du 19 août ; le lendemain, 20 août, le jeune ministre traitait avec une demie baronne, un ingénieur, un tapissier, un journaliste, un banquier, etc.

Le 23 août, il traitait avec un ex-gendarme, ancien directeur d'une entreprise de boucherie qui venait de le mener loin ; le 25, avec le gérant d'un journal financier, tous gens assez peu préparés, comme on voit, au genre d'entreprise dont il s'agissait.

Je n'insisterai pas. Tout a été dit sur ce sujet. Mais les résultats de cette manière d'opérer sont significatifs.

MM. Cardon et Rollin, qui avaient traité pour

4,000 bœufs, 120,000 moutons et 12.000 porcs, ont livré, en douze jours, du 20 au 31 août, 23,078 bœufs, 160,217 moutons et 9,213 porcs. Ils seraient allés au delà, si le ministre l'avait demandé.

La baronne avait traité pour 4,000 bœufs, 10,000 moutons, 20,000 quintaux de riz, 25,000 quintaux de lard. Elle n'a livré que 679 bœufs et 2,598 moutons. Quant au riz et au lard, zéro. Les bœufs avaient tous été achetés sur le marché même de la Villette, contrairement aux clauses du traité, d'après lesquelles ils devaient provenir du Midi et du Loiret. Ils n'augmentaient donc en rien l'approvisionnement de Paris.

L'ingénieur a livré les 6,000 bœufs commandés; mais la sixième partie environ en avait été achetée sur le marché de la Villette, et il paraît qu'on aurait conduit plusieurs fois les animaux à l'abreuvoir, avant de les peser, ce qui est un moyen connu de les préserver des diminutions de poids.

Le tapissier a livré 926 bœufs et 3,489 moutons, achetés sur le marché de la Villette et aux environs de Paris; donc, en réalité, sans profit pour l'approvisionnement.

Le journaliste, qui avait traité pour 28,000 moutons, n'en a livré que 14,410.

Le banquier, qui avait traité pour 10,000 bœufs, n'en a livré que 631, achetés au marché de la Villette et aux environs de Paris.

L'ancien gendarme, qui avait une commande

illimitée, n'a livré que 1,127 bœufs achetés en presque totalité sur le marché de la Villette. Le 6 octobre 1870, le ministre demandait au parquet d'exercer des poursuites contre lui. Il était soupçonné d'avoir fait passer sur la bascule des animaux déjà reçus et pesés pour le compte de l'État et d'avoir substitué sa marque à celle de divers bouchers sur des bœufs leur appartenant, pour en opérer le détournement. L'incendie du palais de justice a détruit les pièces de la procédure. Donc, légalement, les faits ne sont pas acquis.

Enfin, le gérant d'un journal financier, ancien président d'une chambre de commerce coloniale, avait traité pour 10,000 tonnes de riz, 10,000 barils de farine, 3,000 bœufs et 10,000 moutons. Il n'a fourni sur le tout que 2,781 bœufs et 5,675 moutons.

Je ne m'arrête pas sur les irrégularités de forme; elles sont déplorables.

Mais ce qui vient d'être dit suffit à démontrer quel intérêt, au point de vue du succès même de l'approvisionnement, le ministre aurait eu à traiter avec des négociants sérieux, comme MM. Cardon et Rollin, comme la plupart de ceux dont il avait la liste depuis son entrée au ministère.

La comparaison des prix est plus instructive encore.

Les bœufs de MM. Cardon et Rollin coûtent 479 fr. 45 par tête, ce qui est bien assez cher. Ceux du banquier ont coûté, 498 fr. 30 ; ceux du gendarme, 502 fr. 67 ; ceux de la baronne 530 fr. 78; ceux du tapissier 571 fr. 65 ; ceux de l'ingénieur, 645 fr. 30.

Les moutons de Cardon et Rollin reviennent à 31 fr. 78; ceux du tapissier à 37 fr. 90 ; ceux du journaliste, à 37 fr. 24.

En somme, les achats s'élevaient à 25,320,582 fr. et comprenaient 35.220 bœufs ou vaches ; 186,089 moutons ; 9,213 porcs : consommation de 38 jours.

C'est du moins ce qui avait été payé.

On verra qu'au 20 septembre, ce stock était déjà diminué de près d'un quart, bien que les apports aient pu continuer jusqu'à la date de l'investissement, c'est-à-dire jusqu'au 18 septembre.

Malheureusement, le déficit ne s'explique que trop par les doubles emplois dont les agents de la Ville ont été les témoins indignés, mais impuissants, au marché de la Villette, livré alors à des mains étrangères.

Les marchés relatifs aux autres denrées: farines, conserves, légumes secs, céréales, etc., donnent lieu, pour la plupart, à des observations analogues.

Un industriel, totalement inconnu, a obtenu *verbalement* deux fournitures successives, de 25,000 d'abord, puis de 24,000 balles de farine du Midi. En réalité, il a livré 54,562 quint., pour 2,455,294 fr.70; ce qui met le quintal a 45 fr. Or, parmi ces farines, il y en avait beaucoup de qualité inférieure, et l'enquête a prouvé qu'elles avaient été payées sur place, en moyenne, 37 fr. 73. Il a donc gagné sur l'État 400,000 francs environ, ce qui est exorbitant ; d'autant que, dans le même temps, il se faisait des achats à des prix beaucoup moins élevés dans les mêmes régions, pour le département de la Guerre. Mais le compte de l'industriel avait été réglé par la trésorerie générale de Marseille, avant même de savoir si les marchandises étaient parvenues à Paris.

Pourquoi le ministère ne s'est-il pas adressé à la chambre de commerce de Marseille, son intermédiaire naturel, qui l'aurait renseigné sur les disponibilités et les prix ?

L'ingénieur déjà cité pour une fourniture de bœufs, avait obtenu d'autres marchés pour des farines, du lard, des pommes de terre, du riz, des haricots et de la morue. Au lieu de 4,000 quintaux de pommes de terre, il n'a livré que 930 quintaux, au prix de 23 francs l'un. Or, le quintal revenait à 17 francs à son associé, qui tenait la denrée d'un tiers ; et celui-ci se la procurait à raison de 14 ou 15 francs, rendue à Paris. Quant aux farines, il en a livré 11,538 quintaux, pour 576,000 francs, par conséquent au prix moyen de 50 francs le quintal. Or, les farines fournies par l'industriel ci-dessus ne lui avaient été payées que 45 francs. De plus, l'ingénieur n'a pas acquitté les frais de transport qui étaient à sa charge, ou, du moins, il ne les avait pas acquittés lors de l'enquête.

Un autre a livré de l'orge à 29 francs le quintal, bien que les prix à Paris fussent de 24 et 25 francs. Le beurre lui a été payé 270 francs, tandis qu'il ne valait, suivant les mercuriales, que 250 francs. Le lard a été facturé à 230 francs, au lieu de 180 et 200 francs, prix courants.

Des marchands de soies et lainages ont soumissionné les 24, 25 et 28 août, des fournitures de pois, pommes de terre, jambons, beurres, riz et fromages; ce qui ne rentrait que de bien loin dans leurs occupations ordinaires. Les fournitures s'en sont ressenties. C'est ainsi que sur 10,000 quintaux de riz fournis par eux, il y en avait plus de la moitié qui, n'étant pas décortiqués, étaient absolument impropres à la consommation. On leur a rendu leurs denrées et ils en ont reversé la valeur. Mais ce qu'ils avaient compté à l'État pour 53,562 kilogrammes et 24,103 fr. 10, ils ne l'ont revendu en novembre, quand les prix étaient très élevés, que pour 52,904 kilogrammes et 14,789 fr. 10, ce qui prouve qu'en traitant avec eux l'État avait fait une jolie opération. Quelles distractions!

Quant aux fromages, un de leurs associés avait obtenu 300 francs pour le quintal de Chester, et 250 francs pour le quintal de Hollande. Il a livré 3,518 kilogrammes de fromage; mais sur sa facture, il n'a pas désigné l'espèce, et il a cependant compté le prix le plus élevé. Or, il a été reconnu que les 3,518 kilogrammes consistaient en fromages de Hollande. Où donc était le contrôle ? Distractions sur distractions.

Un autre a livré, au lieu de farines de première qualité, des farines de deuxième qualité, des farines bises et même des farines non achevées.

Les nombreux marchés passés par l'Intendance Militaire n'ont pas été, sans fournir aussi matière à critique dans l'enquête parlementaire. La précipitation, il faut bien le dire, était extrême. L'Intendance achetait aussi pour Paris.

Un fournisseur en a obtenu, pour ses beurres, les prix de 285 et 310 francs le quintal, quand nous en avons vu un autre n'être payé qu'au prix déjà trop élevé de 270 francs. Par contre, les pommes de terre ne lui ont été payées que 15 et 16 francs, tandis qu'un ingénieur avait obtenu du ministère 23 francs. Plusieurs marchands ont élevé, à diverses reprises, la prétention d'avoir traité au *poids brut*, et ils ont fait payer ainsi à l'État, comme denrée de consommation, le bois, la glace et la paille servant d'enveloppe à la marchandise. La commission parlementaire a estimé à 155,650 fr. 73 la somme à reverser sur les fournitures de lard en saumure, de lard sec, de bœuf salé et de harengs salés.

On voit l'utilité de la méthode, de la défiance et des formules de marchés rédigées d'avance, au moins dans leurs clauses principales. On voit également l'utilité d'un contrôleur placé aux côtés de celui qui fait le marché. On éviterait, espérons-le, ces erreurs beaucoup trop grosses.

Je n'irai pas plus loin dans cette énumération. C'en est assez pour servir d'enseignement.

Quant au mode de payement, il était aussi peu administratif que le reste.

C'était bien la danse des écus qui commençait ; cette danse inouïe qui devait durer plus de six mois.

On payait en province par l'intermédiaire des trésoriers généraux, qui, au besoin, ouvraient des crédits aux courtiers de hasard patronnés en haut lieu.

A Paris, on payait, soit au ministère, soit au marché de la Villette, où l'on avait improvisé un service volant de trésorerie ; soit à la Halle, où l'on avait établi aussi une caisse volante.

C'est cette dernière caisse qui payait les fournitures offertes par les cultivateurs réfugiés ; le plus souvent, d'après des prix fixés au *jugé* par le ministère, sans utiliser, au point de vue de la qualité, le contrôle si naturellement indiqué des facteurs.

Bien des marchandises ont dû être ainsi payées à un taux supérieur à leur valeur. Or, le groupe des denrées du rayon, achetées par l'État, représente environ 12 millions.

A ces critiques, il faut ajouter le reproche de n'avoir fait avec les compagnies de Chemins de fer aucune convention spéciale pour les frais de transport des énormes quantités de denrées qu'on a fait venir. Aussi ont-elles appliqué les tarifs commerciaux.

Pour la petite vitesse, ces tarifs sont modérés. Mais une partie considérable des marchandises a été comptée au tarif de la grande vitesse dont le taux est excessif pour de tels trafics. Ainsi, par exemple, 5,000 balles de farine, expédiées des environs de Marseille, dont le transport en petite vitesse jusqu'à Paris n'eût coûté que 2,085 francs, ont coûté, en grande vitesse, 20,250 francs, c'est-à-dire dix fois plus.

La grande vitesse était souvent indispensable; mais cette énorme aggravation de dépenses ne l'était pas.

Le ministère de la Guerre a profité des tarifs spéciaux qu'il a en vertu de ses traités. Il est fâcheux que le ministère du Commerce, quand c'était si bien le cas, n'ait rien demandé d'analogue.

L'excuse opposée à cette critique et aux autres est toujours la même : l'urgence, la nécessité de faire vite; le peu de temps dont on disposait. Elle a, certes, sa valeur ! mais elle en aurait bien plus, si l'on n'avait perdu aucune parcelle de ce temps si précieux.

Or, la prise de possession du ministère du Commerce par Clément Duvernois est du 10 août; et le premier marché important, celui qui aurait dû servir de type, le traité Cardon et Rollin, n'est daté que du 19. Donc huit jours perdus ; et, pour le bétail surtout, huit jours, c'est beaucoup. A cette époque, le temps valait plus que de l'argent.

D'ailleurs, n'était-il pas aussi important de faire bien que de faire vite ?

Mais ce qu'on doit reprocher surtout aux hommes qui ont passé les marchés de l'approvisionnement, c'est d'avoir négligé les meilleurs moyens de succès.

Ils avaient à leur disposition, sous leur main, les Chambres de Commerce, le télégraphe, les Préfets, les Notables commerçants, les courtiers honorablement connus sur la place, les magasiniers généraux, les syndicats commerciaux de Paris, etc. etc. Or, au risque de leur entreprise même, ils ont eu recours aux intermédiaires les moins autorisés. Cela serait véritablement inexplicable, si l'on ne se rappelait l'affolement général qui régnait alors.

Heureusement, malgré leur inexpérience et leurs légèretés, ils ont réussi dans une certaine mesure.

Quant à nous, si près encore de ces terribles événements dans le passé, si près peut-être dans l'avenir, nous devons surtout méditer les fautes ; non pour le plaisir stérile de blâmer, mais pour apprendre à nous servir des ressources du pays.

CHAPITRE TROISIÈME

LES MAGASINS

Je viens de parler du temps perdu et de l'oubli de toutes combinaisons spéciales avec les chemins de fer. L'un et l'autre étaient d'autant plus regrettables que l'encombrement sur les diverses lignes, sur celles de l'Ouest notamment, était effroyable.

Les transports militaires, et il en serait de même en pareil cas, si l'on n'y avisait par avance, absorbaient la traction. Il n'y avait ni méthode, ni prévision, ni ensemble.

Je me souviens qu'à la préfecture de la Seine, où nous nous préparions pour l'ouverture et la gestion des magasins, d'après le plan adopté, nous étions persuadés qu'il n'arriverait pas la moitié de ce qu'on avait acheté. Nous nous trompions heureusement.

C'est le 14 août que nous avons commencé à recevoir les denrées achetées par M. Perrier, Intendant Militaire.

Or, il fallait dégager, et de suite, les gares débordantes de marchandises. Il fallait loger les masses énormes de farines, de grains et de denrées de toutes sortes.

Mais, en dehors des entrepôts, à moitié pleins déjà, de MM. Moranvillé, Trotrot et Godillot, il n'existait pas à Paris de grands magasins proprement dits.

On ne pouvait utiliser, comme tels, les dépôts et refuges ouverts aux cultivateurs des régions avoisinant Paris. Ces dépôts avaient, comme je l'ai dit, une destination réservée, des plus utiles au point de vue de l'approvisionnement et de la défense ; et les propriétaires y conservaient la libre disposition de leurs marchandises. Un service spécial dirigé par M. Hervé-Mangon, professeur au conservatoire des Arts et Métiers, y distribuait les emplacements pour les farines, blés, fourrages, bestiaux, légumes secs, etc., qui devaient être achetés plus tard de gré à gré par l'Etat ou saisis par les réquisitions. C'était l'approvisionnement de seconde ligne. Il importait que l'approvisionnement de première ligne en fût nettement dégagé.

La préfecture de la Seine dut donc improviser des magasins pour le produit de tous les achats, sauf pour les bestiaux, dont la réception et la garde fut, dès le principe, détournée du système général et remise à la préfecture de Police. Les agents municipaux prêtaient seulement leur concours pour le pesage gratuit des animaux, au marché de la Villette, où les entassait le chemin de fer de ceinture.

Le ministère avait enlevé la direction du marché aux Bestiaux aux inspecteurs de la Ville.

Comme rien n'avait été préparé pour l'installation de ces immenses troupeaux, le désordre était considérable. Les malheureuses bêtes étouffaient faute de place. C'était un immense et continu mugissement de détresse, sur lequel se détachait par moment la protestation déchirante des porcs. Les moutons restaient complètement ahuris. La nourriture était plutôt gaspillée que consommée. L'eau manquait : pas de litière ; peu d'abris. La plupart haletaient sous un soleil de plomb.

Il fallut, avant même l'investissement, abattre 1,422 bœufs.

De plus, la contiguïté du marché ordinaire des lundi et jeudi facilitant les fraudes, les fournisseurs du ministère, comme j'ai eu déjà occasion de le dire, y achetèrent de seconde main beaucoup de bestiaux, dont Paris était déjà en possession et qui furent cependant comptés comme approvisionnement.

Plus tard, les troupeaux furent parqués sur la route Militaire, le long des fortifications, où les Parisiens allaient les voir par curiosité.

Puis, le 30 août, on commença à les loger, sous des baraquements, au bois de Boulogne, lequel fut interdit à la circulation par un arrêté de M. Alfred Blanche, faisant fonction de préfet de la Seine, en attendant le retour de M. Henri Chevreau, ministre de l'Intérieur depuis le 10 août, qui, disait-on, espérait bien reprendre sa bonne et tranquille préfecture après la crise.

Le même jour, le ministère avertissait par affiches les personnes aptes à soigner le bétail, qui voudraient s'engager à le surveiller, le soigner et le nourrir, qu'elles pouvaient s'adresser à l'inspecteur de police au marché de la Villette. Car on n'avait rien préparé.

Le bois de Boulogne devint ainsi un immense et très intéressant parc à bestiaux.

N'y entrait pas qui voulait Les agents spéciaux le gardaient comme jadis le dragon gardait le jardin des Hespérides. On semblait se défier surtout de la préfecture de la Seine, qui, peut-être, passait pour regretter le service de la boucherie, service qu'elle connaissait à merveille.

Un de nos camarades, très curieux de nouveautés obsidionales, grillait de visiter le parc aux bestiaux. En septembre, un dimanche matin, de très bonne heure, il se glissa dans le bois de Boulogne et s'y promena quelque temps, cherchant à voir, mais de loin ; car on ne laissait pas approcher. Au bout d'une demie-heure environ, il s'aperçut qu'il était observé et même suivi par un homme ayant une casquette ornée d'un galon. Il ne s'en inquiéta pas autrement, et, croyant avoir trouvé une bonne place pour se donner le spectacle qu'il était venu chercher, il tira sa lorgnette et se mit à regarder. C'était l'heure des soins matinaux et il y avait là un curieux mouvement de bêtes et de gens.

Tout à coup il s'entend interpeller, et, se retournant, il reconnaît l'homme au galon.

— Que faites-vous là !

— Mais ! vous le voyez, je regarde.

— Avez-vous une permission ?

— Non ! je ne l'ai pas crue nécessaire.

— Cela n'est pas naturel. Je vous déclare procès-verbal.

Cependant, attiré par le colloque, un autre inspecteur s'était approché ; celui-ci portait deux galons à sa casquette. Le premier, n'ayant qu'un galon, s'effaça devant son supérieur, qui prit aussitôt la suite de l'interrogatoire.

— Qui êtes-vous ?

— X... attaché à la préfecture de la Seine.

— Vous dites ?... Savez-vous que vous êtes justiciable du conseil de guerre, vu l'état de siège ?

— Vous voulez plaisanter ?...

— Vous le verrez bien ! Allons ! au poste, à la porte Maillot !

— Soit.

Après tout, c'était son chemin pour s'en aller. Notre ami suivit les deux hommes et leurs trois galons.

En route, il voulut causer un peu! Il lui fut répondu qu'on n'avait rien à faire avec des gens appartenant à la préfecture de la Seine.

C'était, comme je l'ai dit, la préfecture de Police, qui était chargée de la garde des bestiaux, sous les ordres du ministère. Y avait-il, dans cette attitude des deux hommes à galons, quelque ressouvenir des conflits qui n'avaient cessé, sous l'Empire, de diviser les deux préfectures. N'était-ce pas plutôt des agents improvisés, grisés d'une consigne ridiculement exagérée?...

Arrivés à la porte Maillot, on se dirigea vers le quartier général, qui était installé dans le restaurant Gillet. On y voyait une sentinelle et quelques hommes de garde.

Mais un général se promenait sur la route avec un officier d'état-major. Or, ce général n'était rien moins que Ducrot.

« Qu'est-ce cela? » dit le général de sa voix un peu criarde, en voyant le groupe étrange.

L'homme qui avait deux galons s'avança, la casquette à la main, vers le général; tandis que l'homme qui n'avait qu'un galon gardait le prisonnier.

L'homme aux deux galons parlait à voix basse, et on n'entendit pas ce qu'il dit au général. Ce fut long. Le général labourait le sol du bout de sa canne d'un mouvement légèrement nerveux.

Quand ce fut fini, Ducrot qui parlait, lui, très haut, dit à son aide de camp :

« Mais je ne vois pas là-dedans l'ombre d'un délit ?

— Pas même d'une contravention, dit l'officier.

— Et vous voulez faire passer cet homme en conseil de guerre ? continua le général. Peste ! comme vous y allez ! Quelle loi voulez-vous appliquer ici ?... Ah ! s'il avait volé un bœuf ou seulement un mouton ? Voyons... Pouvez-vous m'affirmer qu'il ait volé un bœuf ?

— Oh ! non, mon général.

— Alors...

Survint un homme à trois galons, qui fit des excuses au général et à notre ami.

> — Les sots sont ici-bas pour nos menus plaisirs,

dit l'officier, qui était un classique.

La viande, avant et pendant le siège, a été la préoccupation dominante et constante des agents ministériels ? Nous en trouverons en route bien d'autres indices. Cela explique qu'ils aient si peu administré le reste de l'approvisionnement.

Il y avait aussi des bestiaux au Jardin des Plantes. Le *Journal Officiel* du 18 septembre y constatait, en plus des animaux réfugiés du Jardin d'Acclimatation, un groupe de quatre cent bœufs et quelques milliers de moutons que l'on menait tous les jours boire à la Seine.

C'est miracle qu'ainsi réunis par masses, le typhus ne se soit pas mis parmi tous ces troupeaux.

Quant aux fourrages et aux tourteaux, c'était également la préfecture de Police qui en gérait le magasinage et la distribution.

Pour les autres denrées de l'approvisionnement, la Ville ouvrit successivement vingt-neuf dépôts dont on trouvera l'indication plus loin.

Les Magasins Généraux Trotrot, Moranvillé et Godillot étaient contrôlés directement par le ministère.

Notre service de magasinage était sous les ordres de M. Pelletier, directeur des Affaires Municipales et de la caisse de la Boulangerie, auprès de qui j'avais été détaché dès le début de la guerre.

Tous les jours, dimanches compris, de neuf heures à six heures, et parfois très avant dans la nuit, on était à la besogne pour les ordres à expédier, les lettres à écrire, les notes à prendre, etc.

Au directeur on avait adjoint M. Leblanc, maître des requêtes au Conseil d'État, qui avait pour mission spéciale de requérir les locaux pouvant être utilisés comme magasins et d'aplanir les obstacles qui retarderaient, soit le camionnage, soit le magasinage des denrées.

La gestion locale de nos magasins était confiée aux agents du service des Perceptions Municipales, sous la surveillance de M. Biollay, inspecteur général, très zélé et dévoué.

Pour la transmission des denrées dans les dépôts, M. Pelletier avait délégué aux gares des employés supérieurs de la ville. Ils devaient pourvoir au camionnage.

Tous les soirs, une conférence se tenait dans le cabinet de M. Pelletier. On y appelait les directeurs des Magasins Généraux, M. Biollay, nos agents délégués dans les gares. Le but de ces réunions, qui durèrent du 15 août au 25 septembre, période pendant laquelle s'accomplit l'emmagasinage, était de signaler les expéditions à diriger sur les dépôts suivant les emplacements disponibles, les arrivages et les moyens de transport. On arrêtait ensuite l'ordre de service du lendemain.

C'est grâce à cette organisation qu'on a pu camionner et emmagasiner, dans un aussi bref espace de temps, un stock énorme de marchandises.

Ce travail eût été accompli plus rapidement encore, si, s'en tenant au plan adopté, le ministère du Commerce n'eût pas accrédité dans les gares, sans instructions précises, des agents qui, après avoir reçu la marchandise, ce qui était leur fonction de droit, se mêlaient de la diriger sur les dépôts, ce qui était la fonction des nôtres.

Il en est résulté de la confusion et des lenteurs.

En pareille situation, l'unité de direction s'impose.

Le nombre des agents des Perceptions Municipales dans chaque dépôt était proportionné à son importance. Deux vérificateurs du service avaient mission de visiter, deux fois par jour, tous les magasins, afin d'y assurer l'exécution des ordres de l'administration. L'inspecteur général et les inspecteurs secondaires y allaient aussi tous les jours. Enfin, M. Pelletier les passait assez souvent en revue ou m'y déléguait.

Un service de comptabilité y fut organisé dès le principe; un peu élémentaire au début, à cause de l'affluence des marchandises, ce service fonctionna bientôt avec la correction nécessaire. On révisa minutieusement les écritures, en les contrôlant par les *existences* en magasin, sous la surveillance des inspecteurs, et l'administration put savoir, à 1 kilogramme près, la quantité de ressources dont elle disposait dans les dépôts gérés par la Ville. Il est vrai qu'il y en avait d'autres.

Chaque jour, nos dépôts envoyaient à la préfecture de la Seine les bordereaux d'entrées et de sorties, avec les pièces justificatives. Tous les cinq jours, ils dressaient un état général. Au moyen de ces états, nous établissions une situation d'ensemble que nous adressions en double au ministère du Commerce et au Gouverneur de Paris.

Les premiers dépôts furent ceux des Halles Centrales (pavillon n° 6), de la halle au Blé, des marchés Saint-Germain, Saint-Martin, de l'Europe, du Prince-Eugène, de la cour des Invalides, de l'École Militaire, du collège Chaptal alors en construction, des usines Cail, Gouin et Delettrez; des entrepôts Cabanis, Daudet, Picard, Chéneau, Pajol à Bercy; de la gare d'Ivry et de la caserne de la Cité.

Plus tard, à mesure que le produit du dégagement des gares et des réquisitions rendit de nouveaux emplacements nécessaires, on créa des dépôts à l'abattoir général de la Villette; dans une propriété particulière, rue de Madame; à l'abattoir de Grenelle, dans les bâtiments de la douane, dans la cour Visconti, au Louvre; dans les gares de Vaugirard, du Nord et d'Orléans, enfin dans les caves du chemin de fer de Lyon.

Le service des Perceptions Municipales eut, de plus, des agences temporaires dans onze dépôts de la guerre et de la marine, vers la fin du siège, quand, la mouture ne suffisant pas à la consommation, il fallut emprunter des farines à ces deux administrations. Ces dépôts étaient situés avenue de Latour-Maubourg; rues Laugier, de Lille, de l'Université, du Bac; dans le nouvel Opéra, au palais de l'Industrie, quai d'Orsay, dans les magasins Rigollet, au Louvre et à l'Observatoire. Je les cite à titre de renseignement.

On avait fait du mieux que l'on avait pu. Mais, aucune de ces localités, si ce n'est la halle au Blé et les entrepôts militaires, n'avait été destinée à usage de magasins. Les installations purent donc prêter à la critique; j'y reviendrai. Mais les soins et la surveillance incessants neutralisèrent, ou, du moins, atténuèrent des inconvénients inévitables.

En fait de détournements, je n'ai entendu citer que la disparition d'un lot de morues laissé par le ministère du Commerce sous un hangar de l'abattoir, et confié à la surveillance d'un poste de la Garde Nationale.

Nous touchons au point de partage entre l'Empire qui a fait à peu près tout l'approvisionnement, tant par ses achats que par ses appels aux agriculteurs, et le gouvernement de la Défense, qui allait en opérer la distribution ; tâche peut-être plus difficile, à coup sûr plus délicate.

C'est le moment de préciser les quantités de denrées rassemblées en vue du siège. Je donnerai à cet égard tous les renseignements que nous ont laissés le désordre administratif et financier, les livraisons *erronées* et les incendies.

M. Jules Simon dit dans ses *Souvenirs du 4 Septembre* :

« Au 4 septembre, le stock de farine s'élevait à 395,674 quintaux métriques ainsi répartis :

Achetés par la ville	210,294	quintaux.
Achetés par le ministère de commerce.	118,119	—
Cédés par le ministère de la guerre. .	55,411	—
Cédés par la marine.	4,850	—
Cédés par l'usine Scipion (administration des hospices).	7,000	—
TOTAL.	395,674	—

La Guerre et la Marine avaient pu céder environ 60,000 quintaux et en cédèrent ensuite davantage parce que les quantités préparées pour l'armée du Rhin et centralisées à Paris avant nos premiers désastres n'avaient pas été expédiées en temps utile à leur destination. 395,674 quintaux, à raison de 7,000 quintaux par jour, qui est la consommation normale de Paris, donnent l'alimentation de 56 jours. »

J'ai éprouvé une assez vive surprise, quand j'ai lu ces chiffres dont le total était, en effet, à peu près exact au 4 septembre, mais dont le détail ne l'est pas autant. Il est, en effet, de notoriété que la Ville, à qui M. Jules Simon attribue un achat de 210,294 quintaux de farines, n'a participé en rien à l'approvisionnement. Dans une note imprimée, datée de 1871, M. Pelletier, alors directeur de la caisse de la Boulangerie et qui a distribué toutes les farines du siège, écrit en effet : « Le Ministère du Commerce et l'Intendance Militaire furent seuls chargés de tous les achats. L'administration municipale n'en fit aucun. » Ce qui n'était, d'ailleurs, que l'application du plan convenu, comme je l'ai dit aux premières pages de ce récit. De plus, la consommation journalière n'était pas de 7,000, mais de 6,000 quintaux.

Je me suis expliqué ensuite l'erreur de M. Jules Simon en me rappelant que j'avais lu au commencement de son très intéressant ouvrage, cette phrase

qui se rapporte à l'arrivée du nouveau Gouvernement à l'Hôtel de Ville. « Nous ne connaissions les
opérations d'approvisionnement qu'en gros. On fit
monter M. Morïng, chef du bureau des approvisionnements. Il nous déclara que nous avions des vivres
pour 45 jours. »

Or, M. Morïng n'était nullement chef de bureau
des approvisionnements; il était directeur de l'Administration Préfectorale. Interrogé au hasard par
le nouveau Gouvernement, il aura cru devoir répondre quand même et se donner pour instruit de
ce qu'il ne savait pas. C'est une faiblesse qui n'est
pas rare.

Nous le verrons un peu plus loin conquérir la
place de M. Husson, directeur de l'Assistance publique. Ce jour là, il s'était contenté de se glisser
dans celle de M. Pelletier.

Mais risquer de donner en pareilles circonstances
des renseignements inexacts au Gouvernement;
exposer le Gouvernement à prendre, en conséquence
de ces renseignements, des résolutions d'intérêt
général, c'était dépasser les bornes de la légèreté.

Et l'on verra qu'en effet cette erreur contribua
grandement à l'adoption d'une mesure très discu-
table, l'abandon aux Maires du service de distribution.

Le total donné par M. Jules Simon n'en est pas
moins précieux, attendu qu'il précise la division
entre l'approvisionnement de première ligne, pro-

venant des achats, et l'approvisionnement de seconde ligne, provenant des grains amenés des environs de Paris.

D'un document incontestable, l'état de distribution des
farines aux boulangers, il résulte que, du 22 septembre 1870
au 18 janvier 1871, les quantités de farines distribuées s'élèvent
à. . . . .   757,560 quintaux 82 kilog.
et du 18 au 24 janvier 1871, à.   29,801   —
L'état ne va pas au delà.

         ENSEMBLE. . . .   787,361   —   82 —

dont les 395,000 quintaux du 4 septembre représentent sensiblement la moitié. La consommation
se répartit donc à peu près également entre les
deux approvisionnements.

Si l'on veut avoir le chiffre absolu de la farine
consommée, pendant le siège, il faut étendre le calcul au 7 février 1871, jour où Paris a mangé pour
la première fois le pain du ravitaillement. Le taux
de la distribution quotidienne était alors de 5,000
quintaux d'un mélange innomable.

Donc, en ajoutant la consommation
de 13 jours, soit. . . . . .   65,000 quintaux
au chiffre énoncé plus haut. .   787.361   —   82 kilog.

On a pour total de la consommation prélevée sur les deux
approvisionnements   852,361   —   82 —

On sait donc à quoi s'en tenir sur la farine.

On le sait aussi en ce qui concerne l'approvisionement de première ligne, (c'est-à-dire, les achats), en viande : 35,220 bœufs ; 186,089 moutons : 9213 porcs.

C'est l'important.

Seulement, pour la boucherie, au lieu de deux mois, ce n'était plus que la consommation de trente-huit jours. Je parlerai plus loin des chevaux.

Les chiffres sont plus ou moins approximatifs en ce qui concerne les denrées accessoires.

Voici, du moins, d'après mes notes, la statistique précise des magasins de la Ville. On y trouvera aussi des renseignements sur la nature des achats.

Ces magasins ont reçu 169,757 quintaux de blé, et 65,977 quintaux de seigle, orge, riz, avoine, etc.

Mais, je n'en parle que pour mémoire, attendu que ces grains ont été livrés aux moulins de l'État et de l'usine Cail et sont rentrés ensuite aux magasins, transformés en farine. Ils figurent donc (pour la plus grande partie au moins) sous forme de farines dans l'énumération suivante :

Farine de blé.	515,711 quintaux
— de gruau.	11,130 —
— de seigle.	306 —
— de maïs	774 —
— de riz.	10,129 —
— d'orge.	128 —
— de féverolles . . .	153 —
Total. . . .	538,331 —

La distribution totale des farines aux boulangers pendant le siège ayant été de 852,000 quintaux, on voit que les dépôts de la ville ont reçu les deux tiers environ de l'approvisionnement en farines.

On m'a affirmé, mais je ne puis le garantir, n'ayant pas les moyens de le vérifier, comme je l'expliquerai plus loin, qu'il en a été de même pour la plupart des autres denrées.

Je continue l'énumération :

Son	37,021	quintaux
Recoupes	129	—
Semoules	201	—
Fécules	1,304	—
Pommes de terre . . .	32,043	—
Sel	113,485	—
Oseille	661	—
Julienne	18	—
Beurre	1,729	—
Lard	5,819	—
Bœuf salé	517	—
Conserves	6,172	— 85 kilog.
Graisses	1,050	—
Saucisson de cheval . .	78	—
Thon	70	—
Maquereau	246	—
Harengs	2,880	—
Morue	2,356	—
Sardines	448	—
Gélatine	227	—
Suif	538	—
Biscuit	663	—

Huiles	4,330 hectolitres
Vinaigre	1,556 —
Œufs	467,450 œufs
Fromages gruyère. . .	928 quintaux
— Hollande . .	963 —
Saindoux	332 —
Tourteaux	5,000 —
Chlorure de chaux. . .	2,121 —

Ces denrées étaient emmagasinées un peu partout. Le directeur du magasinage, obligé de créer des dépôts au fur et à mesure des besoins et n'étant pas informé à temps de la nature des achats, n'avait pu répartir les marchandises par catégories. D'ailleurs, les locaux ne s'y prêtaient pas.

Si cette promiscuité avait quelques inconvénients au point de vue de l'ordre et des soins conservatoires, elle rendait peut-être la distribution plus facile, et chaque dépôt pouvait fournir des denrées diverses.

Maintenant quelles étaient les quantités emmagasinées dans les dépôts gérés par l'État? Je n'ai pu, malgré mes recherches, l'établir avec certitude. Voici pourquoi.

Les comptabilités ont été brûlées ou détruites en partie. Les rentrées des denrées réquisitionnées ont eu lieu sans ordre. Il y a eu les paiements faits pour des denrées plus ou moins fournies; par exemple, les marchandises *au poids brut*, c'est-à-dire y compris l'emballage; les bœufs ayant passé deux fois sur la bascule; les céréales estimées au *jugé* par les scribes des agences temporaires, etc.

Le ministère lui-même n'a jamais su complètement sur quoi il pouvait compter ; c'est facile à démontrer.

Je citerai le fait de 500 caisses, provenant d'un marché Chollet que l'administration frappa de réquisition pendant le siège ignorant qu'elles lui appartenaient ; il est vrai qu'elles avaient été payées avant livraison. Il y a encore le fait, non moins singulier de 3,518 kilogrammes de fromages payés par le ministère à un sieur Arone et consommés, comme leurs, par les agents du chemin de fer du Nord, à la discrétion de qui on les avait laissés par erreur.

Il y a, de plus, les déclarations solennelles, répétées les 12 et 14 décembre, que « le pain ne serait pas rationné ; que le pain et la viande sont assurés ; etc. etc. » Forfanterie inexplicable, si le général Trochu n'eût cru cette manifestation indispensable à la défense.

S'il est un moment pendant le siège où le gouvernement eût du se renseigner de près sur l'état de ses ressources, c'est pourtant dans les derniers jours, quand la durée de la résistance, possible encore militairement, apparut exactement limitée à celle de l'approvisionnement. Plusieurs magasins étaient épuisés déjà et, dans les autres, le stock était tellement diminué que les comptes devaient être faciles à établir.

Cependant les procès-verbaux de M. Dréo, gendre

de Garnier Pagès et secrétaire du Gouvernement, nous apprennent que, le 15 décembre, les renseignements fournis par le ministre du Commerce sur les *existences* en magasin parurent au conseil de gouvernement peu exacts et reposer plutôt sur des estimations que sur des inventaires. Nous y voyons encore que, le 21, un compte précis est demandé au ministre qui ne peut le fournir.

Le 23, il présente au gouvernement une situation comportant un approvisionnement de farine de vingt-sept jours et demi à 6,000 quintaux, sans compter, dit-il, le stock particulier de quinze jours des boulangers, ce qui eut fait quarante-deux jours, si ce stock eut encore existé.

Il se trompait; car, à partir de ce moment, la caisse de la Boulangerie fait emprunts sur emprunts aux approvisionnements de la Guerre et de la Marine ; et, le 18 janvier, il faut recourir au rationnement qui réduit la consommation quotidienne à 5,000 quintaux de farine impanifiable.

Enfin, le 22 janvier, en conseil, MM. Favre et Ferry déclarent tout à coup que le ministre du Commerce et la commission des Subsistances se sont fait des illusions et que l'on n'a plus de pain, toutes ressources comprises, que jusqu'au 25. Au delà on a vécu d'emprunts.

J'ai donc eu raison de dire que l'autorité n'a jamais bien connu ses ressources. J'y reviendrai à propos du rationnement.

Comment savoir aujourd'hui ce que le Gouverment ne savait pas alors?

Si l'octroi avait fonctionné régulièrement, on pourrait, raisonnant par induction, trouver dans sa statistique des éléments d'appréciations satisfaisantes. Mais, de par un décret du gouvernement de la Défense nationale, comme on le verra plus loin, il n'y a eu ni droits, ni statistique par conséquent, du 9 septembre au 17 octobre 1870. Qu'est-il entré pendant ces trente-sept jours?...

Voici, cependant, à titre de renseignements, la comparaison des entrées, en principales denrées de consommation, pendant les années 1869 et 1870.

DENRÉES	1869	1870	EN PLUS	EN MOINS
Farine . . .	224,025,065 k.	221,959,796 k.		2,065,269 k.
Blé	19,185,437	12,640,339		6,545,098
Pain	1,516,556	1,110,330		406,226
Sel	12,890,673	7,820,674		5,069,999
Viande . . .	151,913,896	121,768,629		30,145,267
Fourrages .	47,751,751 b.	36,669,599 b.		11,082,152 b.
Avoine . . .	169,488,262 k.	127,404,718 k.		42,083,550 k.
Orges . . .	3,487,166	3,917,231	430,065	» »
Vin	3,715,282 h.	3,388,853 h.		326,429 h.
Alcool . . .	132,419	122,735		9,684
Bière	335,990	277,949		58,041
Huiles . . .	205,500	146,318		59,182
Bois à brûl.	809,520 st.	591,313 st.		218,207 st.
Charbon de bois . . .	4,883,907 h.	2,746,349 h.		2,137,558 h.
Houilles . .	1,205,286,596 k.	472,585,641		732,700,955 k.

La suspension des droits, pendant un dixième environ de l'année 1870, enlève sans doute à ce tableau beaucoup d'intérêt. On peut cependant y trouver matière à quelques remarques instructives.

Tout est en déficit en 1870, sauf l'orge, à cause des provenances tout à fait anormales de la banlieue ; mais les diminutions sont très inégales.

La différence sur la farine est insignifiante. Il y a peu à tenir compte du blé, dont la plus grande partie n'a payé le droit qu'au moment de sa conversion en farine.

La diminution est de plus du tiers sur le sel, dont il avait été acheté, sur l'ordre pressant du général Trochu, d'énormes quantités. Il en est resté beaucoup en magasins après le siège. Je me souviens même que l'on en a retrouvé en 1871, à Toulouse, un stock très considérable qui n'avait pas encore été livré, bien que payé. Pour employer le sel, il faut faire la cuisine ; or, on n'en faisait guère, et pour cause.

La viande est en diminution d'un cinquième ; mais, il ne s'agit que de la viande de bœuf, mouton, veau et porc. Il faut aux quantités constatées par l'octroi, et qui, d'ailleurs, comprennent toute la boucherie (l'octroi n'ayant pas cessé de contrôler les abatages), il faut ajouter 14 à 15 millions de kilogrammes de viande, produit de l'abatage d'environ 55,000 chevaux mangés pendant le siège. Le déficit est ainsi ramené à 18 millions de kilogrammes, en laissant, bien entendu, janvier 1871 en dehors du calcul.

Les fourrages perdent près d'un quart : mais il en a été introduit de grosses quantités pendant la période de gratuité. D'autre part, la consommation est toujours allée en diminuant à partir du moment où l'on a commencé à manger les animaux de l'approvisionnement. La différence réelle entre 1869 et 1870 ne doit pas être très élevée.

Le vin est en déficit de près d'un dixième. Mais ce dixième correspond sensiblement à la durée des entrées libres. On ne peut donc en conclure qu'il a été bu moins de vin pendant le siège qu'en temps ordinaire? Cette appréciation ne serait pas d'accord avec nos impressions. Qui ne se souvient des débits encombrés tout le long du jour par les gardes nationaux ?

Le double appât résultant de l'exemption des taxes de la Ville et de celles du Trésor avait naturellement attiré beaucoup de vins, du 9 septembre au 19 octobre ; d'autant plus que beaucoup de négociants en gros avaient, aux environs de Paris, des magasins bien garnis. Il en est de même de l'alcool et de la bière.

L'huile comestible est en diminution de plus du quart. Cependant, il en est resté après le siège. Il est vrai, qu'en ce temps là, on mangeait assez peu de salade ; mais l'opinion des hygiénistes est qu'on aurait pu tirer de l'huile un bien meilleur parti.

Quant au combustible, le déficit est formidable. Il est d'un quart environ sur le bois à brûler ; de près de la moitié sur le charbon de bois ; de près des deux tiers sur la houille. Nous avons vu qu'on ne s'en était préoccupé à aucun titre.

On me dira que l'ordre était de s'approvisionner pour deux mois et qu'on avait du bois, du charbon et de la houille pour deux mois.

Je réponds qu'après les désastres de Weissembourg et de Reischoffen, il n'y avait plus d'illusion possible sur l'infériorité de l'organisation militaire française devant l'organisation militaire prussienne. Or, du 6 août au 15 septembre, il s'est écoulé six semaines pendant lesquelles la Compagnie parisienne d'éclairage et de chauffage par le Gaz, les Compagnies de Chemins de fer et les marchands de bois auraient pu s'approvisionner en prévision d'une longue guerre, si le Gouvernement les en eût pressés.

Administrer, c'est prévoir ! Jamais la vérité de ce banal adage ne fut mieux démontrée qu'en ces circonstances.

Mais, depuis deux mois, nous étions assez peu administrés par l'Empire. Allions-nous l'être davantage par ses successeurs ?

CHAPITRE QUATRIÈME

LA MAIRIE DE PARIS

L'improvisation partout. — Le 4 septembre. — MM. Gambetta, Spuller, Antonin Dubost, de Kératry, Étienne Arago, Alfred Blanche. — La nouvelle municipalité. — M. Henri Rochefort. — MM. Brisson et Floquet, adjoints. — M. Jules Mahias, secrétaire général. — MM. Husson et Michel Moring. — L'Hôtel de ville pendant le siège. — Nouveau monde, nouvelle langue. — M. Clamageran, adjoint. — Suspension des droits d'octroi. — Les pommes de terre. — Les maraudeurs. — Les pourvoyeurs. — Les maires de la banlieue. — Les légumes.

Décidément, pendant ces tristes jours, notre pauvre pays, par la fatalité, par ses fautes aussi, était condamné à l'improvisation en tout et partout. Et cela, en présence d'un ennemi qui, lui, se préparait depuis soixante ans.

A six mois de date, l'Empire avait improvisé un nouveau système et un nouveau personnel gouvernemental : puis, pour échapper aux embarras d'une politique incohérente, il avait improvisé une déclaration de guerre, espérant que la victoire sacrerait son évolution.

Mais les généraux, la plupart victimes du plan stratégique impérial, avaient improvisé la défaite.

Nous venions d'improviser la défense et l'approvisionnement de Paris.

Pour comble, au 4 septembre, un gouvernement s'improvisa, — sans enthousiasme d'ailleurs, — et il lui fallut improviser des armées !....

« Je n'hésite pas, a écrit M. Jules Simon, à considérer comme un malheur pour le pays, l'obligation où il se trouva de changer de gouvernement, en présence même de l'ennemi. »

Enfin, ce même dimanche, 4 septembre, à l'Hôtel de ville, en compagnie de quelques camarades, j'assistai à l'improvisation de la nouvelle municipalité.

J'abuse du mot, mais je voudrais faire bien entendre à quel point ce fut le grand mal.

Vers trois heures, nous étions descendus à la salle du Trône, où l'on disait que le public commençait à pénétrer. En effet, nous y trouvâmes une centaine d'inconnus qui avaient l'air d'attendre quelqu'un ou quelque chose.

Bientôt je vis arriver MM. Crémieux, Gambetta, Antonin Dubost, Spuller et de Kératry. Je ne les connaissais pas du tout ; mais je les entendis nommer dans les groupes qui grossissaient peu à peu.

Ils furent presque immédiatement suivis d'un vieillard encore alerte, d'allure paternelle, et qui paraissait très pressé d'arriver. On me dit que c'était M. Étienne Arago, et qu'il était là au titre dynastique, comme frère du grand astronome républicain, François Arago.

Il y a, en effet, des dynasties dans nos républiques : les grandes d'abord : Aragos, Cavaignacs,

Carnots, Garniers-Pagès, Ferrys, Grévys, Cambons, etc.; puis les petites, innombrables, qui meublent les tribunaux, les mairies, les préfectures, les administrations. C'est le tour des choses humaines; il serait naïf de s'en étonner.

M. Étienne Arago venait d'être acclamé maire de Paris dans l'escalier par un employé des postes qui l'avait reconnu et à qui il avait autrefois rendu des services. Un bienfait n'est jamais perdu. C'est lui-même qui l'a raconté [1].

Il se réunit au groupe composé de MM. Gambetta, Spuller, etc.; puis, ces Messieurs pénétrèrent dans le cabinet du préfet où se trouvait M. Alfred Blanche, qui, d'après M. Arago, reconnaissant Crémieux, alla vivement à lui, lui serra la main avec effusion et dit : « Je vous cède la place. » Après quoi il disparut. M. Jules Simon dit que son mot fut : « Je vous attendais. »

Gambetta, qui n'était encore rien, puisque le nouveau Gouvernement n'était pas constitué, n'en confirma pas moins la nomination de M. Étienne Arago comme maire de Paris. Puis, il improvisa MM. de Kératry et Antonin Dubost, le premier préfet de Police et le second secrétaire général.

M. Étienne Arago alla immédiatement occuper un cabinet dans l'aile nord de l'Hôtel-de-Ville, au-dessous de celui de M. Pelletier, directeur des

---

[1] L'Hôtel de ville au 4 septembre et pendant le siège.

Affaires Municipales ; et, s'assit à une table, dans les tiroirs de laquelle il trouva, dit-il, un vieux sac et vingt-quatre sous.

Il nomma de suite secrétaire général de la mairie de Paris, le joyeux Mahias qui se trouva là bien à point.

Quelques moments après, MM. Brisson et Floquet, étant survenus, furent nommés adjoints, vu leur notoriété spéciale dans le parti républicain. Ils étaient, en effet, promis à de hautes destinées.

Peu s'en fallut cependant que la nouvelle municipalité n'échouât au port.

Vers cinq heures, notre ancien camarade de bureau, Henri Rochefort, que l'on était allé chercher à Sainte-Pélagie, arrivait à l'Hôtel de ville, escorté par deux hommes en blouse blanche. Dans la salle du Trône, où sa physionomie le fit immédiatement reconnaître, le *peuple*, qui avait déjà oublié M. Étienne Arago, voulut le proclamer maire de Paris. Mais, apprenant que la place n'était pas vacante, Rochefort monta sur une table et refusa noblement. Après quoi, M. Jules Ferry l'introduisit dans le sein de la dictature improvisée, où il devait étonner l'excellent général Trochu par ses aptitudes gouvernementales. Il est incontestable qu'au pouvoir son attitude fut correcte [1].

---

[1] Le 1er novembre, Rochefort déclarait en conseil que nulle punition ne pouvait être trop rigoureuse contre les insurgés du 31 octobre.

Ce fut sur sa proposition que la Légion d'honneur fut réservée exclusivement à l'armée.

Le 6 septembre, M. Étienne Arago prit sur lui de désigner les maires pour les vingt arrondissements de Paris et s'offrit à lui-même un adjoint de plus, M. Clamageran, économiste de mérite.

Enfin, le lendemain, 7 septembre, comme M. Etienne Arago, qui venait de nommer des maires et des adjoints, n'était encore nommé lui-même que par un facteur et Gambetta, le Gouvernement le décréta décidément maire de Paris, en participation avec ses adjoints.

La direction du Département fut déléguée à M. Jules Ferry, membre du Gouvernement. On sait que la nouvelle école n'admettait pas le dualisme du préfet de la Seine, lequel subsiste cependant encore aujourd'hui après dix-huit ans.

L'administration parisienne était, cette fois, constituée.

M. Floquet fut chargé surtout d'habiller la Garde Nationale, M. Brisson de veiller sur la santé publique. M. Clamageran avait un lourd fardeau, celui des subsistances.

Le maire planait, s'initiant de son mieux à des questions fort complexes, dont il n'avait pas pu se faire une idée suffisante dans les directions du Vaudeville et des Postes qu'il avait traversées. Il avait pris des fonctions municipales surtout celles qui ne lui appartenaient pas. C'est ainsi qu'il nomma des maires et baptisa des rues, ce que le Gouvernement seul avait le droit de faire. C'est ainsi encore qu'il doubla, par un simple arrêté de seize millions, le chapitre insuffisant, il est vrai, des écoles ; ce qui était s'attribuer les droits du Conseil Municipal. Il aimait aussi à passer en revue les bataillons de la garde nationale, quand, habillés de neuf, ils revenaient de soupirer une *Marseillaise* d'actions de grâces, place de la Concorde, devant la statue de Strasbourg.

Ce qu'il voulait, disait-on, c'était (de l'aveu et dans l'intérêt du Gouvernement), se créer une popularité radicale, avec l'espoir d'y absorber l'élément émeutier. J'y crois peu ; il avait trop d'expérience révolutionnaire pour faire un pareil rêve.

Il occupait, avec les bureaux, la partie nord de l'Hôtel de ville.

La partie sud, appartements et cabinet du préfet, était affectée au Gouvernement. C'est là que se tenait le conseil. En dépit du secret professionnel, il transpirait souvent quelque chose de ses délibérations dans l'entourage et de l'entourage dans nos bureaux.

Nous apprîmes ainsi que, dans la séance du 6 septembre, on avait blâmé le choix des nouveaux maires d'arrondissements par M. Arago et que Ernest Picard avait demandé le maintien des anciens maires : que le même Ernest Picard avait également demandé la réunion des quatre-vingt dix députés de l'opposition en conseil de gouvernement, ce qui était un ballon d'essai pour amener M. Thiers à prendre le pouvoir. Mais M. Thiers qui entrevoyait un rôle de restaurateur de la patrie, comme celui d'Henri IV après les guerres de religion et du Premier Consul après le chaos révolutionnaire, se préparait à partir pour sa mission inutile et retentissante, laissant ses anciens collègues se débattre dans les difficultés de l'heure présente. Quelques jours plus tard, le 14 septembre, Jules Favre apprit au Gouvernement que le madré petit homme était en Angleterre et réclamait trois frégates et un aviso de la marine de l'État pour le conduire à Saint-Pétersbourg ; ce qui lui fut d'ailleurs refusé, sous le prétexte qu'il aurait pu être enlevé par la marine prussienne.

Plus tard, quand Gambetta, le 6 octobre, s'envola en ballon, nous sûmes également que ce rôle ne lui était échu qu'au refus de Jules Favre.

Entre la Mairie et le Gouvernement, entre la partie nord et la partie sud, il y avait un terrain neutre et banal, ouvert au public comme aux gens de la maison et curieux à observer ; c'était l'ancienne salle du Trône, devenue l'antichambre du nouveau pouvoir.

Dès le matin, pendant le siège, cette salle qui correspondait immédiatement par sept larges fenêtres avec la place de l'Hôtel-de-ville, était envahie, un peu par les familiers, amis et ennemis du Gouvernement, beaucoup par les demandeurs en concessions d'entreprises quelconques, parfoi aussi par les orateurs et surveillants délégués des clubs ; presque tous gens d'éducation inférieure et besoigneux. Scrizier, le futur assassin des dominicains d'Auteuil y était souvent.

Le Gouvernement, m'a-t-on dit, s'inquiétait de ce qui se disait dans ce petit forum et considérait un peu l'opinion qui s'en dégageait comme une réduction de l'opinion publique. Il se trompait. Ce qui dominait là, c'était surtout et déjà, les pêcheurs en eau trouble.

Quoi qu'il en soit, ce monde ondoyant, bruyant et mal tenu était là tout le jour, débordant dans les couloirs, gênant les services, arrêtant les employés au passage, leur offrant des *mêlés-cassis*, les interrogeant sur ce qui se passait dans les commissions et les bureaux, leur donnant des conseils, leur proposant des affaires (et quelles affaires!), semant des bruits, parlant avec une liberté sans limites des membres du Gouvernement qu'ils divisaient, — c'était le mot à la mode parmi eux, — en *roublards* et *non-roublards*. Nouveau monde, nouvelle langue.

Roublards : Gambetta, Jules Simon, Ernest Picard, Jules Ferry. Quelques-uns y ajoutaient Jules Favre. Arago, Floquet et M. de Freycinet pourtant peu connu alors.

Non-roublards, Trochu, Garnier-Pagès, Pelletan, Brisson, Magnin, Glais-Bizouin et les autres.

Nous nous étions attendus à voir là des fanatiques de défense et de fureur patriotique. Mais non, ceux-là, c'était parmi les engagés volontaires qu'il fallait les chercher. Ces parasites ne montraient que des convoitises.

Quant aux nouveaux maîtres, ils étaient en général, tristes, inquiets et courtois, avec un air de gens écrasés.

A l'Hôtel de Ville du moins, on n'eut à se plaindre, ni de M. Etienne Arago ni de M. Jules Ferry qui lui succéda. Ils gardèrent à peu près tout le personnel.

Il est vrai que, dès la première séance du Gouvernement nouveau (4 septembre, 10 heures du soir), le général Trochu, très influent dans les premiers jours, avait demandé qu'on ne fut pas exclusif dans le choix des personnes qui s'offriraient pour servir la République et qu'on évitât de tomber dans la désorganisation ; ce qui voulait dire « : Conservez les employés en fonctions ».

Il est vrai encore qu'on ne pouvait guère faire autrement. En de telles circonstances, lorsque les vétérans avaient de la peine à se débrouiller, comment des conscrits s'en fussent-ils tirés? Que fût-il arrivé si l'administration eût été livrée aux affamés de budget qui grouillaient autour de nous ?... Et cependant, il y eut de la part des maîtres quelque mérite dans leur résistance à ce flot montant d'incapacités ; car les sollicitations étaient ferventes, continuelles ; et, dans les clubs, on réclamait déjà *l'épuration du personnel.*

Maintenant, pourquoi M. Arago, qui se loue d'avoir gardé à peu près tout le monde, a-t-il poussé dehors M. Husson, directeur de l'Assistance publique, pour le remplacer par M. Michel Morïng ?

Je m'y arrête, parce que j'ai la conviction que le départ de M. Husson, en facilitant le gaspillage dans l'Assistance abrégea la durée de l'approvisionnement.

M. Husson avait, il est vrai, mécontenté beaucoup de gens. Certaines convoitises en profitèrent. La basse presse, — inspirée par qui ? — se prit à l'accuser de s'être fait valoir en tout temps, aux dépens des autres ; d'avoir exploité, au profit de ses livres, le travail de ses employés, en faisant miroiter à leurs yeux un avancement qui ne venait jamais ; d'avoir un caractère atrabilaire ; de pratiquer le népotisme à outrance ; d'avoir doté ses deux filles en faisant ses gendres, l'un architecte, l'autre ingénieur de l'administration qu'il dirigeait ; de manquer de souplesse. En effet, il avait tenu tête un jour à M. Rouher tout puissant, ce qui n'était pas vulgaire ; d'autant que c'était lui, Husson, qui avait tort, d'après le dire général.

En tout cas ce n'était pas de cela qu'il s'agissait.

Il était puéril de mettre en parallèle le républicanisme de MM. Husson et Morïng, tous deux fonctionnaires bonapartistes ; le second, objet récent d'une faveur exceptionnelle ; M. Haussman avait créé pour lui une direction superflue. Mais il importait beaucoup d'avoir un directeur compétent à la tête d'un service considérable déjà et qui allait prendre des proportions énormes. Or l'homme compétent, c'était M. Husson et non le successeur majestueux qui lui fut donné.

Rien de plus désorganisant que ces aventures. Elles ouvrent la porte aux délateurs. « Je recevais tous les jours des lettres pleines de menaces contre M. Husson », dit M. Arago. Donc, c'était bien de délation qu'il s'agissait; c'est devant la délation qu'on a capitulé. Ce fut le commencement.

Cet acte caractéristique fut généralement désapprouvé. Un publiciste alla jusqu'à écrire : « Il est acquis désormais que l'on peut *aussi*, sous le nouveau régime, arriver par le plus malpropre des chemins de traverse ». Le maire de Paris eût évité ces assimilations et rendu service à toutes les administrations en ne donnant pas gain de cause aux reptiles.

M. Jules Simon n'a donc pas tout à fait raison quand il dit : « On conseilla le premier jour à M. Etienne Arago une ou deux révocations : il renonça dès le lendemain à les faire. Malheureusement il y revint. »

Si le Gouvernement avait rencontré des résistances, on eût compris qu'il ne les tolérât pas, en présence de l'ennemi qui s'avançait. Mais, dans ces premiers moments surtout, quand on pouvait se leurrer encore de l'espoir qu'il parviendrait à nous tirer de l'abime, il n'y avait à son égard qu'unanimité de dévouement. La fusion des partis s'était faite, comme elle se ferait encore, par la main des Prussiens.

Quelques-uns se figuraient que le nom seul de République suffirait à mettre l'ennemi en fuite. D'autres, croyant aux ressources de la France, espéraient qu'on saurait s'en servir.

L'attitude du personnel à l'Hôtel-de-Ville fut généralement très bonne. Les nouveaux maîtres l'ont reconnu.

Pour les divers services de l'approvisionnement, c'était à qui, parmi les camarades, offrirait son concours. M. Pelletier en utilisa le plus possible. D'autres, dans le chomage à peu près complet des occupations ordinaires, s'engagèrent pour la durée de la guerre. Presque tout le monde voulait concourir à l'œuvre de la défense d'une manière ou d'une autre.

J'ai dit que l'adjoint spécialement chargé des subsistances était M. Clamageran. C'était donc à lui que nous allions avoir à faire pour le magasinage, les distributions et la boulangerie.

Ce n'était pas sans quelque appréhension. Nous redoutions un peu en lui l'économiste. Son début ne fut pas pour nous rassurer. Il proposa de suite, M. Etienne Arago admit et le Gouvernement autorisa la suspension provisoire des droits d'octroi et d'entrée aux portes de Paris.

La suppression des octrois est désirable, à la condition de les remplacer par un impôt moins anti-économique et d'un produit égal. Mais était-ce le moment d'opérer des réformes aussi délicates, aussi difficiles, celle-là surtout, aujourd'hui encore, au bout de dix-huit ans, restée simple réclame électorale?

A vrai dire, ce n'était, dans la pensée de ses auteurs, qu'une mesure inspirée par les circonstances et qui n'engageait pas l'avenir. Seulement, c'était une mesure qui manquait de mesure.

Voici comment cela se fit.

Tout le monde étant persuadé que l'armée prussienne viendrait livrer l'assaut aux murs de Paris, il y avait aux entrées un formidable encombrement de gens cherchant à mettre à l'abri leur mobilier, leurs provisions, leur récolte, leurs marchandises de toute sorte. Les travaux de fermeture des portes (qui n'ont guère servi qu'à la Commune) augmentaient encore l'embarras.

On voulut au moins supprimer les retards provenant des visites de l'octroi. De là, le décret du 9 septembre, mal rédigé par les secrétaires du Gouvernement, et qui, n'ayant pour objectif, — les *considérants* en font foi, — que les denrées à soustraire aux approches de l'ennemi, ne faisait cependant aucune exception, aucune réserve dans le *dispositif*, et supprimait, aux portes de Paris, tout droit d'État et de Ville. Or, les portes de Paris, ce sont tout aussi bien les grilles des entrepôts, des abattoirs et des magasins généraux que les portes de l'enceinte et des gares. Le commerce se hâta d'en profiter, surtout en ce qui concerne les portes et les gares.

L'administration dut reconnaître son erreur. Dès le 11 septembre, une note insérée au *Journal officiel* expliqua que le décret n'était pas applicable aux *marchandises introduites par le commerce*. Fort bien! Mais alors, il fallait à toute entrée une visite des agents, et plus minutieuse encore, pour distinguer ce qui restait soumis aux droits de ce qui en était exempt. La cause des retards revenait donc aggravée et la mesure n'avait plus qu'un résultat qui était de compromettre les revenus dont la Ville avait si grand besoin.

Et je ne sais vraiment pas ce qui fût arrivé si les agents de l'octroi s'obstinant à faire payer les droits à un chargement *commercial* de vins, par exemple, le négociant se fût avisé de faire un procès. N'était-ce pas là des marchandises qu'il fallait soustraire aux approches de l'ennemi, suivant les termes du décret?... Il en est qui abusèrent. Aussi, le 17 octobre, dut-on rétablir la perception.

Dans l'intervalle, il était entré beaucoup de marchandises et la recette quotidienne avait baissé des deux tiers et plus.

L'intention qui avait dicté le décret était bonne; mais ne pouvait-on adopter quelqu'autre procédé; par exemple, autoriser les maires du dehors, sous

eur responsabilité, à délivrer aux émigrants de
eurs communes des certificats mentionnant les
denrées de ménage à transporter à Paris? Les
agents de l'octroi auraient fait quelques vérifications ; il y aurait eu quelques fraudes sans doute ;
mais on eût atteint le but visé qui était de favori-
ser les réfugiés seuls, en les dégrévant des droits
auxquels ils ne se trouvaient assujettis que par un
cas de force majeure.

Les appréhensions que le nom de M. Clamageran avait fait naître se dissipèrent peu à peu. Là où
nous avions redouté un théoricien, nous trouvâmes,
en dehors de cette suspension d'octroi (qu'il avait
d'ailleurs comprise autrement, je crois), un homme
appliqué, actif, s'inspirant des circonstances et qui
n'hésitait pas, le cas échéant, à nous aider de son
autorité.

Il fit d'abord, avec ou sans M. Arago, des visites
détaillées dans les dépôts de la Ville. Il constata
que les *existences* y étaient bien en rapport avec
les écritures. Mais il trouva les magasins du commerce supérieurs, comme aménagements, aux
nôtres. Il n'y avait là rien d'étonnant. Les entrepôts Moranvillé, Godillot et Trotrot avaient été
aménagés pour servir de magasins, tandis que ceux
de la Ville avaient été improvisés du jour au lendemain.

J'ai dit, je crois, que la nouvelle municipalité
avait mis 76,000 mètres de dépôts nouveaux à la

disposition des réfugiés de la banlieue et des départements voisins. Les rentrées durèrent jusqu'au mois d'Octobre.

Cependant, dans plusieurs communes du département de la Seine, la récolte des pommes de terre n'avait pas encore été faite. Un avis, émanant de la préfecture de Police, inséré au *Journal Officiel* du 12 Septembre, invita toute personne voulant contribuer à cette récolte, à se présenter dans les mairies du Département, notamment à Asnières, Gennevilliers et Saint-Denis.

Il y avait urgence; car, tous les jours, des bandes de maraudeurs se répandaient dans la banlieue et la mettaient au pillage, détruisant bien plus de produits qu'ils n'en rapportaient.

Mais l'avis ne fut pas entendu, et les choses restèrent à peu près en l'état jusqu'au 15 Octobre, où le ministre de l'Intérieur, sur la proposition de la mairie de Paris, créa, par arrêté, des *Compagnies de pourvoyeurs* chargées de procéder à la récolte des fruits et légumes dans la banlieue. Il leur était alloué une solde de 1 franc parjour, ou de 0 fr. 75 avec les vivres de campagne.

L'autorité militaire devait faire protéger ces compagnies par des forces suffisantes.

On ne voit pas bien pourquoi c'est le ministre de l'Intérieur qui prend cet arrêté sur la proposition du maire de Paris. La proposition du maire de Paris devait être adressée au préfet du Département qui était M. Jules Ferry et à qui il appartenait de prendre la décision. M. Arago ne voulut pas subordonner la mairie au préfet et le Ministre esquiva le conflit en évoquant l'affaire ; mais on avait perdu un temps précieux par le fait de l'organisation nouvelle. L'administration, d'autre part, pour faciliter aux assiégés l'achat du produit de ces récoltes, suspendit, à dater du 16 octobre, la perception des droits de place dans les marchés de la ville, afin d'y retenir les détaillants : bonne mesure, mais tardive aussi.

Du reste, ces dispositions eurent assez peu d'effet.

Enfin, les maires de la banlieue, d'accord avec l'autorité militaire, conduisirent sur leurs territoires respectifs les réfugiés de leurs communes et procédèrent à l'enlèvement de ce qu'avaient laissé les maraudeurs et les soldats. Cette fois, la cueillette fut assez fructueuse ; surtout, lorsqu'à la suite d'une reconnaissance sur Rueil par le général Ducrot, nos cultivateurs, invités par une lettre du général Appert du 24 octobre, purent parcourir, en toute sécurité, la presqu'île de Gennevilliers.

Un journal, avec l'optimisme patriotique qui était alors le ton presque unanime de la presse Parisienne, disait que l'avenue de Neuilly était, en ce moment, sillonnée par une file interminable de chars remplis de légumes où dominait la pomme de terre. Plus de cinq cents voitures étaient arrivées ! Et il ajoutait : « Que l'on juge par là de la récolte faite en une seule journée ! Et la besogne est à peine commencée. » Ce qu'il y a de certain, c'est que les expéditions conduites par les maires étaient le seul moyen efficace. Il est regrettable qu'on n'y ait pas pensé plus tôt.

Voilà, je crois, tout ce que la mairie de Paris fit pour augmenter le stock général, sous la direction de M. Étienne Arago.

Il sera question, plus loin, dans un chapitre spécial, des réquisitions qui émanèrent les unes du Gouvernement, les autres du ministère du Commerce et les dernières de M. Jules Ferry, délégué à la mairie de Paris, quand M. Arago eut donné sa démission.

CHAPITRE CINQUIÈME

L'ADMINISTRATION DE L'APPROVISIONNEMENT

M. Magnin, ministre du Commerce. — M. Jules Favre. — Déclarations contradictoires. — Marché Frear. — La commission des Subsistances. — Opinion de M Clamageran, — Désordre dans les livraisons. — Organisation tardive et compliquée. — Conservation des denrées. — Soins tardifs. — Commissions techniques — Les maires distributeurs de l'approvisionnement. — M. Bonvalet. — M. Henri Martin. — Les réunions des maires à l'hôtel de ville. — Le *Bulletin de la Municipalité*. — Incohérences.

Le grand intendant, le maître et le dispensateur de l'approvisionnement était le ministre du Commerce, successeur de M. Clément Duvernois, M. Magnin, député de la Côte-d'Or.

Le Gouvernement, à la surprise générale, avait cru devoir mettre cet honnête Dijonnais à la tête d'un service où les circonstances réclamaient un Parisien de longue date et un administrateur consommé.

M. Magnin avait, il est vrai, conservé MM. Ozenne, Marie, Miret, ces vieux praticiens de son département ; mais ils étaient à peu près annulés, quant à la direction des services, par des chefs de cabinet

6

entreprenants et par une nuée de comparses qui passaient pour tenir l'oreille du maître.

Tout ce monde, orné de titres quelconques et de casquettes brodées, passait sa vie à cheval sur les attributions ministérielles qu'il ne connaissait pas du tout, se mêlait de tout et embrouillait tout. D'où bien des difficultés et des malentendus dont pâtissait le public en fin de compte, puisque c'est de là que partaient les répartitions générales, hormis, heureusement, celles de la farine.

Dès le 8 septembre, M. Magnin fit insérer au *Journal Officiel* une note portant que l'alimentation de deux millions d'âmes, pendant *deux mois*, était largement assurée, en pain, viande, légumes, etc. Or, la veille, 7 septembre, le même *Journal Officiel* avait publié une circulaire diplomatique de M. Jules Favre, ministre des Affaires Étrangères, où on lisait : « Paris peut tenir *trois mois* et vaincre. » Les nouveaux ministre se trompaient tous deux. Mais le Gouvernement aurait bien dû se mettre d'accord avec lui-même. Qu'en ont pensé les Prussiens? Voilà les fruits de l'improvisation.

M. Magnin exécuta les traités de son prédécesseur et voulut faire quelque chose pour augmenter l'approvisionnement de première ligne.

Clément Duvernois avait esquissé avec un M. Frear, représenté d'abord par le docteur Franco, puis par un industriel nommé van den Brouck, un marché de 35,488,750 fr., consistant en :

500,000 barils de farine, à 48 fr. 30 le quintal, rendu à
Paris, ci. . . . .   21,735,000 fr.
10,000 quintaux de pommes de terre, à
17 fr. 50 le quintal, ci   175,000
60,000 barils de lard salé, à 231 fr. 75 le
quintal   11,328,750
10,000 quintaux de bœuf salé, à 225 fr. .   2,250,000
                                    ____
                                    35,488,750 fr.

Le 27 août, les offres de Frear avaient été acceptées. Les marchandises devaient être livrées successivement, en gare à Paris, dans les 60 jours, *quelque fût l'état de la capitale*. Cela voulait-il dire
qu'il y avait pour Frear obligation ferme de livrer,
même dans le cas d'investissement? C'était absurde.
Visait-on le ravitaillement après la guerre? C'était
bien invraisemble. Je crois qu'on avait cru à un
investissement partiel; par exemple, sur toute la
rive droite de la Seine.

Le 6 septembre, M. Magnin résilia le marché
faute d'exécution. Puis, sous le prétexte qu'il y avait
eu quelques livraisons de pommes de terre, c'est-à-
dire commencement d'exécution, sur l'intervention
de Mlle Blanche Costar, *marchande de formes cou-
lissées pour modes* et de M. Barillon avocat, présentés par M. Jules Favre, les négociations furent
reprises.

Le 15 septembre, les offres de M. Frear furent
acceptées de nouveau, toujours avec la clause de
livraison dans les deux mois, *quelque fût l'état de*

la capitale. Cette dernière stipulation était plus extraordinaire et moins compréhensible encore qu'au 27 août ; car, le 15 septembre l'investissement était attendu d'un moment à l'autre, et, complet, notre unique armée étant bloquée sous Metz.

M. Magnin a déclaré, il est vrai, d'après l'enquête parlementaire, que, dans sa pensée, « ce n'était qu'un moyen de se débarrasser du marché, et, qu'en agissant ainsi l'administration n'avait eu qu'un seul but : arriver à l'annulation du marché par l'inexécution des conditions. » Il était plus simple de ne pas le reprendre.

Il est probable qu'au fond ce fut surtout l'intervention peu réfléchie de Jules Favre qui influença le ministre du Commerce. En effet, ce qui frappe surtout ici, c'est l'invraisemblance inouïe de cette affaire de 35 millions.

Si Clément Duvernois avait peu à en espérer, M. Magnin, lui, n'avait rien à en attendre du tout.

Le nouveau ministre eut une inspiration meilleure. Il proposa et le Gouvernement décréta la nomination d'une commission des Subsistances qui devait siéger à l'Hôtel de Ville. Le décret est du 26 septembre.

Cette commission était composée de MM.

Jules Simon, ministre de l'Instruction Publique, Président,

Jules Ferry, délégué à la préfecture de la Seine,

Gambetta, ministre de l'Intérieur,

E. Picard, ministre des Finances,

Magnin, ministre du Commerce,

Et. Arago, maire de Paris,

Clamageran, adjoint au maire,

Cernuschi, économiste italien,

Littré, membre de l'Institut,

Cochut, directeur du Mont-de-Piété,

Sauvage, directeur des chemins de fer de l'Est.

Plus tard, on y adjoignit MM. Vautrain, Tirard et Desmarest, maires des 4e, 2e et 9e arrondissements de Paris.

L'idée était excellente ; mais il en fut de quelques uns des membres de la commission, comme du nouveau ministre du Commerce : ils étonnèrent un peu, non sans raison.

Cet étonnement s'adressait moins, toutefois, au président de la commission, M. Jules Simon. On connaissait la souplesse de son intelligence et l'on avait pu apprécier son aptitude à s'assimiler les matières administratives dans un remarquable rapport sur l'affaire des *entrepôts de Bercy*. Il se rendait compte de la situation, quoiqu'il n'ait jamais su qui, de l'État ou de la Ville, avait fait les achats de farine ; ignorance assez singulière de la part du président de la commission des Subsistances, mais qui retombe surtout sur ceux qui l'ont renseigné.

Il a écrit depuis [1]. « Les quatre opérations cons-

---

[1] *Souvenirs du 4 septembre.*

titutives du service des subsistances, savoir: augmenter, recenser, aménager et distribuer les vivres, étaient particulièrement difficiles pour le gouvernement nouveau. Si l'on veut savoir les causes des embarras où il se trouvait, en voici une énumération assurément fort incomplète: premièrement, il était nouveau; secondement, il était éphémère; troisièmement il était obligé de se résoudre et d'agir, sans prendre le temps de la réflexion; quatrièmement, son action était à chaque instant entravée par des difficultés administratives qu'il n'avait pas créées; cinquièmement, depuis le 4 septembre jusqu'à l'investissement, les chemins de fer furent encombrés et hors d'état de faire un service de messagerie; sixièmement enfin, la population normale de Paris s'était soudainement accrue par l'arrivée des mobiles et des habitants de la banlieue. » Tout cela était exact, sauf que les *mobiles* (90,000 hommes), étaient nourris par l'Intendance Militaire et que le nombre des émigrés dépassait celui des réfugiés, comme on le verra plus loin.

Donc le président de la commission avait étudié et pris au sérieux sa mission. Toutefois, le gros de l'opinion avait une certaine tendance à voir surtout en lui le ministre très compétent de l'Instruction Publique.

Gambetta siégeait dans la commision comme ministre de l'Intérieur. Il n'eut pas le temps d'y jouer un rôle; il n'en avait personnellement ni le goût, ni les aptitudes ; et la preuve que, même comme ministre de l'Intérieur, il avait peu de choses à y faire, c'est, qu'une fois parti, il y fut rarement remplacé par Jules Favre qui faisait l'intérim de son département.

Ernest Picard y parlait spirituellement, comme toujours, mais sans compétence.

M. Cochut était un écrivain savant en économie politique.

Mais pourquoi M. Littré ? Qu'y avait-il de commun entre le dictionnaire et l'alimentation ? Pourquoi M. Cernuschi, financier adroit et généreux, mais étranger, plutôt qu'un économiste français ?... Pourquoi surtout, — c'était la grande objection, — pas un membre du haut commerce et de la grande industrie, sauf M. Sauvage directeur des chemins de fer de l'Est ?

M. Clamageran qui en fut le membre le plus compétent, a bien jugé cette Commission.

« Son rôle bien compris pouvait, dit-il, être des plus utiles : mais il exigeait un travail immense. Il fallait établir la statistique de tous nos approvisionnements, suivre le mouvement des livraisons et des consommations ; recevoir, lire et analyser les tableaux dressés à cet effet, se mettre en contact avec les maires des arrondissements, les syndics des corporations, le comité d'hygiène, les hommes spéciaux des industries alimentaires ; prendre l'initiative de toutes les mesures urgentes, s'assurer de leur exécution, discerner parmi les réquisitions celles qui étaient indispensables et celles qui devaient être repoussées ; étudier mûrement les divers systèmes de rationnement ; diriger d'après un plan rationnel l'assistance publique ; se mettre d'accord avec l'intendance, fondre en une seule toutes les autorités divergentes. La réalisation de ce programme fut ébauchée, elle ne fut pas poussée à fond. Aucun homme ne possède des aptitudes universelles ni des forces illimitées. Les membres du gouvernement qui s'étaient mis à la tête de la commission des subsistances avaient par excès de zèle, oublié cette vérité de bon sens. Irrégulièrement convoquée, dirigée sans énergie, trop peu en contact avec les choses et les personnes du dehors ne possédant qu'une autorité incertaine, la Commission supérieure était un simple rouage ajouté à la machine administrative, rouage plus embarrassant qu'efficace ».

C'était M. Magnin qui exécutait les décisions de la commission, quand elle en prenait. Ce fut lui qui commença à faire sortir les denrées des magasins, tant de l'État que de la Ville.

Malheureusement, il négligea de préciser les règles à suivre. Plusieurs fois nos agents durent signaler des ordres de livraison émanant de personnes non accréditées. Le Ministre décida alors que les livraisons n'auraient lieu que sur le vu d'un ordre ministériel visé par M. Pelletier. Toutefois ce ne fut qu'à dater du 4 Octobre 1870, que ce service fut organisé d'une manière définitive. Voici en quoi consistait cette tardive méthode.

Des bons détachés d'un livre à souche étaient remis, dans les bureaux du Ministère, à la partie prenante. Celle-ci *allait* porter le bon au dépôt désigné, dont l'agent comptable le visait, si le dépôt était en mesure de fournir les denrées indiquées. Le porteur *retournait* alors au ministère et se présentait à un caissier spécial qui recevait le prix fixé ou donnait l'ordre de livrer à crédit. Muni de la quittance ou de l'ordre de livrer à crédit, le porteur (s'il en avait le temps et s'il n'était pas trop fatigué) *revenait* au dépôt, remettait à l'agent un double de l'une ou de l'autre de ces deux pièces, plus un reçu signé par lui et touchait enfin le montant du bon. C'était compliqué, mais administratif. On conçoit qu'il ait fallu deux mois pour combiner ces marches et contre-marches, absolument inutiles, si l'on eut su au ministère ce qu'il y avait dans les magasins.

Quant à la conservation des denrées, le service municipal, chargé de la gestion des dépôts, avait, dès l'origine, proposé qu'une commission de négociants compétents fût chargée de prescrire les mesures nécessaires pour prévenir toute déperdition. L'Inspecteur général, M. Biollay, signalait, notamment, l'état des pommes de terre qui, recueillies avant leur complète maturité, paraissaient devoir s'avarier dans un court délai. Et, en effet, il s'en est perdu une certaine quantité.

M. Pelletier transmit à plusieurs reprises ces rapports et propositions au ministère, et, vers la fin d'Août, M. Marie, sous-directeur du commerce extérieur au département du Commerce, eut mission de prendre la direction du service de l'approvisionnement pour tout ce qui ne concernait ni la boucherie ni la boulangerie.

M. Marie se réserva donc de pourvoir à la conservation des denrées ; mais rien ne fut changé à l'organisation des magasins.

Les inspecteurs des comestibles vinrent vérifier l'état des marchandises emmagasinées. Toutefois, ce ne fut qu'au mois d'octobre, que des commissions spéciales furent chargées par le ministère de surveiller les concentrations et de prescrire les mesures techniques de conservation.

L'une, composée de MM. Victor Borie, Labélonye, Coignet et Cuvillier, devait constater l'état des denrées diverses, conserves, légumes, etc. L'autre composée de MM. Muller, Siegfried et Greslaud, devait pourvoir à la conservation des céréales et des farines.

Le 17 novembre, la première commission demanda le transport aux halles de diverses conserves emmagasinées dans les entrepôts Trotrot ; ce qui semblerait prouver que ces établissements n'étaient pas aussi parfaits qu'ils étaient apparus à MM. Etienne Arago et Clamageran.

Il s'agissait de rendre la surveillance des denrées plus facile. Elle réclama également le transfert aux halles de conserves placées dans les caves du marché de l'Europe.

La seconde Commission prescrivit d'excellentes mesures pour l'emménagement de nos farines.

Les deux Commissions furent très utiles. On aurait bien dû réclamer plus tôt leur concours.

Quant à la distribution au public, à l'exception de la farine pour laquelle il y eut un régime spécial, le Ministère se servit, d'abord, des facteurs à la halle qui furent chargés de vendre à la criée une partie de l'approvisionnement. Cela dura un mois environ ; puis, il adopta définitivement les Maires d'arrondissement pour agents de répartition, comptables *officieux* envers l'État.

Voici les noms et qualités de ces magistrats.

Ier Arrondissement,		Tenaille-Saligny, avocat ;
IIe	—	Tirard, négociant ;
IIIe	—	Bonvalet, restaurateur ;
IVe	—	Greppo, marchand de vins ;
V^e	—	Bocquet, ancien adjoint ;
VIe	—	Hérisson, avocat ;
VIIe	—	Ribeaucourt, médecin ;
VIIIe	—	Carnot, ancien ministre ;
IXe	—	Ranc, journaliste ;
X^e	—	Turpin, négociant ;
XIe	—	Ribert, professeur ;
XIIe	—	Grivot, négociant ;
XIIIe	—	Pernolet, ingénieur ;

XIVe Arrondissement,	Leneveu, journaliste ;
XVe —	Corbon, ouvrier :
XVIe —	Henri Martin, historien ;
XVIIe —	Favre, homme de lettres ;
XVIIIe —	Clémenceau, médecin ;
XIXe —	Richard, industriel ;
XXe —	Braleret, débitant de vins ;

Il n'est pas douteux que la décision ministérielle, avant d'être mise à exécution, fut soumise à la commission des Subsistances.

M. Jules Simon, président de la commission, en a conservé le souvenir. Il s'exprime ainsi à ce sujet : « On avait pensé à donner à M. Magnin une sorte de dictature sur les subsistances ; mais il vit bien vite que cela était impossible, à cause des Maires d'arrondissement. Ils n'étaient pas tout puissants, comme l'avaient été, à d'autres époques, les curés de Paris et les Seize ; mais comme il s'agissait de déposséder la ville dans un moment de famine, et qu'ils déclaraient ne pouvoir y consentir sans dangers pour la paix publique, il fallut bien conserver le partage des attributions. Nous n'avions pas créé cette difficulté, nous en avions hérité. Il aurait été facile au gouvernement impérial de l'éviter, en s'y prenant dès le commencement. »

Ainsi, et j'en prends note, d'une part, le Gouvernement voulait d'abord donner la dictature au ministère du Commerce, au lieu d'admettre le partage d'attributions que M. Jules Simon impute à l'Empire (ce qui est une erreur, attendu que la question des agents secondaires de distribution ne s'était pas encore posée), et, d'autre part, l'admission des maires au rôle de répartiteurs de l'approvisionnement ne fut décidée que par la crainte de déposséder la Ville.

Cette dernière considération, un peu obscure dans ces termes, avait été expliquée précédemment par M. Jules Simon de la manière suivante : « Les Maires, sachant qu'il y avait plus de 200,000 quintaux de farine achetés avec l'argent de Paris, et par les ordres des représentants les plus directs de la population parisienne, n'entendirent pas qu'on s'en dessaisit dans les mains du Ministre du Commerce. »

Donc, sans ces 200,000 quintaux *achetés par la Ville*, les maires n'eussent pris aucune part à la distribution. Or, nous avons vu que la Ville n'avait fait aucun achat, et que ce malentendu, qui eut de si graves conséquences, provenait d'un renseignement inexact donné étourdiment par M. Michel Moring.

Les maires de l'Empire n'étaient nullement préparés par leurs fonctions à ce service alimentaire, bien qu'il y en eût de fort anciens et de fort appliqués parmi eux. « On a beau être administrateur consommé, a dit encore M. Jules Simon, que je ne me lasse pas de citer, on ne prévoit ni Frœschwiller, ni Sedan, ni le Siège. »

Or, si les maires de l'Empire n'étaient pas préparés, ceux du nouveau régime l'étaient nécessairement moins encore.

Ce n'était pas du tout pour cela que M. Étienne Arago les avait choisis ; et il suffit d'en parcourir la liste pour être convaincu qu'en les nommant, la question administrative avait été le dernier de ses soucis. Ce n'avait été qu'une affaire de républicanisme, de domicile, de camaraderie.

Ils connaissaient évidemment peu de chose aux gestions et soins municipaux, quels que fussent, d'ailleurs, leurs mérites professionnels, ces hommes de lettres, ces journalistes, ces négociants, ces professeurs, ces ingénieurs civils, ces médecins, ces commerçants en gros et en détail, que la politique amenait au pouvoir en de telles circonstances. Les Parisiens qui, pour la plupart, n'en avaient jamais entendu parler, furent considérablement ébahis à la vue de ces magistrats improvisés, puis ils passèrent à d'autres surprises. On n'en chômait pas alors.

Un jour de Septembre, tout au commencement, l'huissier de M. Pelletier annonça, sans le nommer, M. le maire du IIIᵉ arrondissement. Je regardai, de la table où je travaillais à côté du Directeur, et je vis entrer un homme d'allure souriante, légèrement obséquieuse, ayant sous le bras une serviette..... d'avocat. Il causa abondamment, mêlant les subsistances et l'état civil, les conserves et les élections, mais revenant toujours à l'organisation alimentaire ; puis il se retira. « Qui donc est-ce ? me dit M. Pelletier, il me semble que j'ai vu cette serviette-là quelque part. » Puis un sourire illumina pour un instant la figure soucieuse de l'administrateur surchargé d'affaires. — Eh ! parbleu ! c'est Bonvalet ! » — En effet, c'était Bonvalet, le restaurateur bien connu du boulevard du Temple.

Quelques instants après, on introduisit Henri Martin, maire du XVIe arrondissement. Celui-là confessa très rondement son incompétence et demanda en sortant l'adresse de son prédécesseur, dont il voulait interroger l'expérience. — « Voilà un homme de bon sens, me dit M. Pelletier. »

Donc, le ministre et la commission, passant par-dessus la tête du maire de Paris, avaient fait des maires d'arrondissement leurs agents immédiats. On verra plus loin comment ils les dirigeaient.

M. Étienne Arago les ressaisissait, d'ailleurs, dans une certaine mesure ; voici comment. Il avait institué, dès le 7 Septembre, à l'Hôtel de Ville, une réunion périodique et fréquente des maires, une sorte de Conseil Municipal consultatif, mais nommé par le pouvoir, tout comme celui de l'Empire.

On y traitait des questions obsidionales, et, aussi de quelques autres, comme la séparation des Églises et de l'État, l'envoi de commissaires extraordinaires dans les départements, les élections, l'épuration

du personnel, etc. M. Jules Ferry donnait des nouvelles de la guerre. On y parlait de l'approvisionnement. M. Clamageran exposait l'état des subsistances. On s'occupait des abattoirs, de la taxe, du
rationnement. On y désigna un jour cinq membres,
MM. Rousselle, Vimont, Ducoudray, Bonvalet et
Jobbé-Duval, peintre d'histoire, pour s'assurer des
soins donnés aux bestiaux ; ce qui était pénétrer
dans le domaine le plus intime et le plus clos du
ministère du Commerce. Il est certain que le mystère dont il entourait l'administration de la viande
agaçait beaucoup de monde ; mais je ne crois pas
que la tentative des maires, pour percer ces ar-
canes, ait obtenu beaucoup de succès.

De plus, M. Étienne Arago avait fondé un *Bulletin de la Municipalité*, édité par l'imprimeur de la
Ville, pour servir d'organe à lui-même et à la réunion des maires. Cette feuille donnait des informations sur les magasins, les approvisionnements, les
fourneaux économiques, les cantines municipales,
les écoles, les premiers soins à donner aux blessés,
le régime alimentaire convenant au siège, etc. etc.
Au résumé, elle eût pu être utile en se bornant à
son rôle obsidional. Elle cessa de paraître à la fin
d'Octobre, la veille de la tentative communaliste
qui a laissé un brouillard sur les agissements de
certains hauts fonctionnaires.

L'influence de l'Hôtel de Ville sur le service de
l'alimentation devait devenir plus immédiate et plus

active à la fin du siège, aux jours difficiles, quand la direction de la mairie fut aux mains de M. Jules Ferry, maire et préfet, comme M. de Rambuteau ou M. Haussmann ; mais dont la situation offrait cette particularité qu'il était tout à la fois l'inférieur de M. Magnin, ministre du Commerce, en tant que préfet de la Seine et son supérieur comme membre du Gouvernement. Préfet et Ministre s'entendirent à peu près ; mais, au-dessous d'eux, la désorganisation s'accentua de jour en jour.

Cet ensemble constituait bien un peu l'état d'anarchie prédit par le prophète Proudhon. Aucune prévision, aucune méthode ; on ne savait bien souvent où chercher l'autorité. Et cependant les conflits n'éclataient pas ; le péril extérieur contenait, au commencement surtout, les périls intérieurs.

Les hommes qui étaient là, généralement bien intentionnés, avaient le désir de bien faire. Quelques-uns y mirent même du courage. C'était, d'ailleurs, leur intérêt. Mais ils ne savaient comment s'y prendre, au moins pour la plupart.

Le manque d'unité était le grand mal.

« On finit par supprimer la mairie et par concentrer tous les pouvoirs municipaux dans les mains de M. Jules Ferry. Ce fut un progrès. On ne pouvait supprimer également le ministère du Commerce. Les directeurs et les chefs de division dans les deux services s'entendaient moins aisément que les membres du Gouvernement. »

C'est l'avis du président de la commission des Subsistances, et personne n'était mieux placé que lui pour bien voir et bien juger.

CHAPITRE SIXIÈME

LA DISTRIBUTION DE L'APPROVISIONNEMENT

Recensements erronés. — Les émigrés. — Les réfugiés. — Les autorisations de faire sortir le vin et la farine. — Les maires laissés sans instructions. — Inégalités dans les répartitions. — Employés inexpérimentés. — Comptabilités sommaires. — Systèmes divers. — Les XII⁰, XIV⁰, et XVI⁰ arrondissements. — Les étrennes de M. Magnin, à la population de Paris.

Pour la distribution en détail de cet approvisionnement dont la durée allait être celle même du siège, il eut fallu commencer par un dénombrement aussi exact que possible de la population. On en eut tout le temps pendant ce premier mois, où le Ministère, laissant aller les choses, vendit, au carreau des Halles, une quantité considérable de denrées, sur laquelle des industriels, à coup d'argent, prélevèrent, au détriment de la masse, des provisions particulières chèrement revendues plus tard.

Le général Trochu a dit qu'il avait eu beaucoup de peine à faire croire au siège. Rien de plus vrai. On en était toujours aux illusions ; et, le rêve du Gouvernement, au début du moins, eut été que les Parisiens fussent assiégés sans s'en apercevoir. Il espérait y trouver son compte en popularité.

Quiconque eut alors prononcé le mot de rationnement eut été fort mal venu auprès des maîtres.

M. Pelletier parla de dénombrement ; on ne fit pas semblant de l'entendre.

Mais, au 10 Octobre, quand le Ministère adopta pour sous-distributeurs les maires de Paris (en quoi il avait le double profit de déléguer sa responsabilité et de paraître faire de la décentralisation), on ne put plus se dissimuler qu'un recensement était indispensable.

On eut la simplicité d'en charger les dits maires, sans réfléchir qu'il avaient tout intérêt à grossir les chiffres pour avoir plus grosse part. Il était cependant bien simple de s'adresser à la Préfecture de la Seine qui avait un organisme *ad hoc*, et où les employés, en partie inoccupés, auraient fait un excellent service de recenseurs. Munis de formules, ils fussent allés dans chaque maison écrire sous la dictée des propriétaires ou de leurs représentants la liste des locataires, avec âge, sexe, etc. Puis au moyen de visites à des heures variées, ils eussent procédé à une vérification sévère des déclarations. Les commissaires de police les eussent aidé au besoin. Il était bien facile au Gouvernement d'ajouter une sanction à l'obligation de la déclaration. On eut été ainsi trompé de peu. Or, on le fut de beaucoup comme on va voir.

Le 28 Octobre, à la réunion périodique, les maires apportèrent pour la population *civile* (réfugiés compris) un compte de 2,119,000 habitants.

Et l'on distribua sur cette donnée jusqu'à la fin de

Décembre, c'est-à-dire, pendant deux grands mois.

Quand la nécessité du rationnement du pain apparut, des soupçons s'élevèrent contre le recensement d'Octobre ; et, M. Richard, maire du 19ᵉ arrondissement, se chargea d'en fournir un autre.

Il en résulta les différences détaillées au tableau suivant. Tous les arrondissements y sont modifiés de beaucoup, excepté celui du recenseur.

ARRONDISSEMENTS	OCTOBRE	DÉCEMBRE
Iᵉ	90,000	77,831
IIᵉ	89,000	77,671
IIIᵉ	110,000	96,422
IVᵉ	102,000	96,341
Vᵉ	99,600	98,213
VIᵉ	102,000	90,803
VIIᵉ	80,000	68,883
VIIIᵉ	80,000	75,880
IXᵉ	115,000	102,215
Xᵉ	150,000	141,485
XIᵉ	175,000	183,723
XIIᵉ	112,000	100,877
XIIIᵉ	78,500	79,828
XIVᵉ	95,000	82,100
XVᵉ	76,000	92,807
XVIᵉ	60,500	44,034
XVIIᵉ	136,000	125,064
XVIIIᵉ	136,000	154,517
XIXᵉ	113,000	113,716
XXᵉ	120,000	108,299
	2,119,600	2,003.709

Différence.   113,891

Ainsi en Décembre, on accusait 114,000 consommateurs de moins qu'en Octobre.

Cette diminution ne peut s'expliquer par la mortalité, qui, pendant cette période, n'a été que de 18,000 décès.

Au contraire, la population de Paris s'était accrue d'un nombre considérable de réfugiés, qui affluaient de plus en plus de la banlieue, à mesure que la vie y devenait plus difficile. A Paris, on avait, au moins, du pain et l'hôpital en cas de maladie. J'ai la preuve certaine de cette augmentation des réfugiés : voici comment.

Au mois de Décembre, on s'aperçut qu'il sortait de Paris des quantités relativement importantes de vin et de farines. Les soldats, les mobiles surtout, ne manquaient pas d'argent. Des industriels (ou pis encore) en profitaient pour leur vendre à boire, les griser et les démoraliser. D'autre part, les boulangers de la banlieue cuisaient au-delà des besoins de leur clientèle et vendaient du pain blanc aux troupes, qui, au lieu de vivre sur le stock de l'Intendance, grévaient ainsi pour partie notre approvisionnement.

Il fut décidé par le Gouverneur qu'il ne sortirait de Paris que des quantités de farine et de vin limitées. Ces quantités devaient être indiquées sur des formules d'autorisation que le porteur présentait au préposé d'octroi, à la porte de l'enceinte. Celui-ci ne laissait franchir la grille au chargement de vin ou de farine qu'après vérification et gardait le laisser-passer qu'il renvoyait le soir même à l'administration avec son visa.

Je fus chargé de délivrer ces autorisations. Je ne le faisais que sur la vue d'un certificat, dûment estampillé, soit du Chef de corps ou commandant de Fort déclarant qu'il lui fallait tant de vin pour tant d'hommes pendant tant de jours; soit du Maire demandant tant de quintaux de farines pour tant d'habitants pendant un laps de temps déterminé. Pour éviter les réclamations, j'avais adopté une règle et je rationnais d'office, avec l'autorisation du Gouverneur, le vin à un demi litre, la farine à 400 grammes, (soit une livre de pain), par tête et par jour.

Ce service n'était pas une sinécure. J'avais parfois de quatre-vingts à cent demandeurs à la porte de mon cabinet à l'Hôtel de Ville. A plusieurs reprises, j'ai dû congédier vivement des économistes éhontés qui exigeaient des permissions au nom de la liberté commerciale et des principes de 89. Il y en avait quelques-uns parmi eux qui appartenaient vraisemblablement à ces agences d'espionnage dont nous étions infectés pendant le siège. L'un d'eux, je l'ai su depuis, étant allé à Saint-Denis (commandature Prussienne), aussitôt que les communications furent ouvertes, en rapporta une assez belle pendule. Nos ennemis trouvaient économique de payer ainsi leurs services de guerre.

Je reviens au recensement, cause de cette digression.

Dans les derniers temps, les populations restées dans les villages autour de Paris ne vivaient plus que sur les farines tirées de nos magasins. Or, à partir de la fin de Décembre, c'est là que je voulais en venir, j'avais remarqué sur les certificats des maires des indications et des demandes décroissantes de jour en jour.

Les communes se dépeuplaient. Donc, le nombre des réfugiés augmentait à Paris, puisqu'ils ne pouvaient aller ailleurs.

L'exagération du dénombrement d'Octobre était donc bien plus forte encore que ne l'a constaté M. Richard, puisque, à Paris, la population en Décembre était certainement plus nombreuse qu'en Octobre.

Mais le recensement de Décembre dépassait lui-même de beaucoup la réalité : c'est facile à démontrer.

En effet, si pour tenir compte des augmentations normales, on ajoute, à raison de 18,000 habitants par an, 72,000 têtes aux 1,825,000 du recensement de 1866, on obtient, pour 1870, un chiffre de 1,897,000, soit 1,900,000 habitants.

Mais il en faut défalquer les émigrations, commencées sur l'avis de la préfecture de la Seine du 29 Août, précipitées après Sedan par l'invitation pressante du préfet de Police Kératry, du 9 Septembre, laquelle constatait l'encombrement des gares de départ.

Les Compagnies de Chemin de fer successivement interrogées par le docteur Sueur, auteur d'une remarquable étude sur la *mortalité pendant le siège*, ont fourni des chiffres qui atteignent, au total, 300,000 sorties.

La population se trouve ainsi ramenée à 1,600,000 habitants. En y ajoutant les 180,000 réfugiés de la banlieue et des régions voisines, on arrive à 1,780,000, ou si l'on veut, à 1,800,000 têtes. Voilà la vérité.

On en trouve une preuve de plus dans les chiffres de la consommation de la farine. Du 22 Septembre 1870 au 18 Janvier 1871 (119 jours), la consommation moyenne par jour a été, d'après les livraisons faites aux boulangers, de 6,366 quintaux, ce qui donne 827,580 kilogrammes de pain ; soit à 500 grammes par tête, la nourriture de 1,655,160 personnes. C'est 145,000 de moins que le chiffre de 1,800,000 auquel je me suis arrêté. Mais, si certains adultes consommaient peut-être un peu plus de 500 grammes en moyenne, les enfants et les femmes consommaient certainement beaucoup moins. On peut donc s'en tenir à une moyenne de 450 grammes, et à 1,800,000 habitants et plutôt moins que plus.

Quant aux 236,941 hommes de troupes (chiffre fourni au docteur Sueur par le général Soumain commandant de place de Paris), comme ils étaient nourris par la Guerre et la Marine, ils ne peuvent figurer dans un recensement visant l'approvisionnement civil.

D'après un rapport parlementaire (M. Chaper, 1874), l'armée avait été approvisionnée, en vue du siège, à 200,000 hommes pour six mois; ce qui explique les prêts faits par la Guerre et la Marine à la caisse de la Boulangerie.

Telle était la vraie population. Le recensement d'Octobre dépassait donc la réalité de 319,000, et celui de Décembre, de 205,000 habitants.

L'omission d'un dénombrement sévère a été la grande faute administrative du siège.

Elle a eu pour conséquence le gaspillage de la neuvième partie de l'approvisionnement; c'est-à-dire de quinze jours de vivres au moins.

En prenant les maires pour agents de distribution, le ministre leur prescrivit-il des règles précises ou tout au moins une méthode? Non, bien au contraire; un avis inséré au *Journal Officiel* du 8 Octobre, portait, à propos de la viande : « Chaque maire peut adopter un système de rationnement. Les systèmes de rationnement appliqués par les maires ne le seront qu'à titre d'essai, jusqu'à ce que la commission des Subsistances ait adopté un système général et définitif. »

La commission n'en a jamais adopté.

De là, de fâcheuses inégalités dans la répartition. Quelques maires ne rationnaient pas du tout, et laissaient aller les choses. Avait de la viande qui pouvait. Dans tel arrondissement, les habitants étaient rationnés à 80 grammes au-dessus de seize ans, 40 grammes au-dessous; dans tel autre, à 100 grammes au-dessus de douze ans, 75 grammes à dix et onze ans, 50 grammes au-dessous de dix ans, etc. etc.

« Le ministre, a dit M. Clamageran, faisait aux maires une première distribution, en raison du nombre de leurs administrés ; il les laissait ensuite se débrouiller de leur mieux et faire la part de chacun. Il arrivait parfois que les quantités à distribuer étaient trop petites pour donner lieu à une répartition égale et commode entre tous les consommateurs. Il fallait alors ou les réserver pour les joindre à d'autres, ce qui occasionnait un encombrement déplorable, ou bien limiter le nombre des participants. Les avis qui annonçaient la distribution étaient quelquefois tardifs, et le temps manquait pour les bien régler. »

En résumé, pendant le siège, chaque maire administra à sa façon, versa directement au ministère le prix des denrées qu'il en recevait, et appliqua, comme il l'entendait, aux besoins de son arrondissement, les bénéfices réalisés sur la vente au détail.

Car les mairies prenaient une commission sur la viande que le ministre les chargeait de distribuer!

En leur donnant directement la viande abattue, on avait entendu supprimer l'impôt prélevé en temps ordinaire par les intermédiaires dits *chevillards*. Les mairies avaient de leur propre initiative remplacé les *chevillards*, et le ministère, qui ne pouvait l'ignorer, usait à cet égard de tolérance, au lieu de dégrever d'autant la taxe de la vente au détail.

Les maires, dans les meilleures intentions du monde, profitaient donc, pour se faire des ressources administratives, de l'anarchie qui régnait dans toutes les zones de la hiérarchie. Il y en eut même un qui ouvrit, sans prévenir la Mairie centrale, un marché sur un terrain de la Ville et y perçut des droits de location, en violation flagrante de la loi. Petit péché, eu égard aux circonstances. Mais il lui était si facile de se faire autoriser, ou plutôt, d'obtenir de la Ville la création de ce marché.

La décentralisation allait ainsi son train ; mais je crois bien qu'elle n'allégea guère le poids des embarras terribles où s'agitait tout ce monde effaré. Surtout, elle n'allégea pas les dépenses.

La comptabilité, ce qui était particulièrement fâcheux, laissait fort à désirer.

Dans quatorze arrondissements sur vingt, les maires confièrent à des agents étrangers la direction des services de la boucherie, des cantines, des comestibles divers, du chauffage, etc.; de sorte

que, dans ces mairies, les secrétaires, agents officiels, n'ont pas été comptables des deniers provenant de ces services.

Il était pourtant facile (les employés ordinaires
des mairies ayant assez de leur service normal),
d'emprunter les employés de l'Hôtel de Ville qui, en
ce moment, chômaient en grand nombre.

Le personnel des bureaux de la Ville était généralement très bon. M. Haussmann, préfet chargé
d'affaires, avait intérêt à pouvoir compter sur ses
collaborateurs à tous les degrés. Il les choisissait
donc avec soin, sauf quelques cas de favori-
tisme.

On les aurait détachés dans les mairies où ils
auraient dirigé les services avec leur habitude de
l'administration et de la discipline, avec toutes les
garanties que n'offraient guère le personnel de
rencontre raccolé par les maires. La besogne eût
été mieux faite et eût coûté moins cher.

Dans le XIIe arrondissement, par exception, le
système était tout différent. La mairie n'avait pas
de bénéfices sur la viande, ni de service de trésorerie délégué. Les bouchers payaient directement
au ministère. Je n'ai pas entendu dire qu'on s'en
trouvât plus mal et qu'il y ait eu du désordre.

Pour le détail de la distribution par tête,
on procédait de la façon la plus diverse. Dans
telle mairie on donnait des cartes dont la présenta-
tion était obligatoire ; dans telle autre on n'en déli-

vrait pas. Il en résultait que les arrondissements, où on n'en délivrait pas, voyaient leurs boucheries envahies par les consommateurs des quartiers voisins.

Quelques maires eurent des idées pratiques.

Dans les trois marchés du xvie arrondissement, on avait ouvert un groupe d'étaux desservis chacun par quatre bouchers et leurs aides habituels, surveillés par un délégué de la mairie, boucher lui-même. A l'intérieur des étaux, on avait organisé la division du travail. L'un ne débitait que du mouton ; l'autre que du bœuf ; et les garçons préparaient d'avance les morceaux par catégorie pour accélérer la vente. Chaque personne, qui arrivait, munie de sa *carte de famille*, s'adressait au délégué et lui disait quelle sorte de viande elle désirait. Le délégué lui donnait immmédiatement les indications nécessaires et passait à un autre.

Dans le xive arrondissement, après plusieurs essais, on s'arrêta au système suivant. Les soixante-trois boucheries furent ouvertes tous les jours et chargées d'alimenter chacune quatre cent cinquante familles. Les étaux étant fournis pour trois jours, les quatre cent cinquante familles y passaient successivement par tiers, munies de numéros verts, rouges ou blancs, suivant la série. Une boucherie était spécialement chargée des grosses fournitures ; pensions, fourneaux, restaurants, etc. ; elle avait de plus une réserve pour le troisième jour.

La mairie avait pris sur elle de se faire payer par les bouchers 10 centimes par kilogramme de viande en sus du prix fixé par le ministre. Son bénéfice quotidien était de 605 francs. Les frais étant de 419 francs, il lui restait un disponible quotidien de 186 francs à consacrer aux besoins de l'arrondissement.

Le personnel comprenait un directeur à 7 francs par jour, dix-sept employés et caissiers à 6 et 5 francs; soixante-trois délégués à 4 francs ; trois étaliers à six francs ; trois garçons d'abattoirs à 5 francs.

Il y avait de plus quatre épiceries municipales destinées à combattre, par la concurrence, la hausse exagérée des prix.

Elles ont fait une recette de.	44,401 fr. 34
Et elles ont remboursé au ministre. . . .	35,832 51
Leur bénéfice a donc été de. . . .	8,568 fr. 83

Le système des étaux spécialisés, dans les marchés couverts, pouvait convenir au XVIe arrondissement qui est le moins peuplé de Paris. Au moins les ménagères y étaient abritées et l'attente, si pénible ailleurs, y était abrégée. Pour un arrondissement populeux, l'organisation du XIVe était probablement préférable. Chaque famille était sûre d'avoir son tour, à jour fixe, dans la boucherie la plus proche. Les numéros étaient une garantie d'ordre et le chiffre de cent cinquante clients, par étal et par jour, était modéré.

Il y a une réserve à faire sur le prélèvement de 10 centimes, dont l'intention était bonne cependant; mais qui grèvait indûment le détail.

La *carte de famille*, dont le ministère aurait du prendre l'initiative et fournir les formules, était la base forcée du rationnement.

Dans plusieurs arrondissements, les boucheries municipales, — en trop petit nombre généralement, — distribuaient non seulement la viande, mais les conserves, le lard, la morue, les haricots, les pommes de terre, etc. Quant au combustible, charbon, bois ouvré ou vert, il y eut dans chaque quartier des dépôts particuliers.

En somme, après beaucoup de tâtonnements, dus surtout à la fâcheuse abstention de l'autorité supérieure, tout commençait à s'uniformiser et à se régler par la force des choses... quand survint la capitulation.

Cependant le Gouvernement et le ministère, s'ils se désintéressaient des détails de la distribution, ne renonçaient pas tout à fait à faire leur cour aux ménagères.

La veille du jour de l'an, M. Magnin adressa la lettre suivante à un journal.

« Monsieur, les renseignements que vous donnez sur les distributions du jour de l'an sont parfaitement exacts. Le Gouvernement a pensé qu'il fallait inaugurer l'année 1871 par une mesure dont chaque citoyen profiterait, et il m'a chargé de la mission très agréable de donner aux vingt arrondissements de Paris.

1° 104,000 kilogrammes de très bonne viande de bœuf conservée, au lieu de viande de cheval ;
2° 52,000 kilogrammes de haricots secs ;
3° 52,000   —   de café vert en grain ;
4° 52,000   —   d'huile d'olive ;
5° 52,000   —   de chocolat.

Vous voyez que nos magasins ne sont pas encore vides, quoique nous y puisions depuis le 17 Septembre.

Nos ennemis ne nous empêcheront pas de fêter la nouvelle année et d'avoir la foi la plus inaltérable dans notre délivrance et dans la régénération de notre patrie.

Croyez, etc. »
J. Magnin.

La délivrance n'est pas venue. Quant à la régénération..., c'est une affaire d'appréciation.

En tout cas, si la gasconnade était de taille, le cadeau était mince. En effet, ce bloc de kilogrammes donnait au déballage, par tête d'habitant, 52 grammes de conserves, 26 grammes de haricots, 26 grammes de café, 26 grammes d'huile, 26 grammes de chocolat, en tout 156 grammes.

Il y avait cependant là un déjeuner qui, en ce temps, eut fait grand plaisir, à la condition d'avoir du charbon pour le faire cuire. Mais je n'ai jamais

8

rien vu de cette provende, non plus que ceux que j'ai interrogés à cet égard.

Le journal qui cite cette lettre ajoute qu'on n'a jamais pu constater si cette distribution avait été complètement faite et que des municipalités furent accusées d'absorption au profit des *purs qui ne paraissent pas avoir été très malheureux pendant le siège..*

Je laisse bien entendu, la responsabilité de ce potin au journal qui s'en est fait l'écho.

La presse en disait bien d'autres.

CHAPITRE SEPTIÈME

L'ASSISTANCE PUBLIQUE

L'Assistance sous toutes ses formes. — Les effets de commerce. —
Les loyers. — Le Mont de Piété. — La caisse d'Épargne. — La Garde
Nationale. — Nombre de nécessiteux par arrondissement. — Dépenses sans contrôle. — Les bons de pain. — Les fourneaux économiques. — Les Sœurs et M. Etienne Arago. —Les cantines municipales. — Secours en argent. — Inégalités flagrantes. — Les
réfugiés. — M. Antonin Proust. —M. Barthélemy Saint-Hilaire.—
Charité privée. — MM. Richard Wallace, de Rotschild, Greffulhe.
— Souscriptions. — Le colonel anglais Loyd Lindsay. — Les médecins. — Les femmes. — Mme Jules Simon. — Vente de charité.—
Les émoluments des maires et adjoints ; des membres du Gouvernement, etc.

Les distributions de l'Assistance publique se
relient naturellement à la répartition générale. Elles
ont été larges, très larges, sous des formes diverses,
mais, malheureureusement trop peu ordonnées.

J'y rattache toutes les mesures exceptionnelles
qui ont été des secours.

Il y a eu d'abord, la prorogation d'un mois ac-
cordée aux effets de commerce par la loi du 13 Août
1870 et successivement renouvelée par les décrets
des 10 Septembre, 11 Octobre, 10 Novembre, 12 Décembre 1870, 12 Janvier, 28 Janvier, 14 Février 1871.

Il y a eu, le décret du 30 Septembre, accordant
aux locataires, soit en garni, soit dans leurs meu-
bles, un délai de trois mois pour le paiement de

leur loyer d'Octobre ; puis, le décret du 9 Octobre suivant, autorisant, dans le cas de non paiement, l'enlèvement par le locataire de tout ou partie de son mobilier, suivant les circonstances. Un décret, du 3 Janvier 1871, accorda un nouveau délai de trois mois pour le loyer de Janvier, y compris les termes précédemment échus et non encore acquittés.

C'était engager vis-à-vis des propriétaires la responsabilité du Gouvernement. Cette responsabilité devait être consacrée, pour un tiers, par la loi du 5 Avril 1871, qui limitait à 10 millions la contribution du Trésor au remboursement de ces loyers, en laissant le reste à la charge du Département. En somme, on ne remboursa aux propriétaires qu'un tiers de ce qui leur était dû. Socialisme d'État !

Quant au Mont de Piété, un décret du 1er Octobre autorisait la restitution gratuite des vêtements, sommiers, matelas, couvertures, engagés depuis le 19 Juillet pour 15 francs et au dessous. Un second décret du 11 du même mois dut ajouter à ces objets les draps de lit et les chemises oubliés dans le premier. Enfin, le 17 Novembre un troisième décret ouvrit au ministre des Finances, afin de réparer un autre oubli, un crédit de 700,000 francs pour les remboursements à la caisse du Mont de Piété. On aurait pu évidemment mettre tout cela dans le premier décret.

A la Caisse d'Épargne, les déposants furent successivement autorisés à toucher quatre sommes de cinquante francs, en espèces, par décrets des 17 Septembre, 15 Octobre, 17 Novembre et 17 Décembre 1870.

La Garde Nationale fut, avant tout, pendant le siège une institution de bienfaisance.

Paris s'amusa beaucoup d'une caricature de Cham qui représentait un garde national embrassant son fusil et l'appelant avec attendrissement : « Mon ami, mon trésor, ma consolation, mon *atelier national.* » Cham avait vu la révolution de Février.

Un décret du 11 Septembre avait ouvert un crédit de un million pour la délivrance de bons de vivres aux gardes nationaux qui en feraient la demande. Dès le lendemain, un autre décret remplaçait ces prestations en nature par une allocation journalière de 1 fr. 50, qu'un troisième décret du 28 Novembre, augmenta d'un subside complémentaire de 0 fr. 75 par tète, pour les femmes légitimes. Aussi vit-on pulluler les publications de mariages, *même rue, même numéro.*

Cela mettait 2 fr. 25 par jour dans chaque ménage. Avec les bons de pain, les secours en argent, etc., c'était la vie quotidienne, meilleure pour beaucoup qu'en temps ordinaire, mais, surtout, oisive.

De plus, les gardes nationaux furent habillés. M. Floquet présida à cette opération. Elle occupa la moitié de l'Hôtel de Ville, ainsi que la Bourse, l'école des Beaux-Arts et le collège Henri IV. Du moins, ces ateliers donnèrent de l'ouvrage à beaucoup de femmes. Quant au drap, je crois que l'on épuisa tous les magasins de Paris. A la fin, on eut recours à des draps de billard, d'un prix exorbitant, et l'on put voir processionner vers la statue de Strasbourg des bataillons tout de vert habillés, dont les uniformes représentaient une dépense assez peu en rapport avec les services rendus par ces militaires.

Il y eut du désordre dans les achats. Les maires et les chefs de bataillon en firent sans contrôle. C'était des experts inconnus de l'administration qui traitaient. Les négociants sérieux furent exclus en fait. On revit là Blanche Costar déjà nommée. Certains employés d'occasion, dans les mairies, demandaient, dit-on, des remises. Toujours la danse des écus.

« Quand la paye de 1 fr. 50 fut attribuée par le Gouvernement aux gardes nationaux nécessiteux, a écrit M. Étienne Arago, ce fut comme une avalanche de postulants pressés par un sentiment qu'on a pu croire moins désintéressé. Aucune digue suffisante n'ayant été élevée devant cette invasion que les maires étaient impuissants à arrêter, de nouveaux bataillons se formèrent comme d'eux-mêmes, si bien que leur nombre finit par s'élever à 260. La garde nationale offrit alors un effectif de 400,000 hommes. »

C'était une dépense formidable : qu'on en juge. La loi du 12 Août 1870 avait alloué 50 millions pour la réorganisation de la Garde Nationale. Dès le commencement de Novembre, la part revenant à Paris dans ce crédit était épuisée. Le 10 Novembre, il fallut ouvrir un nouveau crédit de 20 millions qui fut doublé le 16 Décembre.

Dès le 21 Septembre. Ernest Picard estimait la dépense à 7 ou 800,000 francs par jour. Vers la fin, on y mettait plus d'un million. Et c'était plus dangereux encore que dispendieux. Car, au résumé, les 2 fr. 25 de la garde nationale de 1870 ont fait la Commune. De même, les 2 francs des ateliers nationaux de 1848 avaient fait les affaires de juin ; leçon perdue.

Passons aux vrais nécessiteux.

En temps ordinaire, il y avait à Paris environ 100,000 indigents secourus ; 111,357 en 1869. A la fin de Décembre 1870, le nombre des nécessiteux atteignit 471,454, ainsi répartis :

Ier Arrondissement,		8,000
IIe	—	12,000
IIIe	—	24,000
IVe	—	19,000
V^e	—	15,000
VIe	—	15,000
VIIe	—	10,800
VIIIe	—	8,000
A reporter. . . .		111,800

Report. . . .		111,800
IXe Arrondissement,		14,500
Xe	—	20,000
XIe	—	30,000
XIIe	—	25,000
XIIIe	—	34,000
XIVe	—	15,000
XVe	—	24,000
XVIe	—	12,000
XVIIe	—	39,454
XVIIIe	—	60,000
XIXe	—	66,000
XXe	—	20,000
		471,754

Ces chiffres sont ceux des inscriptions dans les mairies.

Je les trouve reproduits dans le *Journal des Économistes*. Or, malgré leur énormité, et bien qu'ils proviennent des auteurs du recensement frelaté d'Octobre, ils ne sont, dans les documents du temps, l'objet d'aucune contestation.

En ce temps-là, on avait l'attention ailleurs. Aujourd'hui, quand on examine de sang-froid toute cette effroyable dépense, l'esprit de critique s'éveille et a recours à l'analyse.

M. Clamageran dit : « 400,000 nécessiteux au moins. » Quoi qu'il en soit, c'était, ajouté à d'autres plus lourds encore, un lourd fardeau.

L'État et la Ville contribuèrent à la dépense ; heureusement, l'argent ne manquait pas.

Un décret du 19 Décembre 1870 nous apprend, en ce qui concerne l'État, que le produit de l'emprunt, autorisé par la loi du 12 Août précédent, s'élevait à 804,568,400 francs, sans parler des 350 millions fournis précédemment par des émissions de bons du Trésor.

D'autre part, dès le 19 Août 1870, une loi avait autorisé la Ville à prélever 5 millions sur son budget des travaux extraordinaires pour venir en aide aux familles de Paris dont les soutiens étaient appelés sous les drapeaux. Un décret du 6 Septembre alloua, sur le budget, une nouvelle somme de 5 millions pour les dépenses faites et à faire par suite de la guerre. Au 3 Décembre, nouvelle somme de 5 millions pour secours aux nécessiteux. Enfin, 8 millions furent encore alloués par décrets des 27 Janvier et 7 Mars 1871. En tout, 23 millions. Il y avait, de plus, le budget de l'Assistance publique, grossi d'allocations supplémentaires.

Les secours en *bons de pain* sont en dehors et en plus de ces crédits : noùs en verrons le chiffre tout à l'heure.

Le bon de pain prête terriblement au gaspillage. Il en fut distribué à profusion dans les mairies. Tout le monde pouvait en avoir avec quelques démarches. Tel s'en procurait six, huit, dix, douze; les portait à certains boulangers qui lui en donnaient la demi-valeur en argent et bénéficiaient du reste.

M. Clamageran estime que le nombre des rations distribuées dépassa de 200,000 le chiffre de la population et que l'écart eût été plus grand encore, si l'on n'eût eu l'idée d'offrir des biscuits en guise de part supplémentaire. Le biscuit était accepté avec empressement de ceux qui réclamaient à juste titre ; les autres le dédaignaient.

Dans un arrondissement, où, surtout dans les derniers mois du siège, les comptes furent régulièrement tenus, le nombre des *bons de pain* quotidiens monta rapidement de 3,000 à 10,000. Du 15 Septembre 1870 au 23 Mars 1871, il en fut délivré pour 431,521 fr. 06.

A partir de Novembre, la caisse de la Boulangerie fut autorisée à recevoir les *bons de pain* et à remettre aux boulangers de la farine en échange. Jusques-là, ces *bons* leur avaient été remboursés en argent par les mairies. L'État acceptait, d'ailleurs, sauf règlement, les bons de pain en payement des farines que la caisse de la Boulangerie, distributeur, prenait dans ses magasins, pour les répartir aux boulangers.

Elle en a remis ainsi au Trésor pour 7,800,000 fr. sur les 33 millions de francs qu'elle a versés en payement des farines jusqu'au 10 Mars 1871. Mais ce n'est pas tout.

L'ensemble des bons de pain, y compris ceux payés en argent, et ceux distribués pendant la Commune, atteint le chiffre de 16 millions au moins.

Pour la distribution de la viande, du bouillou, des légumes, aux nécessiteux, etc., après quelques recherches platoniques de moyens nouveaux, ne trouvant rien, on se résolut à développer l'institution antique, mais éprouvée, des *fourneaux économiques*. Le nombre en fut porté de suite à quarante-six, puis à quatre-vingt; le Gouvernement ayant ouvert à la ville de Paris un crédit de 500,000 francs le 3 Décembre pour en établir de nouveaux.

Ils furent répartis un peu au hasard dans les arrondissements.

En parcourant le tableau ci-après, on se convaincra qu'il y a peu de rapport entre leur nombre et celui des indigents indiqué plus haut.

Ier Arrondissement,	2 fourneaux	
IIe	—	2 —
IIIe	—	2 —
IVe	—	4 —
Ve	—	4 —
VIe	—	2 —
VIIe	—	2 —
VIIIe	—	2 —
IXe	—	3 —
Xe	—	2 —
XIe	—	3 —
XIIe	—	11 —
XIIIe	—	4 —
XIVe	—	3 —
XVe	—	3 —
A reporter. . .	49	

Report. . .	49 fourneaux	
XVIe Arrondissement,	6	—
XVIIe —	3	—
XVIIIe —	5	—
XIXe —	10	—
XXe —	7	—
	80	

On ne conçoit pas bien pourquoi le XIe arrondissement qui comptait, d'après la statistique officielle, 30,000 indigents, n'avait que trois fourneaux quand le XIIe, avec 25,000 indigents, en avait onze : pourquoi le XXe, qui n'avait que 20,000 indigents, avait presque le même nombre de fourneaux que le XIXe, qui en avait 66,000.

Quoi qu'il en soit, on y distribuait des portions au prix le plus réduit, savoir :

1 demi-litre de bouillon	5	centimes
1 portion de viande cuite de 60 grammes . .	5	—
45 centilitres de légumes cuits.	5	—
45 — de potage au riz	5	—
125 grammes de pain blanc.	5	—

10 centimes de supplément donnaient droit à un morceau de lard de 40 grammes. Les aliments pouvaient être emportés ou consommés sur place.

L'Assistance publique a livré en tout pour les fourneaux :

Pain.	2,650,876	kilogrammes
Haricots.	128,900	—

Pois	54,190	kilogrammes.
Riz	194,400	—
Sel	51,350	—
Pommes de terre .	559,618	—
Lard.	204,719	—
Fromage	2,648	—
Viande	13,909	—

M. Etienne Arago, qui s'occupait personnellement
de l'Assistance publique, estime qu'il se distribuait,
par jour, au moins deux cent mille rations de toute
nature dans les fourneaux économiques.

Il en a parlé en ces termes :

« Les fourneaux étaient situés autant que possible dans les bureaux de bienfaisance. L'organisation en était plus facile, plus complète, plus convenable ; la santé des malheureux client s'en trouvait
mieux ; car une partie d'entre eux tout au moins
était mise au chaud et à l'abri, avant la distribution.
L'attente se trouva diminuée et l'ordre établi par
une distribution de cartes de couleurs et de numéros divers. Le service de ces fourneaux resta
confié aux Sœurs de charité, qui apportèrent dans
leur action gratuite un dévouement et une aménité
d'autant plus digne de remarque respectueuse que
leur besogne était devenue plus rude et parfois
moralement pénible. Si, dans ces temps ordinaires,
les mauvais compliments ne leur avaient pas été
épargnés, ces Sœurs comprenaient qu'en ces jours
de misère exceptionnelle, les mécontentements

pouvaient être plus expansifs. Mais peu se plaignirent ; beaucoup, au contraire, m'exprimèrent leur admiration pour la population pauvre de la grande ville. »

Tout le monde n'était pas aussi juste envers les Sœurs. Le jeudi 6 octobre, à l'hôpital Cochin, l'une d'elles fut tuée d'un coup de couteau par une femme, à qui, deux jours auparavant, elle n'avait pu donner qu'une portion de lait inférieure à la ration quotidienne, l'indigente s'étant présentée lorsque l'heure de la distribution était passée.

Le service des fourneaux de l'Assistance était doublé par celui des fourneaux des mairies, auxquels, pour leur donner un petit air militaire et pour ménager d'honorables susceptibilités, on avait attribué le nom de *cantines municipales*.

Les dépenses étaient couvertes par les allocations de la Mairie centrale, par les bénéfices sur la vente des denrées fournies par le ministère, de la viande principalement, par des dons, des quêtes, des souscriptions. M. Arago croit même que plusieurs mairies, relativement opulentes, allèrent au secours de leurs voisines moins heureuses. Ce n'est pas impossible, bien qu'assez peu vraisemblable.

Dans tels arrondissements, il y eut quinze, vingt et jusqu'à trente cantines municipales, et il fut distribué quatre, cinq et six millions de bons divers.

Dans le IXe arrondissement qui fut administré successivement par MM. Ranc, Desmarets et Ferry, les cantines ont commencé à fonctionner le 15 octobre. Au 1er novembre, le chiffre quotidien des portions distribuées était de 7,800.

Si l'on arrivait à un total aussi élevé dans un arrondissement généralement habité par une population aisée, que devait-ce être dans les quartiers pauvres ?

Il y eut à coup sur, dans ces distributions sans unité et sans méthode, des gaspillages et des doubles emplois. Or, s'il importait avant tout que les malheureux fussent pourvus, il importait aussi que ceux qui n'avaient pas besoin ne vinssent pas prendre la part des véritables indigents. M. Husson, administrateur expérimenté, y eût songé.

« Le défaut d'une centralisation suffisante, a écrit M. Clamageran, se faisait sentir à propos des distributions gratuites. Une commission essaya d'établir entre les cantines municipales, les fourneaux économiques, les bureaux de bienfaisances et autres établissements d'assistance publics ou privés, à défaut d'organisation commune, une entente amicale, des communications régulières ; mais cette commission ne réussit pas à vaincre les résistances qu'elle rencontra. »

En outre des bons de pain, de la solde des gardes nationaux, des portions délivrées par les fourneaux et les cantines, il y eut les *secours en argent*, qui atteignirent, comme le reste, des proportions énormes.

Dans un seul arrondissement, le xive, ils s'élevèrent à 1,255,495 fr. 90, savoir : 1,027,759 fr. 52 donnés aux gardes nationaux (en dehors de la solde); 142,192 fr. 85 donnés aux familles ayant des enfants sous les drapeaux, et 85,543 fr. 63 à divers.

Voici le détail par arrondissement.

Ier Arrondissement,		69,898 fr. 05	pour	8,000	indig.
IIe	—	93,727	10	— 12,000	—
IIIe	—	164,415	85	— 24,000	—
IVe	—	170,716	95	— 19,000	—
V^e	—	462,264	45	— 15,000	—
VIe	—	301,736	25	— 15,000	—
VIIe	—	168,276	18	— 10,000	—
VIIIe	—	15,821	»	— 8,000	—
IXe	—	35,853	90	— 14,500	—
X^e	—	745,075	93	— 20,000	—
XIe	—	622,238	42	— 30,000	—
XIIe	—	112,444	»	— 25,000	—
XIIIe	—	218,356	29	— 34,000	—
XIVe	—	1,255,495	90	— 15,000	—
XVe	—	922,571	67	— 24,000	—
XVIe	—	51,981	80	— 12,000	—
XVIIe	—	480,492	36	— 39,454	—
XVIIIe	—	547,778	67	— 60,000	—
XIXe	—	449,295	97	— 66,000	—
XXe	—	999,457	59	— 20,000	—

7,887.898 fr. 33

C'est ici surtout, en présence de ces inégalités, qu'il faut regretter l'absence de méthode.

Dans le xxe arrondissement, pour 20,000 indigents, le total des secours donne 50 francs par tête; dans le XIXe, les 66,000 indigents ne touchent que 7 francs chacun. La différence entre le VIe et le XIVe est plus choquante encore. En effet, ces deux arrondissements accusent chacun 15,000 indigents. Or la répartition par tête donne dans le VIe arrondissement 20 fr.; tandis que, dans le XIVe, elle atteint 83 francs.

Il faut peut-être chercher la cause de ces écarts dans l'allocation de secours aux gardes nationaux dans tel arrondissement et non dans tel autre. Mais alors où est la règle ? Pourquoi ce double emploi, ici et non là, entre la solde et les secours ?

Il y avait de plus des secours en vêtements, en combustibles, en alimentation pour les enfants dans les écoles.

Il y eut les dons de la charité privée, sur lesquels je reviendrai.

Dans certains arrondissements, tels que le XIVe, il avait été organisé un vestiaire municipal alimenté par des dons d'argent, de coupons d'étoffes, de vieux vêtements, etc. Excellente idée qu'on aurait dû avoir et mettre en pratique partout dès le commencement du siège.

Mais tout ce qui vient d'être dit ne concerne que les habitants de Paris.

Il fallait songer aussi aux réfugiés, venus tant du département de la Seine que des départements de Seine-et-Oise, de Seine-et-Marne, et même de l'Oise, de l'Aisne et de la Marne.

On s'occupa d'abord du département de la Seine.

Dès le 9 Septembre, dans une réunion des soixante-onze maires de la banlieue, tenue à l'Hôtel de Ville, sous la présidence de M. Jules Ferry, membre du Gouvernement, délégué à l'administration du Département, une commission fut nommée pour étudier les questions que soulevait l'évacuation immédiate des communes suburbaines. Dans cette réunion, on demanda la suppression des droits d'octroi et d'entrée aux portes de Paris : mais le Gouvernement avait devancé ce vœu, comme on l'a vu; en effet, le décret de suspension porte la date de ce même jour, 9 Septembre.

Trois jours après, 12 Septembre, le *Journal officiel* enregistrait un décret portant approbation du budget rectificatif du département de la Seine pour 1870, dans lequel la subvention aux communes, pour secours pendant la durée de la guerre, était portée de 61,000 francs à 3,000,000.

Les maires des soixante-onze communes s'étaient pourvus de locaux à Paris pour l'installation de leurs municipalités. Les archives avaient été déposées au tribunal de Commerce.

On se figurait toujours que le flot prussien, passant par-dessus les forts détachés, allait venir battre l'enceinte.

La Mairie Centrale prenait des mesures pour se rendre compte du nombre et de l'importance des familles réfugiées dans chacun des arrondissements de Paris. Elle demandait aussi aux maires l'état des logements vacants pour y loger les familles.

Il paraît qu'on eut de la peine à recueillir ces renseignements ; car ce ne fut que six semaines après l'ouverture du crédit spécial de 3 millions, qu'il fut pris un arrêté pour régler le service des secours aux réfugiés de la Seine.

Aux termes de cet arrêté, l'administration départementale se chargeait de donner du pain aux familles nécessiteuses du Département. A cet effet, des bons de pain de 500 grammes étaient remis aux maires, qui devaient les signer et les revêtir du timbre de leur mairie. Ces bons étaient servis par tous les boulangers indistinctement. Le contrôle s'en faisait au moyen d'une liste dressée par les maires.

Quant aux réfugiés des départements autres que celui de la Seine, on ne paraît pas s'en être occupé jusqu'au 5 Octobre. A cette date, Gambetta, ministre de l'Intérieur, arrêta qu'il serait créé dans chaque mairie de Paris un bureau d'assistance, où seraient inscrits les réfugiés à secourir dans chaque arrondissement. Les billets de logement, bons de vivres et de vêtements, devaient être revêtus de la signature du secrétaire général de la mairie de Paris et n'être délivrés que sur la demande des personnes qui se seraient fait reconnaître à l'Hôtel de Ville, comme maires ou administrateurs provisoires.

Le 14 Octobre, le *Journal officiel* donnait les noms et adresses des délégués des administrations communales pour les arrondissements de Corbeil, Pontoise, Versailles et Mantes (Seine-et-Oise); Melun, Provins, Meaux, Coulommiers et Fontainebleau (Seine-et-Marne). C'est à ces délégués que devaient s'adresser, pour tous renseignements, les représentants des communes de ces départements.

Un rapport de M. Antonin Proust, en date du même jour, nous apprend qu'il y avait cent treize communes de Seine-et-Oise et de Seine-et-Marne représentées à Paris ; que le nombre des indigents provenant de ces communes s'élevait à 8,000 ; que les hommes en état d'être armés seraient incorporés dans la garde nationale, et, qu'on réclamerait, pour ceux qui n'avaient pas encore reçu d'armes, la formation de *compagnies de travailleurs*. Qu'était-ce que ces compagnies de travailleurs? Probablement un autre mode d'assistance ; mais je n'en ai pas trouvé trace. Le rapport ajoutait que les écoles et asiles de Paris étaient ouverts aux enfants des réfugiés. En somme rien de bien nouveau : ci ce n'est, pour les cent treize communes, la faculté d'emprunter. M. Jules Favre, ministre de l'Intérieur par *intérim*, Gambetta étant parti en guerre, avait mis au bas de ce rapport : *approuvé*.

Le même jour encore, on avait fixé comme suit la quotité des secours en *bons d'argent* qui pouvaient être donnés par le ministère de l'Intérieur, par tête et par jour, à cette catégorie de réfugiés.

Pour un homme. . . . . » fr. 75
Pour une femme. . . . . » 50
Pour un enfant de 12 à 18 ans . . . . . » 50
Pour un enfant au-dessous de 12 ans. . » 25

Le 8 Décembre, un décret ouvrit un crédit de 300,000 francs pour la continuation de ces secours.

Les destinataires de ces mesures de bienfaisance étaient relativement peu nombreux. Il fut donc facile de mettre dans la distribution plus d'ordre et de prudence.

M. Arnold Henryot, chargé de l'inspection des bureaux d'assistance extérieure, a fait connaître qu'on remettait aux réfugiés des bons de trois sortes: *bons jaunes* pour un kilogramme de pain à prendre chez n'importe quel boulanger ; *bons roses* pour une portion de légumes ou de bouillon à prendre dans les fournaux économiques, et, de préférence, dans les cantines municipales où elles étaient plus abondantes et meilleures ; *bons bleus* pour une portion de viande de 0 kilog. 050 à prendre dans les boucheries municipales. « Mais, dit M. Arnold Henryot, il n'y a à parler de bons bleus que pour mémoire. La rareté de la viande a été le principal obstacle ; et, d'ailleurs, les réfugiés eussent-ils réussi à obtenir des portions de 0 kilog. 050, cette viande eût été la plupart du temps perdue entre leurs mains, faute d'ustensiles et de feu pour la préparer. » Il termine en estimant à 10,000 francs par jour la somme nécessaire au fonctionnement du service. Pour quatre mois, cela fait 1,200,000 fr.

En ce temps-là on ne comptait encore que par millions ; bientôt nous allions compter par milliards.

La commission des communes réfugiées des départements autres que la Seine était présidée par M. Barthélemy-Saint-Hilaire.

Le 21 Décembre cette commission fit publier au *Journal Officiel,* sous la signature du traducteur d'Aristote, une instruction en neuf articles, concernant les secours qui se distribuaient depuis deux mois aux réfugiés.

Elle venait tard, mais elle contenait de bonnes dispositions. On y trouvait, au moins, quelque souci des intérêts de la fortune publique.

Les ouvriers qui travaillaient, les gardes nationaux qui touchaient l'indemnité de 2 fr. 25 n'avaient droit à aucun secours. Tout distributeur de secours devait être muni d'une carte nominative portant un numéro matricule et le nom de la commune aux réfugiés de laquelle le porteur était autorisé à distribuer des secours. On ne lui remettait de bons à distribuer que sur le vu de cette carte. Les délégués devaient remettre les 15 et 30 de chaque mois des états nominatifs des réfugiés secourus. Ils étaient responsables.

Était-il si difficile d'édicter plus tôt ces sages prescriptions? Et ce qu'on a fait pour les indigents du dehors, ne pouvait-on le faire pour les indigents du dedans? Une circulaire du maire de Paris y eût suffi; c'était l'avis général.

A la très large assistance administrative qui vient d'être longuement détaillée, il faut ajouter le concours de la charité privée. Elle fut inépuisable. En voici quelques exemples :

M. Richard Wallace, après avoir consacré 300,000 francs à la fondation d'une ambulance, offrit 200,000 francs pour distribution de combustibles, par *bons de cinq francs,* aux indigents. Au moment du bombardement, il proposa l'ouverture d'une souscription patriotique en faveur des familles obligées de fuir leur logis sous le feu de l'ennemi, et s'inscrivit le premier pour 100,000 francs. Deux jours après, il donnait encore 30,000 francs à distribuer en bons sur les fourneaux économiques. En tout, 630,000 francs! Et peut-être ai-je commis quelque omission.

Le 6 janvier, MM. de Rotschild offraient à la ville de Paris des bons de vêtements pour une valeur de 200,000 francs, qui permettaient d'offrir à 42,000 enfants, 32,000 femmes et 12,000 adultes les parties les plus essentielles du vêtement de laine.

Quelques jours auparavant, M. Yvose Laurent avait versé 60,000 francs à répartir, savoir :

20,000 francs aux blessés ; 40,000 francs aux veuves et orphelins des citoyens pauvres ayant succombé dans la lutte contre les Prussiens.

M. Greffulhe faisait don à l'administration de l'Assistance publique du matériel complet de l'ambulance qu'il avait installée dans son hôtel, rue d'Astorg, n° 10 ; et y ajoutait 2,000 francs pour les frais de déplacement de cette ambulance.

Et les souscriptions! Elles prenaient toutes les formes et tous les titres, tant sous l'Empire que sous la République

Offrandes nationales ;
Dons en nature ;
Dons nationaux ;
Dons à l'association des Femmes françaises ;
Souscriptions pour les blessés ;
Traitements et indemnités abandonnés par les fontionnaires ;
Souscription nationale ;
  — ouverte par la Chambre de Commerce ;
  — pour le travail des femmes ;
  — — achat de vêtements de laine ;
  — — les réfugiés ;
  — — les familles des arrondissements bombardés ;
  — — les victimes du bombardement ;
Société de secours des vingt arrondissements.

Et je ne cite pas tout.

Le 15 Octobre, le colonel anglais Loyd Lindsay

avait apporté d'Angleterre 500,000 francs pour la souscription en faveur des blessés.

Et les médecins ! suivant l'infatigable exemple du docteur Philippe Ricord !

Et les femmes, les femmes surtout et avant tout ! admirables, du haut en bas de l'échelle sociale. Quel dévouement ! quelles ressources de cœur et d'esprit ! quel patriotisme sans réclame !

Un exemple entre mille.

Mme Jules Simon, au nom des dames de la *Société de secours aux victimes de la guerre*, dont elle était présidente, fit un appel au commerce pour en obtenir les objets nécessaires à une vente qu'elle voulait organiser le dimanche et le lundi de Noël.

La vente eut un grand succès et porta naturellement l'empreinte des circonstances.

Mme Jules Simon vendit une boîte de cigares 1,000 francs ;

Mme Trotrot, une botte de radis 10 francs ;

— deux pieds de céleri 69 fr. 50.

D'autres dames :

Un dindon, 10 francs ;

Un mouton, 500 francs ;

Un casque prussien, 10 francs ;

Un dessin de Gustave Doré, 270 francs ;

Henri Rochefort, ancien membre du Gouvernement, acheta 70 francs une aquarelle de Stein et paya 20 francs un verre de champagne.

Il fut vendu :

Une pomme d'api, 5 francs ;

Un cochon, 300 francs ;

M. Jules Ferry paya 5 cigares 50 francs ;

M. Jules Simon, un bouton de roses 20 francs ;

M. Lavertujon acheta des côtelettes un prix que la chronique n'a pas enregistré.

On a payé :

> Un poulet 60 francs ;
>
> Un exemplaire des *Châtiments* 200 francs.

Tout cela rapporta aux indigents l'aumône d'un peu de viande et de combustible ; et, à nous, l'aumône d'une denrée plus rare encore, un peu de gaieté et quelques sourires.

Ainsi l'assistance pendant le siège dépassa tout ce qu'on avait jamais vu en ce genre ; et je n'y comprends pas, comme le firent irrévérencieusement plusieurs journaux du temps, la haute paye de 10 francs par jour octroyée aux maires et adjoints de Paris par le décret du 16 Décembre 1870 et que, d'ailleurs, quelques-uns d'entre eux refusèrent.

Je n'y comprends non plus ni l'indemnité que s'étaient allouée les membres du Gouvernement par décret du 8 Octobre 1870 (vainement cherché au *Journal Officiel*) ; indemnité mensuelle égale au douzième du traitement annuel des ministres, (36,000 francs), tel qu'il était fixé avant le 2 Décembre 1851 ; ni le traitement de 1,000 francs par mois alloué par eux à leurs secrétaires.

Le gouvernement de la Défense Nationale ayant rendu 1016 décrets, les amateurs de statistique peuvent, avec ces données, calculer à combien revient chaque décret.

Je dois ajouter que le général Trochu ne touchait que ses émoluments de gouverneur.

Mais qu'importe l'argent, si ces hommes nous eussent sauvés!

CHAPITRE HUITIÈME

LE PAIN

On a vu par ce qui précède quels étaient le mécanisme et le caractère général des distributions pendant le siège. Il est indispensable d'y ajouter quelques détails spéciaux sur le pain, la viande de boucherie et de cheval, les denrées diverses, le combustible, etc.

Le pain, d'abord.

Je m'y arrêterai plus qu'ailleurs. A tout seigneur tout honneur. L'histoire du pain, c'est l'histoire même du siège.

La caisse de la Boulangerie fut chargée de la répartition de la farine entre tous les boulangers. Il a été heureux qu'elle fonctionnât encore. Un mot d'explication à ce sujet.

Après la mise en vigueur du décret du 31 Août

1863, sur la liberté de la boulangerie, cette caisse avait été maintenue, dans le but surtout de continuer l'application du système de la compensation, qui eut deux formules successives :

1° Sous le régime de la réglementation, avant le décret de 1863, quand la valeur du pain, d'après la mercuriale, dépassait le taux de 0 fr. 50 le kilogramme, les boulangers continuaient à vendre à ce prix de 0 fr. 50, et la caisse de la Boulangerie leur remboursait la différence entre ce taux et la valeur réelle. Quand, au contraire, la valeur du kilogramme de pain tombait au dessous de 0 fr. 50, les boulangers maintenaient le prix de vente à 0 fr. 50 jusqu'à ce que la caisse, à laquelle ils versaient la différence avec la valeur réelle, fut rentrée dans ses avances.

C'était de la protection à outrance; mais, enfin, ce système avait l'avantage de maintenir le pain à un prix acceptable sans grever les finances municipales.

En effet, du 1er Septembre 1853 au 1er Octobre 1856, période de cherté, la caisse avait avancé 69,667,768 fr. 93. Mais, du 15 Octobre 1856 au 31 Août 1863, période d'abondance, elle avait recouvré 71,682,177 fr. 24. La détaxe, dont les consommateurs avaient bénéficié pendant trois ans, avait atteint jusqu'à 16 centimes, tandis que la surtaxe de compensation, échelonnée sur sept ans, n'avait pas dépassé 6 centimes par kilogramme.

2° A partir de 1863, sous le régime de la liberté, le jeu de la compensation fut modifié. Les boulangers continuèrent à maintenir le prix du kilogramme de pain à 0 fr. 50 au maximum et la différence continua à leur être remboursée par la caisse de la Boulangerie. C'était ce qu'on appelait la compensation active : mais il n'y avait plus de compensation passive, c'est-à-dire que la caisse ne rentrait pas dans ses avances au moyen du maintien temporaire du prix de 0 fr. 50, quand la mercuriale donnait une valeur inférieure. Elle était couverte au moyen d'un droit d'octroi permanent de 1 franc par 100 kilogrammes de blé ou de pain et de 1 fr. 30 par 100 kilogrammes de farine entrant dans Paris. Ce droit produisait à peu près trois millions par an.

Cela explique comment le siège trouva encore la caisse en fonction ; et, d'autre part, comment cette administration spéciale, connaissant à merveille l'importance de la fabrication de chaque boulanger, était seule en mesure de leur distribuer, sans erreur, les farines de l'approvisionnement.

M. Pelletier, directeur de la caisse de la Boulangerie, a précisé son rôle.

« Il était impossible que la farine fut remise directement aux consommateurs ; elle devait aller à la boulangerie, et, on pouvait craindre qu'en la livrant suivant la demande de ces industriels, quelques-uns d'entre eux ne fissent des approvision-

nements particuliers, qui auraient eu pour conséquence l'épuisement rapide du stock, et, de plus,
une répartition inégalement faite au détriment
d'une partie de la population. La caisse se désignait
donc par elle-même comme l'intermédiaire le plus
naturel pour cette délicate opération qui commença
le 22 Septembre 1870, quatre jours après l'investissement. Les livraisons qui, au début, furent
faites à chacun des boulangers, par quantités
égales à la fabrication d'une semaine, durent subir
une diminution proportionnelle à l'épuisement gra-
duel du stock; elles furent donc successivement
réduites à trois, deux et un jour de consommation
de sorte que, dans les derniers temps, la caisse
en était forcément arrivée à livrer aux quatorze cents
boulangers de Paris la quantité nécessaire à leur
fabrication du lendemain. On ne peut nier que les
livraisons faites par la caisse n'aient à diverses
reprises amené des plaintes de la part d'un certain
nombre de boulangers, qui trouvaient que les quantités mises à leur disposition n'étaient pas en
rapport avec l'importance de leur débit. Cela pouvait être vrai pour quelques-uns; mais le devoir de
la caisse était surtout de répartir les livraisons de
façon à ce que tous les quartiers de Paris fussent
desservis. Elle se trouvait souvent avec un stock
que la mouture variable des moulins rendait insuffisant. »

Elle a remis en tout aux boulangers, du 22 Septembre 1870 au 5 Février 1871, jour de l'arrivée du premier convoi de ravitaillement, 852,000 quintaux de farine ; soit, pour 138 jours, 6,174 quintaux par jour en moyenne. Mais les quantités étaient considérablement diminuées vers la fin du siège, après avoir atteint 6,350 quintaux au commencement.

Considérées par semaines, les livraisons, du 22 Septembre au 19 Novembre, sont d'environ 45,000 quintaux pour sept jours ; elles sont de 50,000 quintaux du 11 Novembre au 15 Décembre et de 43,000 quintaux du 16 Décembre au 18 Janvier.

Il est à remarquer que la période des plus fortes livraisons est celle pendant laquelle on avait pris l'habitude de nourrir les chevaux avec du pain. La caisse, étonnée des exigences des boulangers, avait bien vite découvert et signalé le désordre ; mais la répression se fit attendre.

A partir du 15 Décembre, on économisa tant qu'on put sur les livraisons. Pendant le rationnement, elles tombèrent à 29,000 quintaux par semaine.

Quant à la qualité, on eût dû mélanger les sortes dès le début. Mais, jusqu'au 13 Octobre, les farines supérieures eurent le dessus dans les livraisons. Du 14 Octobre au 17 Novembre, les numéros 1 et 2 firent équilibre aux numéros 3 et 4. A partir du 18 Novembre, les numéros 3 et 4 formèrent les deux tiers, puis les trois quarts, puis tout. La veille de la capitulation, il n'y eut plus que les mélanges dont il sera question plus loin.

En ce temps-là, les esprits impartiaux ont rendu justice à la caisse de la Boulangerie.

Je n'exagère rien en disant qu'on eût été fort empêché pour la distribution des farines pendant le siège, si l'on n'eût eu sous la main cet organisme. On eût probablement gaspillé bien davantage.

La taxe du pain fut rétablie en principe par arrêté du maire de Paris dès le 21 Septembre. Cet acte constituait une dérogation au dogme de la liberté commerciale, professée par la nouvelle administration; mais la nécessité commandait.

Pour sauver les apparences, l'arrêté républicain du 21 Septembre visait une délibération du Conseil Municipal de l'Empire du 30 Août précédent. C'était de bonne guerre. Mais, il n'en était pas moins piquant de voir M. Etienne Arago exécuter une délibération de MM. Dumas, Merruau et Cie.

L'arrêté exemptait de la taxe le pain d'un kilogramme et le pain de deux kilogrammes excédant en longueur soixante-dix centimètres.

Deux jours après, le 23 Septembre, nouvel arrêté désignant la commission spéciale chargée de proposer, tous les huit jours, la taxe du pain. Cette commission se composait de MM. Clamageran, adjoint au maire, président; Coquard, doyen des facteurs à la farine; Malgras, boulanger, trois fois syndic élu de la boulangerie, et Talange, contrôleur de la caisse de la Boulangerie.

Elle devait prendre comme base de ses propositions, pour la taxe du pain de première qualité :

1° Le prix moyen des farines livrées par la ville aux boulangers pendant la semaine précédente;

2° Le prix moyen des farines de commerce et de consommation, d'après le cours de ces farines, pendant la première quinzaine de Septembre.

On devait y ajouter 10 fr. 19 par quintal (soit 16 francs par sac pour frais de panification), et, 1 fr. 30 par quintal pour le droit d'octroi qui ne fut aboli que le 17 Décembre 1870. Le total devait être divisé par 130, chiffre accepté pour le rendement en pain d'un quintal de farine.

Le prix du pain de deuxième qualité devait se déduire du chiffre de la première en prenant pour point de départ une différence en moins de 7 ou 8 centimes, suivant que le chiffre était pair ou impair.

La taxe était pour la première qualité de 0 fr. 45 le kilogramme, pour la seconde de 0 fr. 38 le kilogramme.

Les quantités de pain à livrer pour 0 fr. 10, 0 fr. 15 et 0 fr. 20 étaient fixées à 0 kilog. 215, 0 kilog. 325 et 0 kilog. 435 grammes [1].

Je ne reviendrai plus sur ces prix et ces dispositions qui restèrent les mêmes pendant toute la durée du siège.

L'approvisionnement avait été fait partie en fa-

---

[1] Rochefort avait proposé de fixer le prix de la livre de pain à 1 ou 2 sols. Le Gouvernement s'y refusa; d'ailleurs, cela n'eût pas empêché les distributions gratuites. Les riches seuls y eussent gagné.

rines, partie en grains. Le stock des grains fut quadruplé par les réquisitions. Si l'on n'eût eu que les farines, il eut fallu capituler vers la mi-novembre.

On voit de quelle importance il était d'avoir un service de mouture suffisant et un service de distribution méthodique.

Les meules n'arrivèrent qu'au dernier moment, je l'ai dit.

Il y a eu pour la mouture, comme pour presque toutes les opérations du siège, deux époques. Pendant la première, on croit à peine à la durée du siège et on travaille mollement. Pendant la seconde, on déploie, sous la pression des circonstances, une très grande activité.

Le 21 Août 1870, la maison Cail, sur l'initiative de M. Pelletier, avait offert à l'administration municipale d'installer dans son usine des moulins à blé. C'est ce qui fit penser à acheter des meules ; car c'est le lendemain, 22 Août, que M. Bouniceau, ingénieur en chef, fut chargé d'acquérir trois cents paires de meules à la Ferté-sous-Jouarre. Par deux dépêches des 9 et 12 Septembre, le maire de Paris accepta l'offre de la maison Cail, jusqu'à concurrence de cinquante, puis de cent paires de meules du système Falguière, petites meules verticales de 30 centimètres de diamètre, agissant par pression et faisant sept à huit cents tours par minute.

Le ministère organisa de son côté un service de mouture, sous la direction de MM. Krantz et Cheysson, ingénieurs. On s'adressa, d'abord, aux grands constructeurs et on passa avec eux des traités. La fin de Septembre et le mois d'Octobre furent consacrés à la préparation des meules et aux travaux d'installation. Au 1er Novembre, il y avait cent soixante-quatre paires de meules en marche. Avec les cent paires de l'usine Cail, équivalant à cinquante paires de grand diamètre, cela faisait deux cent quatorze paires de meules. En même temps, l'administration traitait, pour la mouture à façon, avec les moulins de Charenton, St-Denis, St-Maur et Créteil.

Le 20 Novembre, on s'aperçut qu'on allait manquer de farines, si l'on n'augmentait pas considérablement les instruments de mouture.

Le 26 du même mois, la Ville traita avec la maison Cail pour deux cents nouvelles paires de meules Falguière, qui devaient être livrées, cent le 10 Décembre et cent le 20 du même mois.

De son côté, le ministère traita avec les compagnies de Chemins de fer. Pourquoi avoir attendu si tard ?

Les moulins installés dans les gares furent mis en exploitation du 11 Décembre au 3 Janvier. Il y avait là cent-cinquante paires de meules, savoir :

Compagnie de Lyon.	40	paires.
— Est	34	—
— Nord.	28	—
— Ouest	20	—
— Orléans . . . , . .	30	—
	152	

Il y a donc eu en tout :

Moulins particuliers créés	147 paires.
— — transformés. . . .	44 —
— des Gares.	152 —
— Falguières (300), valeur	150 —
— de la banlieue (à l'abri des forts).	50 —
Ensemble.	543 —

Les meules de la banlieue étaient en réalité au nombre de soixante-quatre ; mais, comme rendement, elles n'en représentaient que cinquante des nôtres.

Les 543 paires de meules écrasaient en moyenne environ 6516 quintaux de grain par jour, donnant à peu près 5000 quintaux de farine ; c'est-à-dire, 1200 quintaux de moins que la consommation normale. Donc, M. Jules Simon exagère un peu, quand il dit que Paris arrivait à moudre toute la farine qu'il consommait.

C'est sept cents paires de meules qu'il aurait fallu.

On voit que l'insuffisance de la monture eût déterminé le rationnement, même si l'on avait eu du grain au delà des besoins.

Et encore, pour les moulins, les acquisitions insuffisantes provenant de la Ferté, s'étaient augmentées de quelques découvertes opérées çà et là dans Paris, et surtout de cent soixante-trois meules trouvées à Ivry, où un entrepositaire avait eu la précaution de les enfouir dans le sol pour les soustraire aux éventualités du siège. Mais elles n'étaient qu'à moitié faites et on dut les mettre en état de fonctionner. Quant aux moulins de l'usine Cail, il fallait, pour les établir, mettre en morceaux les grandes meules, ce qui était une besogne de plus. Mais, ils avaient l'avantage de tenir peu de place et de marcher par jeux de quatorze paires avec une seule courroie de transmission.

Là, côte à côte, on faisait de la farine et on fabriquait des canons.

Pour ces travaux tout spéciaux on dut recourir à l'autorité militaire qui fit appel, dans les bataillons de gardes mobiles, aux hommes de bonne volonté appartenant à l'industrie minotière. Il en vint trois cents environ qui furent attachés aux chantiers et moulins.

Une des plus grandes difficultés du service des moulins a été l'approvisionnement en combustibles. On pourra s'en rendre compte quand on saura que les moulins de l'État en ont consommé 10,000 tonnes. Ceux de l'usine Cail étaient alimentés par l'usine. Dès le commencement de Décembre, la pénurie du charbon était extrême, dit M. Cheysson dans son compte rendu. Les services publics se disputaient le produit des réquisitions. Au mois de Janvier, les ingénieurs en étaient aux expédients. On eut recours à l'huile lourde des goudrons de gaz, à l'asphalte, à des mélanges, etc.

En somme, le service des moutures a été une des improvisations les plus curieuses du siège et il a fourni à Paris, pendant deux mois, les trois quarts de son pain.

Il a été débité, sur les mélanges des derniers jours, tant de fantaisies qu'on me pardonnera de mentionner ici les diverses formules qui ont servi de base à la fabrication du pain, avec la date de leur application. C'est de l'histoire, de la petite si l'on veut, mais enfin c'est de l'histoire.

J'emprunte ces formules au très intéressant ouvrage de M. Cheysson.

AU 25 DÉCEMBRE 1870

Blé	78 0/0
Seigle	12
Orge	10
	100

AU 5 JANVIER 1871

Blé	48 0/0
Seigle	12
Orge	10
Riz	20
Avoine	10
	100

AU 10 JANVIER 1871

Blé	30 0/0
Seigle et Orge, ...	15
Riz	25
Avoine . . . . . , .	20
Fécule . . , ...	10
	100

QUELQUES JOURS APRÈS

Blé	30 0/0
Seigle et Orge.	10
Riz	25
Avoine	25
Fécule	10
	100

DERNIERS JOURS

Blé	25 0/0
Seigle, Orge, Pois, Malt .	5
Riz	20
Avoine	30
Fécule et Amidon. . . .	10
Son	10
	100

Celui-ci était le pain de la capitulation.

Le service des moulins a continué partout jusqu'au dernier jour, bien que ceux de la rive gauche fussent sous le feu de l'ennemi; bien qu'à la gare de Vaugirard, un moulin ait reçu cinq ou six obus dont l'un tua net un des employés du service.

M. Magnin et M. Pelletier s'y portèrent de leur personne pour les encourager.

Avant d'en finir avec les moulins du siège, on doit mentionner, à titre de renseignement, que M. Cheysson, après avoir fixé à 3,806 fr. 73, la dépense moyenne d'installation de chaque paire de meules, établit ainsi qu'il suit les frais de mouture par quintal de grain.

Amortissement de la dépense d'installation . . .   3 fr. 31
Mouture proprement dite (combustible, sacs, trans-
   ports, etc.).   4   46
Assurances   0   06
Frais divers (personnel, etc.).   0   22
                                     8   05

Puis il apprécie en ces termes l'entreprise des moulins au point de vue financier :

L'Administration a payé en moyenne, le quintal de blé : 29 francs, pour les achats antérieurs au siège, et 33 fr. 75 pour ceux qui ont eu lieu en vertu de réquisitions, soit ensemble, eu égard aux proportions des deux provenances. . . . .   32 fr. 17
En y ajoutant les frais de mouture, détaillés ci-dessus.   8   05
On a pour dépense totale. . . . .   40 fr. 22
Ce quintal produisait d'abord 75 kilogrammes de farine, qui, à raison de 72 fr. 50 le sac, prix de vente aux boulangers, rapportaient . . . .   34 fr. 63
En second lieu (déduction faite de 3 kilogrammes de déchet), 22 kilogrammes de son qui ont été moyennement vendus 25 francs le quintal et procuraient une rentrée de   5   50
Recette totale sensiblement égale à la dépense.   40 fr. 13

Ce résultat, un peu optimiste, de l'aveu de l'habile ingénieur, eût été plus satisfaisant n'eût été le prix exorbitant des blés achetés et surtout des blés réquisitionnés.

Le total des dépenses des moulins de l'État a été de 3,338,943 fr. 53.

Quant aux moulins de la Ville, établis à l'usine Cail, les mémoires étaient payés par la caisse Municipale, après règlements contradictoires entre deux experts agissant, l'un au nom de la Ville, l'autre au nom de M. Cail. Le total en est noyé dans un ensemble au compte de 1870. Le système passait pour économique. Chaque moulin produisait environ 60 kilogr. de farine par heure.

Lorsque l'administration, dans sa marche au jour le jour, s'était aperçue qu'elle pouvait manquer de farines, elle avait multiplié les injonctions, restrictions et interdictions.

Le 22 Novembre, arrêté disposant que les bons de livraisons de farines, délivrés aux boulangers, qui ne seront pas présentés, dans les trois jours de leur date, aux magasins sur lesquels ils sont tirés, seront considérés comme nuls. Cette mesure d'ordre aurait pu être prise plus tôt; car il y avait longtemps que la négligence de certains boulangers gênait le service de distribution, et, par conséquent, le service du public.

Le 8 Décembre, exhortation à la population d'adopter le *pain bis* déclaré plus sain et plus nourrissant que le pain blanc par la commission d'Hygiène, où siégeaient MM. Bouchardat, Sainte-Claire Deville, Trélat, G. Sée, Ad. Würtz, de Montmahou, Baillon, Gübler, Chauveau-Lagarde, Raynal, Onimus, du Mesnil, Béhier et Gavarret. La population n'y voulut pas entendre, en quoi elle eut absolument tort. Il y avait là une économie et peut-être un rationnement.

Le 11 Décembre, interdiction aux boulangers de fabriquer du biscuit. On a blâmé cette mesure. Elle était forcée. En effet, la farine devenait rare et dépendait du service des moulins. Si les boulangers employaient, à d'autres fabrications qu'à celle du pain quotidien, celle dont il leur était distribué des quantités strictement proportionnelles, ce pain quotidien pouvait manquer à Paris.

A cette époque on distribuait la farine jour par jour. A la caisse de la Boulangerie, on passait les nuits à attendre que le service des moulins fît connaître ce qu'il pouvait livrer pour l'alimentation de chaque lendemain.

Ce même jour, 11 Décembre, et pour la même raison, interdiction aux boulangers de vendre la farine.

Le 12 et le 14, avis réitérés du Gouvernement que le pain ne serait pas rationné. M. Jules Simon les explique par la crainte d'une émeute, l'épée de Damoclès du Gouvernement. Je crois qu'il exagère un peu. On a vu que le général Trochu estimait ces déclarations nécessaires.

« En tenant ce langage optimiste, dit M. Cheysson, le Gouvernement n'ignorait pas la vérité, puisqu'un rapport officiel du 29 Novembre précédent la lui avait fait connaître, estimant que l'alimentation n'était assurée que jusqu'au 8 Janvier. »

M. Clamageran dit de son côté : « Cette déclaration me causa un véritable désespoir. Qu'entendait-on par là ? qu'on serait prochainement délivré ? Ce n'était guère probable. Qu'on capitulerait avant d'avoir subi les dernières épreuves ? C'était se vouer au déshonneur. Qu'on pouvait indéfiniment puiser dans nos réserves ? C'était le contraire de la vérité ; car dans ce moment même, on commençait à mélanger l'avoine avec le blé. »

On a dit que cette forfanterie visait surtout les Prussiens. Hélas ! Les Prussiens savaient aussi bien que nous, si ce n'est mieux, à quoi s'en tenir.

Le 17 Décembre, la population de Paris eut la consolation toute platonique de voir abolir le droit d'octroi sur la farine.

Le 12 Janvier, interdiction aux boulangers de fabriquer du pain de luxe, sous les sanctions édictées par la loi et sous peine de fermeture de leur boutique.

Le 13, interdiction aux boulangers de vendre du pain aux personnes n'appartenant pas à leur clientèle ordinaire, ou non munies d'une carte d'alimentation attestant qu'elles habitent le quartier.

Enfin, il fallut en venir au rationnement.

M. Pelletier l'avait proposé pendant qu'on avait encore des bonnes farines.

Depuis longtemps, nous nous y attendions tous les jours ; certains clubs le réclamaient ; les journaux et les gens raisonnables le conseillaient discrètement.

Le 20 Novembre, d'après les notes de M. Dréo,
M. Magnin avait suggéré un rationnement indirect
par l'interdiction aux boulangers de vendre du pain
frais. Il est certain, en effet, qu'on mange moins
de pain rassis que de pain frais. Or, comment
empêcher les boulangers de vendre du pain frais?
C'était chimérique. Le gouvernement refusa. Mais,
dès lors, le rationnement est à l'ordre du jour.

Le 11 Décembre, M. Jules Ferry annonce que les
maires, revenant sur une première impression, ac-
ceptent le rationnement : mais le Gouvernement
persiste dans son refus. Le 12 Décembre, le général Trochu, hostile au rationnement, mais voulant
cependant faire durer le pain le plus longtemps
possible, propose d'étudier un mélange de blé, de
seigle, d'avoine et de riz. Il conseille en même
temps de saler le plus de chevaux qu'on pourra,
pour épargner le grain qu'ils mangent; il suggère
encore l'idée de taxer le sucre et le café à un taux
assez bas pour qu'ils soient accessibles à tout le
monde.

C'est alors que le Gouvernement publie et répète
sa fameuse déclaration que le pain ne serait pas
rationné.

Le 1er Janvier, le général Trochu propose d'attirer les blés cachés par l'appât du prix. M. Magnin
préfère la prime aux révélateurs. Le rationnement
est encore proposé et ajourné.

Dès le 6, on y revient. Ernest Picard l'accepte.

M. Jules Simon émet l'avis de l'opérer par distribution à domicile, idée peu pratique et qui n'était probablement qu'un moyen d'ajournement.

En effet, le 7, le président de la commission des Subsistances déclare au Conseil qu'il y a encore vingt-trois jours de blé, pour la population civile.

Le 19 janvier, Ernest Picard ira plus loin et déclarera qu'il y a encore quatorze jours de vivres. A ce compte, nous en aurions eu jusqu'au 31 Janvier et même au 3 Février. Or, Jules Favre a raconté l'émoi que causa au Conseil, rassemblé à l'Élysée pendant la bataille du 22, M. Pelletier venant faire connaître que l'on était à bout et qu'il n'avait pas de quoi pourvoir à la journée du 24 Janvier. M. E. Picard n'était donc pas mieux renseigné que M. Magnin sur la situation des approvisionnements.

Dans la séance du 7, M. Jules Simon avait insisté encore pour la distribution à domicile; révolution dangereuse dans les habitudes les plus invétérées de la population; car, que de chances d'oublis et d'erreurs! M. Jules Ferry, que le voisinage de la caisse de la Boulangerie renseignait mieux sur la question du pain, avait déclaré préférer la *carte personnelle*.

Le 13 Janvier, le maire de Paris présente son rapport, concluant nettement au rationnement et faisant connaître qu'il sera prêt à l'appliquer le 19. Puis, le 18, on discute en Conseil le rapport de M. Ferry. On est décidé : seulement les avis dif-

fèrent quant à l'application. Les uns proposent
400 grammes de pain par tête; les autres 350
grammes ; d'autres 400 grammes par tête d'homme
et 300 grammes seulement par tête de femme. Un
membre du Conseil insiste sur les difficultés ; elles
étaient grandes en effet ; et il fait entrevoir la possibilité d'une insurrection, en insistant sur une
assez vive émotion que l'apparence du manque de
pain avait produite, il y avait quelques jours, dans
la population. Mais M. Jules Ferry démontre que
le taux de 300 grammes s'impose, la mouture ne
donnant que cela, c'est-à-dire 5,000 quintaux par
jour. Enfin, on fait entrevoir la nécessité de la capitulation cinq à six jours après la bataille *de
demain* ; et, le projet est adopté.

Le même jour, 18 Janvier, parut l'arrêté de
M. Jules Ferry établissant le rationnement. Il visait
l'avis unanime des maires de Paris.

En voici les principales dispositions :

Carte de Boulangerie obligatoire;

300 grammes de pain aux adultes; 150 grammes
aux enfants au dessous de cinq ans ;

Prix de 10 centimes pour la ration de 300
grammes et de 5 centimes pour celle de 150
grammes (taux correspondant à 33 centimes le
kilogramme au lieu de 45 centimes) ;

Bons de pain en circulation de 500 grammes
réduits à 300 grammes; de 250 grammes réduits
à 150 grammes ;

Obligation pour les réfugiés de se munir d'une carte auprès du maire de l'arrondissement qu'ils habitent ;

Dans chaque quartier, affiche indiquant la répartition des habitants et maisons entre les boulangeries ;

Ouverture des boulangeries à 7 heures du matin ;

Présence dans chaque boulangerie de deux gardes nationaux et de deux délégués de la mairie ; un des délégués détachera le coupon de la carte ; si elle ne porte pas de coupons, elle sera timbrée ou poinçonnée ; l'adresse et les noms portés sur la carte seront copiés sur une feuille spéciale et un timbre sera apposé à la suite de chaque nom dans une colonne correspondante à la livraison ;

Les délégués feront chaque jour, avant 4 heures, un rapport à la Mairie Centrale sur la quantité de pain délivrée, le montant des farines reçues et à recevoir par les boulangers et sur l'excédent ou le déficit qui se seront produits ;

Le colportage du pain à domicile est interdit ;

Toute fraude dans les déclarations, tout usage de cartes obtenues à l'aide de déclarations frauduleuses sont passibles des peines édictées par les articles 160 et 161 du Code Pénal.

Une circulaire du même jour contenait quelques dispositions complémentaires :

Il devait être envoyé aux maires, pour leurs administrés, des cartes uniformes ;

Pour faire face aux demandes imprévues, les boulangers devaient cuire un excédent de 5 °/₀ ; on leur délivrerait des farines en conséquence ;

L'usine Scipion, boulangerie de l'Assistance publique, devait tenir en réserve 100,000 kilogrammes de pain pour le même objet, etc.

Ces prescriptions étaient minutieuses. Pouvaient-elles ne pas l'être ?

Sans doute, de telles habitudes sont assez difficiles à prendre ; mais, sous la pression des circonstances, il faut bien s'y plier...

Si l'on avait commencé dès les premiers jours à rationner le pain, ne fut-ce qu'à 500 grammes par adulte homme, 375 grammes par adulte femme, 250 grammes par enfant au dessous de douze ans, on eût gagné une quinzaine au moins.

C'était le cri général, et, il faut noter que le rationnement du pain eut été plus acceptable au commencement, quand on avait encore de la viande et des légumes, qu'à la fin, quand il n'y avait plus à peu près que du pain, et quel pain ! Qu'était-ce, en effet, comme appoint que les 30 grammes de cheval que l'on distribuait alors et qu'il était si difficile de se procurer.

« Je demande que les partisans du rationnement à outrance s'expliquent, dit M. Jules Simon Auraient-ils voulu qu'on fit le 19 Septembre, le rationnement tel qu'il exista à partir du 18 Janvier ? Cela n'eût été ni humain, ni équitable, ni économique;

ni possible. Entendent-ils seulement nous reprocher de n'avoir pas pris à l'origine du siège les mesures nécessaires pour réglementer et restreindre la consommation du pain? Alors, c'est qu'ils ne connaissent pas les faits. On a les états de délivrance de la caisse de la Boulangerie, jour par jour, entre le 22 Septembre et le 24 Janvier. Jusqu'au 18 Janvier s'étend la période de non rationnement. Il ressort une consommation totale de 757,560 quintaux, 82 kilogrammes; soit une moyenne par jour de 6,300 quintaux de farine. Pour une population qui dépassait 2,000,000 d'âmes, à cause des réfugiés, cela fait une consommation de 318 grammes de farine ou 430 grammes de pain. C'est là un véritable rationnement. »

M. Jules Simon déclare un plus loin que la consommation normale, par jour, d'un habitant de Paris, est de 600 grammes.

Je ne suis pas partisan du rationnement à outrance. Toutefois, sans méconnaître les difficultés de la situation, je suis convaincu qu'il était possible d'appliquer dès le principe un rationnement compatible avec l'hygiène et de nature à prolonger la durée de l'approvisionnement. Un mot d'explication sur ce sujet qui est grave.

Mais, d'abord, on me permettra de préciser le calcul d'autre part qui aura probablement été fourni à M. Jules Simon par M. Michel Morïng.

D'abord, il est absolument inexact que jamais, à

aucune époque, la consommation en pain, à Paris, ait atteint 600 grammes par jour et par tête. J'ai suivi de près, pendant plusieurs années, cette consommation : elle n'a jamais dépassé 412 grammes.

Elle oscille généralement entre 375 et 410 grammes.

Ensuite, les 6,300 quintaux de farine par jour ne donnent pas, pour 2 millions d'habitants, 318, mais seulement 315 grammes par tête. La différence est peu importante. Elle l'est davantage en ce qui concerne le produit en pain qui, pour 318 grammes (à 130 de pain par 100 de farine, chiffre consacré), serait non de 430 grammes, mais de 413 ; et qui, pour 315 grammes de farine, est en réalité de 410 grammes de pain.

Le chiffre de 430 grammes, base du raisonnement de M. Jules Simon, ne constituerait pas, fût-il exact, un rationnement, puisqu'il dépasse la moyenne notoire. Les chiffres de 413 et même de 410 grammes ne le constituent pas davantage, attendu qu'ils sont egalement inexacts, non plus par erreur de chiffres, mais par erreur dans les données du calcul.

On a vu en effet qu'il fallait tabler, non sur 2,000,000, mais sur 1,800,000 habitants. Dès lors les 6,300 quintaux de farine quotidiens, constatés par les comptes de la caisse de la Boulangerie, donnent un total par tête de 350 grammes de farine et, par conséquent, de 455 grammes de pain ; ce qui, au lieu d'être un rationnement, est une augmentation.

C'est sur cette base, la vraie, qu'il convient de rechercher si un rationnement était possible, *à l'époque où les autres denrées ne manquaient pas.*

Ce n'est pas douteux, de l'avis des médecins.

Supposant, d'après une statistique constante, la population composée moitié d'hommes, moitié de femmes, avec un cinquième d'enfants au-dessous de douze ans, j'attribue 500 grammes de pain aux adultes hommes, 375 grammes aux adultes femmes, 250 grammes aux enfants au-dessous de douze ans. La comparaison, entre la consommation réelle du pain pendant le siège et la consommation d'après mon rationnement, s'établit, dès lors, ainsi qu'il suit :

Pour dix personnes, d'après la consommation réelle constatée par la caisse de la Boulangerie (455 grammes en moyenne). . . . . 4 kil. 550
Pour dix personnes, avec le rationnement proposé, savoir :

4 adultes, hommes, à 500 grammes.	2 kil.	»	
4 — femmes, à 375 grammes .	1	500	
2 enfants au dessous de 12 ans, à 250 grammes.	»	500	
ENSEMBLE.	4 kil.	»	4 »
DIFFÉRENCE.			» kil. 550

Ce qui eût donné, par jour, pour 1,800,000 habitants, un boni de 990 quintaux de pain, soit, un boni de 760 quintaux de farine ; et, pour 140 jours (du 22 Septembre au 7 Février), un boni de 106,400 quintaux ; c'est-à-dire, à 6,300 quintaux par jour, la consommation de seize jours au moins.

On eût donc gagné seize jours avec un rationnement évidemment acceptable, puisque sa moyenne par tête, qui est de 400 grammes, est sensiblement celle des temps ordinaires et puisque, au commencement surtout, il y avait d'autres aliments.

Nous sommes bien loin, comme on le voit, du rationnement sauvage de Janvier 1871, venant si malheureusement frapper la population, au moment psychologique, tout comme le bombardement prussien.

Ce rationnement, rejeté ainsi tout à la fin, fut très douloureux, à cause de l'affaiblissement général, à cause du manque presque absolu d'autres aliments, à cause du froid, à cause de la qualité détestable du pain, à cause surtout de sa signification. Combiné avec l'effort suprême de Buzenval, il apparut nécessairement comme le prodrome de la capitulation. Il fut plus douloureux encore aux âmes qu'aux corps.

Pour le faire admettre par la population, on eut l'idée de faire une distribution gratuite de vin. On devait en délivrer dans les boulangeries 20 centilitres par tête : « le vin du sacrifice », dit un journal.

M. Grivot, maire de Bercy et négociant en vins,

fut chargé des achats jusqu'à concurrence de 20,000 hectolitres.

Le 19 Janvier, jour de la bataille, il fut livré aux 1,221 boulangers de Paris, 1,221 pièces, d'après M. Jules Simon; puis successivement, 4,883 pièces. C'était, ajoute-t-il, du vin de qualité tout à fait supérieure, Bordeaux et Bourgogne vieux de premier choix.

Il en coûta à la Ville 1,044,217 francs, sans compter les frais.

Je ne donne pas l'arrêté réglant le rationnement pour un chef-d'œuvre. En pareille matière, il n'y a pas de chef-d'œuvre. Mais quelque minutieux qu'il fût, on parvint à l'appliquer. S'il eût duré plus longtemps, on l'eût perfectionné, c'est-à-dire simplifié. Ce que j'en retiens, c'est qu'il était possible de rationner et que c'eût été profitable, si l'on s'y était pris plus tôt.

Je note encore que la caisse de la Boulangerie, préparée par ses travaux antérieurs, et connaissant bien la question, arriva du premier coup à quelque chose de pratique.

Nous verrons, de même, lors de la réquisition des combustibles, les ingénieurs des Travaux publics, la réaliser précise et complète, grâce à leurs habitudes de travail et de correction; tandis que le personnel du ministère et des mairies, improvisé ou pris au dépourvu, n'a presque jamais réquisitionné que par morceaux et avec accompagnement de potins préparatoires, qu'il s'agit de blé, de pommes de terre, de charcuterie ou d'autres marchandises.

Toujours la supériorité de la préparation et de l'étude sur l'improvisation. C'est ce qu'il ne faut pas perdre de vue.

CHAPITRE NEUVIÈME

LA VIANDE

La boucherie. — 500 bœufs et 4,000 moutons par jour. — La taxe. —
La viande livrée aux bouchers ayant étal. — Boucheries officielles.
— Rationnement par à peu près. — Fraudes en matière de
viandes et de denrées. — Salaisons. — Suifs et sangs. — L'Académie des Sciences. — M. Dumas. — Conserves de viandes. —
Procédés Pelouze et Vilaury. — M. Chevreuil. — M. Egger et l'alimentation en Égypte sous les Ptolémées. — La viande de cheval.
Statistique. Taxes et rationnements. — Le mulet et l'âne. — Pénalités académiques. — Abatages clandestins. — Les deux ères ; le
bœuf et la farine ; le cheval et la mouture. — Augmentation de la
mortalité générale.

Clément Duvernois avait acheté 35,000 bœufs,
186,089 moutons et 9,213 porcs. C'était la consommation normale de 1,825,000 habitants pour
trente-huit jours.

Les entrées libres, pendant la période de suspension des droits d'octroi, n'augmentèrent pas
beaucoup ce stock. Il n'y avait en effet que peu
de bœufs, de moutons et de porcs aux environs de
Paris.

Quant aux vaches laitières, le nombre en était
insuffisant et on affectait de les conserver précieu-
sement. Dans sa liquidation générale, à la fin du
siège, le Gouvernement déclarera en posséder encore 3,000.

Le 26 Septembre M. Étienne Arago, qui aimait à parler au peuple, annonçait dans le *Bulletin de la municipalité*, n° 2, qu'il restait 24,000 bœufs, 150,000 moutons, et 6,000 porcs ; et il ajoutait que cet approvisionnement pouvait largement suffire *pour deux mois et demi*, si on le ménageait.

M. Magnin avait dit : *deux mois.*

M. Jules Favre avait dit : *trois mois.*

Le maire de Paris disait diplomatiquement : *deux mois et demi.*

En réalité, il n'y en avait plus là que pour vingt-six jours.

Il est vrai que M. Étienne Arago sous-entendait le rationnement que le ministère du Commerce inaugurait ce jour-là même, non pas ouvertement et en allouant tant de grammes par tête, mais indirectement, en ne livrant aux bouchers que 500 bœufs et 4,000 moutons. En aurait qui pourrait. Or, même avec ces restrictions, le stock déclaré par le maire de Paris ne comportait qu'une consommation de quarante-six jours et non de deux mois et demi.

Il y a toujours eu pendant le siège quelque mystère dans la répartition de la viande.

Le *Bulletin de la municipalité*, n° 7, du 7 Octobre, disait : « D'après les mesures prises par le Gouvernement, les bouchers reçoivent, tous les trois jours, 1 bœuf et 9 moutons. Le public remarque avec peine qu'une partie de la viande livrée à ces bou-

chers ne se trouve plus dans l'étal, à l'ouverture
de la vente. Il serait donc à désirer que les gardes
nationaux, préposés à la surveillance de cette
vente, se fissent représenter les dix-huit gigots, les
dix-huit épaules et carrés des moutons qui doivent
être débités. » Voilà comment le *Bulletin de la
municipalité* pouvait se rendre utile.

Mais où passaient les gigots, épaules et carrés
absents? Le public était sceptique.

Faut-il mentionner ici le décret du 6 Septembre
et l'ordonnance de police du 15 du même mois,
autorisant le colportage de la viande, quand il n'y
avait presque plus de viande? Décret et ordonnance
pour la gloire, inconciliables, d'ailleurs, avec la
salubrité. Simple réclame, comme il y en eut tant
dans les avis, déclarations, arrêtés, etc. etc., de ce
triste temps.

Dès le 11 Septembre, avant même l'investissement, le Gouvernement avait décrété l'établissement
d'une taxe de la viande, et en avait chargé le ministre du Commerce, par une dérogation expresse
aux prescriptions de la loi des 19-22 Juillet 1791,
d'après laquelle le droit de taxer le pain et la viande
n'appartient qu'aux municipalités.

Le Gouvernement sentait ici le prix de l'unité
et tenait à ce que personne n'eût à se mêler de
l'administration de cette partie de l'approvisionnement.

Le ministre se mit de suite à la besogne. Dès le

lendemain, 12, il prit un arrêté dont voici les dispositions principales :

« Il y aura un marché quotidien pour les bestiaux sur l'emplacement du marché aux chevaux, boulevard Montparnasse ; — le marché de la Villette, dans ces commencements surtout, étant absolument encombré. — Tous les bouchers et autres personnes faisant le commerce de la viande (lisez les *chevillards*, marchands de viandes en gros), y seront admis, soit en personnes, soit par intermédiaires. Le prix d'achat sera versé, marché tenant, au caissier du ministère présent au marché ;

« A partir du 12 (l'arrêté ne fut publié que le 13), la viande sera soumise à la taxe ;

« La taxe sera établie tous les huit jours, d'après le prix moyen de la semaine précédente et le poids moyen en viande nette constaté dans les abattoirs pendant la même période ;

« Pour la fixation des prix en détail, il y aura trois catégories de morceaux dans la viande de boucherie, savoir :

« 1re Catégorie : Tende de tranche ; culotte ; gîte à la noix ; tranche grasse ; aloyau.

« 2e Catégorie : paleron ; côtes ; talons de collier ; bavette d'aloyau ; rognon de graisse.

« 3e Catégorie : collier ; pis ; gîtes ; plats de côtes ; surlonges ; joues.

« Le filet et le faux-filet, ainsi que le rognon de chair ne seront pas soumis à la taxe.

« Pour le mouton, il y aura également trois catégories.

« 1ʳᵉ Catégorie : gigots, carrés ;

« 2ᵉ Catégorie : épaules ;

« 3ᵉ Catégorie : poitrines ; collets ; débris de côtelettes ;

« Les côtelettes de mouton parées ne seront pas
soumises à la taxe ;

« Défense est faite aux bouchers d'introduire
dans les pesées des os décharnés et ce qu'on appelle vulgairement *réjouissance ;* de faire prendre
à l'acheteur, avec le morceau de son choix, de la
viande d'une autre espèce ou d'une autre catégorie, ni même des morceaux différents de la même
catégorie.

« L'arrêté consacrant ces dispositions sera affiché par les bouchers dans l'endroit le plus apparent de leurs étaux. »

Tels sont les principes.

Voici maintenant les prix :

BOEUF

1ʳᵉ Catégorie, le kilog. . . .	2 fr. 10
2ᵉ — —	1	70
3ᵉ — —	1	10

MOUTON

1ʳᵉ Catégorie, le kilog. . . .	1 fr. 80
2ᵉ — —	1	30
3ᵉ — —	1	10

C'était à très peu près les prix courants à Paris au moment de l'ouverture des hostilités.

Ces dispositions ont été maintenues tant qu'il y a eu de la viande ; sauf quelques modifications que je vais indiquer de suite pour n'y plus revenir.

Le 21 Septembre, l'arrêté de taxe porte qu'il sera délivré à chaque acheteur un bulletin lisiblement écrit, comprenant la désignation de l'espèce de viande et de la catégorie du morceau, ainsi que le poids et le prix.

Le 29 Septembre, l'arrêté de taxe statue que tout acheteur de viande de bœuf aura le droit de faire dégraisser complètement le morceau qu'il aura choisi, à quelque catégorie qu'il appartienne ; et que, dans ce cas, l'acheteur ne sera tenu d'accepter des os que dans la proportion d'un cinquième du poids de la viande désossée.

Le 14 Octobre, la taxe est étendue aux filet, faux-filet et rognons ; elle est de 3 francs par kilogr.

Le dernier arrêté de taxe pour la viande de boucherie fut celui du 9 Novembre, qui se termine par l'avis mélancolique que les dispositions réglementaires sont maintenues, jusqu'à ce qu'il en soit autrement ordonné [1].

----

[1] C'est à peu près à cette époque que M. Wasburn, ministre d'Amérique, qui avait demandé 50 kilogrammes de viande par jour au ministre du Commerce, demanda, de plus, 20 rations par jour au ministre de la Guerre. Les Notes de M. Dréo disent que le Gouvernement refusa.

On comprit, hélas ! ce que cela voulait dire. Il n'y avait plus de viande de boucherie, au moins pour le commun du peuple ; car, il y a des gens qui en ont mangé jusqu'au dernier jour. D'autre part, il y en avait d'autres qui n'en mangeaient plus depuis assez longtemps.

Il en était de même pour la viande de porc qu'un arrêté ministériel avait taxée, le 29 Septembre, de la manière suivante :

Viande fraîche, le kilog.	2 fr. 30
Lard de poitrine. le kilog . . .	2 50
Petit salé	1 80

Les viandes travaillées n'étaient pas soumises à la taxe.

Il n'est pas difficile d'édicter des taxes; mais l'application en est toujours délicate.

Dès le 20 Septembre, le Gouvernement adressait des menaces publiques à ceux qui paraissaient ne pas s'y conformer. Il est vrai qu'il se bornait aux menaces.

Le 24 du même mois, le ministre, revenant sur son arrêté du 12, fermait la vente publique du bétail installée au marché du boulevard d'Enfer ; et la remplaçait par une vente à la criée des viandes abattues aux abattoirs de la Villette, de Grenelle et Villejuif. Il écartait les *chevillards* et n'admettait plus que les bouchers ayant étal. Même mesure en ce qui concerne la charcuterie.

C'était son droit ; et, en fait, on ne comprenait pas bien pourquoi, propriétaire de la viande, il lui plaisait de la grever d'une intervention inutile. Question d'inexpérience probablement.

Le 26, deux jours après, nouveau système. Il supprime tout à fait le commerce de la boucherie.

Il décide qu'à partir du 28 Septembre la viande sera vendue au détail directement aux consommateurs, pour le compte de l'Etat, par les bouchers ayant étal qui se feront inscrire dans leurs mairies et se conformeront aux conditions édictées par le ministère du Commerce ; qu'il ne sera délivré de viande qu'aux bouchers inscrits et seulement *au comptant*, au prix de la taxe, avec déduction de 0,20 centimes pour tous frais.

Le 8 Octobre, la commission des Subsistances et le ministère adoptèrent un autre système de distribution. Ce système — on ne peut le définir autrement — consistait à n'en pas avoir, c'est-à-dire, à donner la viande aux maires et à les laisser la répartir comme ils l'entendaient. La viande serait seulement divisée dans les abattoirs en 20 lots, un par arrondissement ; puis remise aux boucheries municipales que les mairies devaient organiser sous *le contrôle de la Mairie Centrale.*

Je ne sache pas que la mairie de Paris ait jamais exercé ce contrôle autrement que par les conférences hebdomadaires de la réunion des maires d'arrondissement, dont l'indépendance demeura intacte.

« Les maires devaient désigner les lieux de vente et les personnes qui y seraient préposées. Enfin, chaque *maire pouvait appliquer un système de rationnement.* »

On se déchargeait ainsi, je l'ai dit déja, d'une mission désagréable, sur les maires, sans les y obliger d'une manière formelle.

En même temps, le ministère faisait part au public de sa défiance à l'égard des bouchers. Car à peine le nouveau système était-il en vigueur, que, solennellement, par affiches, il les prévenait que leur situation était changée; que, de commerçants, ils étaient devenus fonctionnaires ; qu'à ce titre toute infraction de leur part ne serait plus une contravention, mais un délit ; qu'ils deviendraient, par conséquent, justiciables du tribunal correctionnel.

Une comptabilité sévèrement controlée eût été plus efficace que ces menaces bruyantes.

Mais on était entré dans cette voie et on y persévéra sans s'apercevoir qu'on dépassait véritablement la mesure, surtout dans le décret draconien et chimérique du 10 Novembre.

Non seulement le public crut toujours ce décret inappliqué ; mais, ce qui est bien pis, il le crut inapplicable.

En voici des échantillons :

Amendes de 100 à 500 francs ; emprisonnement de quinze jours à trois mois, pour les contraventions à la taxe ;

Amendes de 200 à 1,000 francs ; emprisonnement de deux à dix-huit mois, pour détournement par préposé administratif ; de plus, pour ceux-ci (les bouchers), fermeture des boutiques ; affichage du jugement sur la devanture des boutiques et à la porte des mairies ; publication dans les journaux ;

Emprisonnement de deux à cinq ans pour contrefaçons ou altérations des estampilles administratives ; mêmes pénalités pour les complices ;

Dans le cas où la contrefaçon aura pour auteur un fonctionnaire public ou un préposé à l'exécution des règlements concernant la viande, la peine sera de cinq à dix ans de réclusion : plus, la privation facultative, pendant cinq ans au moins et dix ans au plus, des droits énoncés en l'art. 42 du Code Pénal, à compter du jour où ils auront subi leur peine.

Les pénalités sont déclarées applicables aux tentatives comme aux faits de contrefaçon.

Enfin les amendes et emprisonnements pour contraventions aux taxes et détournements sont applicables à toutes les contravention et à tous les délits similaires commis dans le commerce des denrées déja taxées et qui seront taxées ou soumises à des règlements concernant leur distribution.

J'ai vainement cherché une trace d'application de ces formidables pénalités.

M. Jules Simon a écrit : « Il ne suffisait pas de

vouloir réprimer, il fallait aussi le pouvoir. Pendant tout le siège la justice répressive nous fit à peu près défaut. »

La presse disait : « A qui la faute ? »

L'arrêté ministériel du 26 Septembre avait donné mission au préfet de Police de veiller à l'exécution des prescriptions du dit arrêté. Ce magistrat, qui avait sans doute des occupations plus pressantes, y pourvut par une très belle ordonnance du..... 20 Décembre ; trois mois après ; quand il n'y avait plus de viande.

Je cite ce fait pour montrer à quel point on était *distrait* par les événements.

Les 9 et 13 Octobre, le ministère prévint le public : « 1° que les abats étaient mis à la disposition des maires avec les bœufs et les moutons qui leur étaient livrés ; 2° que la *totalité* de la viande provenant de l'abatage quotidien était chaque jour répartie proportionnellement entre les vingt arrondissements, qu'il n'y avait aucune exception à cette règle et que les Maires étaient *exclusivement* chargés de tout ce qui concernait l'alimentation en viande. »

Ces avis semblent répondre à un sentiment de méfiance, qui était, en effet, assez prononcée dans la population. Ils excluent le *contrôle de la Mairie Centrale* et ils accentuent la tendance du Gouvernement à se décharger de toute responsabilité, en ce qui concerne la viande, tout en la conservant sous sa main.

Quant au rationnement, il avait commencé (sans que le mot fût prononcé), au 27 Septembre, quand le ministre avait décidé qu'il ne serait livré à la boucherie, par jour, que 500 bœufs et 4,000 moutons ; ce qui donnait en viande nette, 259,000 kilog., soit, par tête et par jour, un peu plus de 0ᵏ 129, c'est-à-dire un peu plus de la moitié de la ration normale.

Or, puisque l'on distribuait aux maires la valeur de 0ᵏ,129 de viande par tête, pourquoi dans tel arrondissement était-on rationné à 80 grammes au-dessus de seize ans et à 40 grammes au-dessous ?

Pourquoi dans tel autre, à 100 grammes au-dessus de douze ans, 75 grammes à onze et dix ans et 50 grammes au-dessous ? Pourquoi, dans aucun, à 129, taux réel, ou tout au moins à 120 grammes, en tenant compte des déchets ? Où allait la différence ?

Le public ne manqua pas de rattacher à ce déficit, qui l'atteignait directement, les notes du *Journal Officiel* des 25 et 27 Septembre, qui lui recommandaient avec raison la viande chevaline, et poussaient la complaisance jusqu'à lui présenter deux listes successives, l'une de vingt-cinq et l'autre de quatre boucheries hippophagiques. C'était un dérivatif, et on dégrevait d'autant la consommation du bœuf et du mouton. Mais, encore une fois, qui profitait de la différence ?

Du reste, les portions diminuèrent de jour en

jour, et de bonne heure plusieurs dirent adieu à la viande de boucherie. Au 10 Novembre, quand la distribution, ou ce qu'on appelait distribution cessa à peu près complètement, il y avait beau jour que, pour la majorité, aloyaux et gigots n'étaient plus qu'un souvenir.

Nous avions du moins la consolation d'apprendre que l'on faisait des efforts pour tirer le meilleur parti possible de nos troupeaux.

Le 30 Septembre, pour nous expliquer la diminution des bœufs et moutons qui auraient dû être distribués à l'état de viande fraîche, on nous informait que des ateliers de salaisons étaient installés *sur la plus vaste échelle*, de façon à *répondre à tous les besoins*, — Ah ! les clichés du siège ! — et que les animaux ainsi traités constitueraient une réserve considérable.

Le 9 Octobre, on nous révélait que l'administration des abattoirs transformait en graisses alimentaires la totalité des suifs provenant des bœufs et moutons ; que l'on avait organisé l'exploitation du sang et la cuisson des pieds de bœuf.

Puis, à partir de Décembre 1870, M. Mullet, vétérinaire, maire du XIXe arrondissement, délégué du ministère du Commerce pour l'administration de l'abattoir de la Villette, dut répartir entre les vingt mairies, au prorata de leur population, le sang provenant des abatages quotidiens. Le sang qui n'était pas pris en livraison par les maires était vendu à des industriels. Il ne s'agissait plus guères, d'ailleurs, que du sang de cheval.

On a pu faire alors beaucoup d'études alimentaires d'une rare invraisemblance.

A l'Académie des Sciences, on s'occupait beaucoup des questions obsidionales, projectiles, mélanges détonnants, balistique, subsistances surtout.

M. Dumas prenait alors la parole, comme savant et comme collaborateur de l'approvisionnement.

Dans la séance du 10 Octobre, il parlait à ses collègues de la conservation des viandes.

Je cite : « La maison Appert, fournisseur de la marine, continuait ses opérations. Il en était de même des maisons Ozouf et Couder dont les procédés étaient reconnus bons, mais constituaient, comme celui d'Appert, des mets tout préparés, ce qui devient, à la longue, une fatigue pour l'estomac. Ce qu'il fallait surtout, c'était une méthode permettant de conserver les viandes sans apprêt, de manière à laisser au consommateur le choix de l'emploi. Trois procédés, réalisant cette condition de laisser la viande à son état naturel et de la conserver sans la soumettre à la cuisson avaient été mis en pratique. L'un, système Cornillet, expérimenté à l'abattoir de Grenelle, consistait dans la salure à fond garantissant les approvisionnements de la navigation au long cours. Le second, système Wilson, employé à l'abattoir de la Villette, pratiquait une salure modérée, suffisante cependant pour une conservation limitée. Wilson et son personnel étaient venus d'Irlande s'enfermer dans Paris, la veille de l'investissement. Ces deux procédés convenaient au bœuf et au cheval, mais non au mouton. Le troisième, connu sous le nom de Gorge, spécial au mouton, pratiqué en Amérique, à la Plata, et reposant sur la chimie, consistait dans l'emploi de l'acide sulfureux pour la conservation de la viande. Ses ateliers étaient voisins de l'abattoir de Grenelle. Les circonstances qui ont amené l'installation à Paris des trois ateliers de conservation et de préparation des viandes par la salaison ordinaire, la salaison modérée à froid et par le sulfite ne seront pas perdus pour l'avenir. Les ouvriers et contre-maîtres qui s'y forment, conserveront à Paris ou dans le pays une industrie dont on n'avait peut-être pas compris jusqu'à présent tout l'intérêt. »

Le 17 Octobre, M. Dumas ajoutait à ses précédentes communications que, sur l'ordre du ministre de la Marine, une escouade était venue, dès le principe, de Cherbourg pour pratiquer à Paris la méthode de salaison employée depuis longtemps avec succès pour la conservation des viandes embarquées sur les navires de l'État.

Le 21 Novembre, à propos d'un procédé présenté par M. Eugène Pelouze, M. Dumas disait encore :

« J'aurais voulu avec l'auteur faire connaître la nouvelle méthode à l'Académie ; mais il a semblé préférable, dans les circonstances actuelles, de la garder pour nous. »

Il fit alors circuler un morceau de bœuf présentant toutes les propriétés de la viande fraîche, « dans lequel, ajoutait-il, on pouvait défier tout chimiste de découvrir une substance antiseptique ou autre quelconque. Jamais on ne se douterait qu'il a pu subir une préparation. Je me défierais du procédé si je n'avais eu sous les yeux un morceau de viande conservé par un système perdu, et qui a résisté trente ans à la putréfaction, bien que laissé au contact direct de l'air. Cette viande avait été transmise à Darcet par un pharmacien de Bordeaux, et j'ai vainement essayé, en analysant un échantillon, de découvrir le secret de la préparation. On pourrait ainsi faire tenir dans un mètre cube la viande conservée de 100 moutons ou de 10 bœufs. Le mètre cube pesant 2 tonnes, on pourrait placer sur un wagon cinq fois ce poids, soit, 500 moutons ou 50 bœufs. Un train de 10 wagons nous apporterait donc 5,000 moutons ou 500 bœufs. »

On comprend l'intérêt d'une telle indication, venant de M. Dumas.

C'est très probablement à ce système de conservation de la viande que se rapporte une note que j'ai trouvée au *Moniteur* du 20 février 1814, signée *Chaptal*, de *Gérando*, *Guyton de Morveau*, *Mérimée* et *Dupont* de *Nemours*, par laquelle la

Société d'Encouragement proposait un prix pour qui retrouverait le système de déssiccation de la viande de Vilauris, pharmacien à Bordeaux.

M. Dumas n'avait pas le monopole de ces communications. D'autres membres de l'Académie, M. Chevreul entre autres, l'entretenaient de questions relatives à l'alimentation.

Un jour, on vit même le vénérable M. Egger venir à l'Académie pour lui lire une note sur quelques documents touchant l'économie domestique et les denrées alimentaires en Égypte, sous les Ptolémées !

Nous passons maintenant à la viande de cheval.

Que fût-il arrivé si les meules avaient manqué ?

On peut demander aussi : que fût-il arrivé, si la population Parisienne n'eut pas résolument accepté la viande de cheval, la viande de bœuf s'étant si rapidement raréfiée, puis volatilisée ?

Heureusement, on y était quelque peu préparé. Les uns en mangeaient, les autres en voyaient manger et étaient au moins familiarisés avec l'idée du *beefteack* de cheval. Il y avait quatre ans déjà que la première boucherie de cheval avait été ouverte à Paris. La consommation en avait même été réglementée par une ordonnance de police du 9 Juin 1866.

Un rapport officiel évalue aussi le nombre de chevaux de boucherie abattus à Paris, jusqu'en 1870 :

1866 (2e semestre)   902 chevaux
1867   2,152   —
1868   2,421   —
1869   2,758   —
1870 (1er semestre) 1,992   —

Pendant le siège, il a été abattu, dans les échaudoirs de Paris, en :

1870 (3e trimestre) 1,799 chevaux
1870 (4e trimestre) 29,214   —
1871 (Janvier)   10,123   —

A ces chiffres, M. Decroix, vétérinaire, estime qu'il faut ajouter 15,000 chevaux environ abattus en dehors des barrières ou clandestinement dans Paris, soit, en chiffres ronds, 56,000 chevaux consommés pendant le siège, ce qui donne 14,000,000 de kilogrammes de viande.

Le compte-rendu, publié par le Gouvernement à la fin du siège, dit même qu'il ne reste plus que 35,000 chevaux sur 100,000. Cela ferait 65,000 chevaux abattus ; soit, à 250 kilogrammes par cheval, 16,250,000 kilogrammes de viande nette. Mais ce compte-rendu n'est pas exempt d'exagération. C'est ainsi, on le verra plus loin, qu'il a surfait également la consommation de la farine.

On a donc mangé du cheval dès le commencement. Nous allons parcourir rapidement l'historique de la viande chevaline pendant le siège.

Le 25 Septembre, à la veille de limiter la consommation de la viande de bœuf et de mouton, le ministre avait publié un avis de ne pas livrer les chevaux à l'équarisseur, mais à la boucherie, et donné, je l'ai dit, je crois, la liste des étaux hippophagiques.

On estimait dès lors la consommation de la viande de cheval à 30,000 kilogrammes par jour. Mais pour cela, comme pour le reste, on avait laissé l'eau couler pendant un mois. Plus le public mangeait de cheval, moins il mangeait de bœuf.

Le 7 Octobre, l'abatage des chevaux allant toujours en augmentant, il fut pris un arrêté de taxe, dont voici les principales dispositions :

Les chevaux destinés à l'alimentation doivent être vendus au marché aux chevaux (boulevard d'Enfer), les lundi, mercredi et vendredi, de huit heures à onze heures du matin ;

L'état de ces chevaux sera, au préalable, vérifié par les vétérinaires ; ils ne pourront être abattus que dans les abattoirs de la Villette, de Villejuif et de Belleville ;

Les chevaux achetés par l'État seront pesés vivants sur la bascule, et payés comptant, au prix maximum de 0 fr. 40 le kilogramme, ce qui, pour un cheval de 450 kilogrammes par exemple donnait un total de 180 fr. Pour un cheval tout à fait usé, c'était beaucoup ; mais on voulait, avant tout, avoir des chevaux, pour atténuer d'autant le déficit de la boucherie. Et à ce taux-là, on était sûr d'avoir les chevaux hors d'usage. Il valait mieux, d'ailleurs, les payer cher que les perdre.

Dans les étaux autorisés, le prix de la viande abattue devait être :

Pour l'aloyau, le tende de tranche, la culotte, le gîte à la noix et la tranche grasse, de, . . .   1 fr. 40 par kilog.
Pour tous les autres morceaux, de .   0   80   —

Il n'était question ni du filet, ni du faux-filet. Il semble que le rédacteur de l'article ne se doutait pas qu'il y en eut; les journaux s'en égayèrent.

La taxe était établie pour sept jours et les bouchers qui l'enfreindraient étaient menacés des articles 479 et 480 du Code Pénal, c'est-à-dire, d'une amende de 11 à 15 francs et même d'un emprisonnement de cinq jours au maximum.

Le 13 Octobre, les tripiers, charcutiers et équarrisseurs furent informés que toutes les issues (cuirs, queues, graisses, abats rouges et blancs) provenant des abatages de chevaux seraient vendues à la criée dans les abattoirs.

La taxe a varié plusieurs fois.

Le 16 Octobre, le filet et le faux-filet, oubliés, comme on vient de le voir dans l'arrêté du 7, furent taxés à 1 fr. 80 le kilogramme.

Le 28, les bouchers hippophagiques, devenus aussi suspects que leurs confrères de la boucherie aux yeux du Gouvernement, furent menacés de nouveau des peines portées par la loi.

Le 29, la viande de boucherie étant sur le point de manquer, on rehaussa les prix de vente du cheval et on commença à rationner.

Les prix pour l'aloyau furent portés à 1 fr. 80 au lieu de 1 fr. 40. Pour le tende de tranche, la culotte, le gîte à la noix et la tranche grasse, ils furent maintenus à 1 fr. 40; tous les autres morceaux furent taxés à 0 fr. 50. Le filet n'était pas taxé et devait être vendu à prix débattu. Le rédacteur de l'arrêté, qui s'était renseigné et qui tenait à le faire voir, profita de l'occasion pour nous apprendre, officiellement, que le filet de cheval pesait de 6 à 8 kilogrammes. Les journalistes s'en égayèrent bien plus encore.

Quant au rationnement, le ministre décida qu'il ne serait acheté pour la boucherie que 600 chevaux à chaque jour de marché (lundi, mercredi et vendredi), soit par semaine 1,800 chevaux et 257 chevaux par jour : ce qui donne, à 250 kilogrammes de viande nette par cheval, 0 kilog. 032 par tête d'assiégé.

Bientôt nous n'allions plus avoir d'autre viande. Nous avons vécu ainsi pendant plus de deux mois.

Le 1er Novembre, le ministre prit des mesures pour restreindre la spéculation qui était excessive sur les chevaux destinés à la boucherie et incompatible avec la taxe. L'arrêté du 29 qui limitait à six cents le

nombre des chevaux vendus pour la boucherie à
chaque marché, avait disposé qu'il n'en serait reçu au
marché que 800 sur lesquels les 600 à consommer
seraient prélevés Le nouvel arrêté, apportant au commerce une restriction de plus, statuait que, pour composer le total de 800 chevaux dont l'entrée était autorisée sur le marché, les chevaux présentés par les
bouchers hippophagiques autorisés seraient reçus,
avant tous autres, et visités, également, avant tous
autres, par les vétérinaires.

Le 9 Novembre, le ministère déclara la taxe de
la viande de cheval applicable à la viande de mulet.
Il ne pensa pas à l'âne, ce qui était injuste ; on en
mangeait depuis longtemps et l'âne avait son mérite.

Le 11 Novembre, au moment où la viande de
boucherie disparaissait de la circulation, on appliqua définitivement à la viande chevaline le système
de l'État seul acheteur, seul sacrificateur, seul distributeur.

Puisqu'on devait en venir là, il eût mieux valu,
je crois, s'y prendre plus tôt ; car, il y avait eu,
depuis trois mois, beaucoup de gaspillage, par les
abatages interlopes.

Donc, à compter du 12 Novembre, l'État devait
seul acheter les chevaux, mulets et ânes, et, les payer
comptant au prix de 0 fr. 50 à 0 fr. 90 le kilogramme,
poids vivant, suivant expertise. Il y avait là une
augmentation considérable. En effet, précédemment,
il n'y avait qu'un taux d'achat unique qui était de

0 fr. 40 le kilogramme. La conséquence de cette augmentation du taux d'achat était facile à prévoir. Mais, les chevaux hors d'usage avaient presque tous disparu. Or, à 0 fr. 40 le kilogramme, on n'en aurait pas trouvé de la catégorie supérieure. L'amélioration des prix d'achat était donc forcée.

Quant à la distribution, on appliquait tout simplement à la viande de cheval le système qui avait servi pour la viande de bœuf.

La viande et les abats devaient être répartis entre les vingt mairies, d'après le recensement qui avait servi jusque-là. Chaque maire était chargé d'organiser le débit dans son arrondissement, au moyen des boucheries officielles, sans qu'il pût être dérogé à la taxe qui était enfin déclarée applicable à la viande d'âne. Les infractions étaient passibles des peines portées au décret du 10 novembre, dont j'ai parlé à propos de la viande de boucherie.

Le préfet de Police était chargé de veiller à l'exécution de ces dispositions et d'empêcher les abatages clandestins qui avaient pris des proportions considérables.

Le résultat de ces nouvelles mesures ne se fit pas attendre pour les consommateurs. Dès le lendemain, la taxe fut portée à 3 francs pour le filet; à 2 francs pour la première catégorie comprenant le tende de tranche, la culotte, le gîte à la noix, la tranche grasse et l'aloyau; à 1 fr. 50 pour la deuxième catégorie comprenant le paleron, les côtes, le talon

de collier, la bavette d'aloyau, le rognon de graisse ;
à 0 fr. 50 pour la troisième catégorie, c'est-à-dire
le collier, la poitrine et le flanchet, le gîte de jambes,
les plats de côtes, surlonges et joues. La nouvelle
taxe devait entrer en rigueur sans retard.

Cette date est à peu près celle de l'ère nouvelle
dans le service d'alimentation.

La veille le *Journal Officiel* avait prévenu les Parisiens que les moulins fonctionnaient presque
tous.

Jusque-là, on avait vécu surtout sur les bestiaux
et sur les farines achetées, c'est-à-dire, à peu près
de la manière accoutumée, sauf la diminution de
la viande.

A partir de novembre, on allait vivre de cheval
et de mouture improvisée, provenant des blés réquisitionnés.

Il y a eu ainsi dans le siège denx périodes sensiblement égales.

La ration de viande de cheval, par tête et par
jour, 30 grammes, est restée la même, depuis lors
jusqu'à la fin du siège, pour ceux qui pouvaient en
avoir. La surélévation des prix en réduisait le
nombre.

Mais, c'est à partir de la même époque que les
statistiques de la mortalité ont pris un mouvement
ascensionnel, véritablement terrifiant pour ceux
qui en avaient connaissance.

MORTALITÉ

Périodes		Siège	Temps ordinaire
Semaine au 20 novembre 1870,		1,927 décès	793 décès
—	27 —	2,023	833
—	4 décembre	2,455	833
—	11 —	2,728	884
—	18 —	2,728	854
—	25 —	3,280	856
—	1 janvier	3,680	838
—	7 —	3,982	902
—	14 —	4,465	903
—	21 —	4,376	936
—	28 —	4,671	951
—	4 février	4,451	955
—	11 —	4,103	974
—	18 —	3,941	995
—	25 —	3,500	984

J'ai entendu plusieurs médecins exprimer l'avis qu'avec une administration mieux entendue de l'approvisionnement on eût atténué cette épouvantable consommation de vies humaines.

CHAPITRE DIXIÈME

DENRÉES DIVERSES ET COMBUSTIBLES

Les denrées diverses — Les légumes : M. Joigneaux. — Le sel. — Le lait. — La mortalité des enfants. — La taxe du sucre. — Le poisson. — Prix comparés en 1869 et 1870. — Recettes culinaires obsidionales. — Les chiens, les chats, les rats, les éléphants. — Le gibier. — M. Bouchardat. — Les combustibles. — Le gaz. — Les lavoirs. — Les bains. — Les marchands de bois. — Coupes dans les plantations de la Ville. — Désordres. Le bois vert. — L'eau pendant le siège. — M. Belgrand. — La commission d'Hygiène et de Salubrité.

L'intervention directe de l'État, comme propriétaire des denrées d'alimentation et régulateur de la vente, était limitée au pain et à la viande.

Quant à l'épicerie, le stock dont il était possesseur était trop restreint pour lui assurer un rôle modérateur dans la hausse de prix occasionnée par les circonstances.

Il en fut de même à plus forte raison pour les légumes verts dont il n'était pas possible de faire un approvisionnement et pour les pommes de terre, dont l'approvisionnement avait assez mal réussi.

Les légumes abondaient au commencement et il y en aurait eu bien plus longtemps sans la panique qui jeta dans Paris la majorité de la population suburbaine.

Dès que l'investissement fut complet, ils se raréfièrent. A la fin de Novembre, il y avait déjà une telle pénurie qu'on vendait, sur les marchés et le long des rues, des demi-poreaux, des demi-carotes, des feuilles de choux, des lots de deux ou trois pommes de terre. Les haricots, pois, lentilles, fèves avaient disparu.

Les conserves étaient inabordables.

On aurait pu, à l'aide des fumiers de la capitale, tirer parti de la zône protégée par les Forts ; il y avait là une ressource. On y pensa, mais trop tard, comme à tant d'autres mesures utiles, dont on ne s'avisa qu'au dernier moment. M. Joigneaux créa un service de culture et on s'en moqua un peu. On avait tort ; car, un journal constata que « la jeune laitue qui avait fait depuis quelques jours son apparition à la halle, au prix de 0 fr. 75 et 1 franc, était tombée à 0 fr. 40 et 0 fr. 30. » Paris applaudit ; mais, hélas ! c'était le 25 janvier 1871.

Le sel, on l'a dit, surabonda.

Le manque de lait fut la cause principale de la mortalité effroyable des enfants, dont il périt 19,016 pendant le siège, au lieu de 6,525 pendant le semestre correspondant de 1868-1869. Il y avait des vaches laitières. Malheureusement, leur lait ne fut pas réservé exclusivement aux enfants. C'est ainsi qu'il se trouvait des vaches *cachées* dans les caves de tel grand édifice administratif qui ne contenait pas de bébés que je sache.

On y avait aussi tous les jours, pour les sécrétaires et parents, des tables abondamment servies, avec accompagnement de *chartreuse*, versée de la main même du directeur du matériel.

Là, comme Sosie :

On prenait du courage
Pour nos gens qui se battaient.

Le commun des martyrs ne trouva bientôt plus de fromages ni d'œufs. Il en est qui n'en manquèrent jamais.

Le sucre atteignit vers la fin du siège des prix exagérés. Le Préfet, dans les meilleures intentions du monde, crut devoir le taxer ; il décida, par arrêté du 20 Janvier 1871, qu'à partir du lendemain, 21, le sucre raffiné ne pourrait pas être vendu plus de 1 fr. 95 à la vente en gros et 2 francs à la vente au détail. Les marchands qui refuseraient de se conformer à la taxe *pourraient être réquisitiomés*.

Il fut rapporté le 26 Février, après avoir été très médiocrement exécuté, étant, d'ailleurs, absolument illégal. En effet, la loi des 19-22 Juillet 1791 ne donne aux municipalités le droit de taxe que sur le pain et la viande. Il eût donc fallu un décret du Gouvernement, qui, étant arrivé au pouvoir par un coup de vent, possédait aussi bien le pouvoir législatif que le pouvoir exécutif ; ce qui est déjà assez extraordinaire en soi, sans que ses agents s'arrogent les mêmes prérogatives.

En cherchant bien, on trouvait encore du poisson ; pas de la marée, bien entendu. Je me souviens que l'on voyait, le long de la Seine, des pêcheurs, plus ou moins autorisés, amorcer l'ablette et le goujon avec une étonnante sérénité. Vers la fin d'Octobre, l'administration fit pêcher les lacs et étangs des bois de Boulogne et de Vincennes. C'était une mesure forcée, car l'eau pouvait y manquer d'un moment à l'autre, si elle devenait nécessaire à la distribution générale.

La Ville faisait vendre le matin, à la halle, le produit de ces pêches. A la criée les prix étaient assez raisonnables ; on pouvait avoir des carpes au prix de 2 francs le kilogramme ; mais les revendeuses se rattrapaient ; et, ces mêmes poissons ne sortaient de chez elles qu'au prix de 10 à 12 francs le kilogramme.

Voici, pour les denrées de consommation usuelle, une comparaison des prix courants de Décembre 1869 avec ceux de Décembre 1870, d'après M. Legoyt, chef de la statisque au ministère du Commerce. Il concordent, en général, avec mes notes et avec les renseignements que j'ai pu me procurer, tant dans les journaux du temps qu'auprès des marchands de comestibles. J'ai dû cependant en rectifier un certain nombre.

Il faut noter que ces prix se rapportent non pas au kilogramme, comme ceux de la taxe officielle, mais au demi-kilogramme, c'est-à-dire, à la livre.

M. Legoyt les date du mois de Décembre, mais les marchands avaient commencé bien plutôt à surfaire.

Dès le 21 Septembre M. de Kératry, préfet de Police, avait essayé de les prendre par les sentiments. Il fit afficher une homélie dans laquelle il regrettait « qu'il y eût à Paris des commercants capables d'ajouter aux malheurs publics des souffrances matérielles qui pèseraient lourdement sur la population. La réprobation publique devait suffire pour faire disparaître sur-le-champ ces graves abus. »

Elle n'y suffit pas ; la preuve en est dans le tableau suivant, relevé quatre mois plus tard, quand l'exploitation de la situation était bien plus coupable encore.

VIANDE

	Prix en Décembre	
	1869	1870
Bœuf, le 1/2 kil. suivant qualité, de .	» fr. 50 à 1 fr. »	de 6 fr. » à 9 fr. »
Mouton, de. . . .	» 55 à 1 20	4 » à 6 »
Veau, de	» 70 à 1 20	introuvable
Porc, de	» 60 à 1 20	8 fr. » à 10 fr. »
Saucisson de Lyon, de 3	» à 4 »	12 » à 15 »
Boudin	» fr. 60	5 fr. »

Les prix de 1870 sont ceux du commerce libre. Voici ceux des marchés municipaux ou du moins du marché de Passy. M. Legoyt pense avec raison qu'ils ont été à peu près les mêmes partout.

BOEUF

Filet	2 fr. »
1re catégorie	1 50

2e catégorie . . . .   » fr. 90
3e   —   . . . .   »   75
Bœuf salé, sans distinction de
morceau.   1   20

Je remarque que, si ces derniers prix sont exacts, il s'en suit qu'on ne se conformait pas à la taxe d'après laquelle le prix du bœuf aurait dû être (à la livre) :

Filet . . . .   1 fr. 50
1re catégorie   1   05
2e   —   . . . .   »   85
3e   —   . . . .   »   65

Pour le mouton et le porc, j'ajouterai les prix de la taxe en regard du prix du Commerce.

MOUTON

	Prix courant	Taxe
1re catégorie	1 fr. »	» fr. 90
2e —	» 75	» 65
3e —	»	» 55

PORC

	Prix courant	Taxe
1re catégorie	1 fr. 50	1 fr. 25
2e —	1 25	1 15
3e —	»	» 90

Le porc n'a figuré que deux fois aux distributions municipales.

Le filet de cheval, payé tout d'abord 1 fr. 50 la

livre, l'était au 20 Décembre sur le pied de 3 fr. 50.
Le prix de la taxe était de 1 fr. 50.

Il est à remarquer que le marché de Passy était
la boucherie officielle du XVI⁰ arrondissement. Si les
prix y étaient différents de la taxe, le maire avait
donc encouru les peines édictées par le terrible
décret du 10 Novembre 1870. Pauvre M. Henri Martin! S'en doutait-il seulement?

VOLAILLE ET GIBIER
Prix en Décembre

	1869	1870
Poulet.	de 3 fr. 50 à 5 fr. »	28 fr. »
Canard	3 » à 4 50	30 »
Oie grasse . . .	8 » à 12 »	65 »
Dinde grasse . .	10 » à 15 »	90 »
Pigeon	1 50 à 2 »	7 » à 10 fr. »
Graisse à rôtir (1/2 kil.). . .	0 fr. 80	4 50 à 8 »
Lapin.	2 fr. 75 à 4 50	30 » à 45 »
Chevreuil (filet) .	3 » à 4 »	25 fr.

Il a été vendu des conserves de gibier à des prix
exorbitants.

POISSON
Prix en Décembre

	1869	1870
Anguille de Seine (la pièce).	2 fr. 50	30 fr. »
Morue (1/2 kilog.). . . .	» 20	de 1 fr. » à 2 fr. 50
Sardines (la boîte). . . .	2 75	12 fr. »
— (petite boîte) . .	» 70	6 »

On me pardonnera d'entrer dans ces détails. En pareille matière, l'exactitude est à ce prix.

COMESTIBLES DIVERS

	1869	1870
Beurre (1/2 kilog.).	de 2 fr. » à 3 fr. »	25 fr. » à 30 fr. »
Œufs (la pièce) .	0 10 à 0 15	1 50 à 2 »
Pommes de terre (décalitre). . .	1 20 à 1 50	20 » à 25 »
Gruyère (1/2 kilog.)	1 fr. 20	12 » à 15 »

LÉGUMES SECS (le litre)

	1869	1870
Haricots blancs. .	de » fr. 60 à » fr. 80	introuvable
— rouges . .	» 40 à » 60	—
Lentilles	» 60 à » 90	—
Poids cassés . . .	» 60 à » 80	—

LÉGUMES FRAIS

	1869	1870
Choux-fleur (le pied)	de » fr. 75 à 1 fr. 50	5 fr. » à 6 fr. »
Choux de Bruxelles (le litre). . .	» 30 à » 40	1 25 à 2 75
Cardons (le pied) .	» fr. 25	2 » à 2 25
Choux (la pièce). .	» 40	5 fr.
Navets (le litre) . .	» 50	3 fr. » à 5 fr. »
Carotte (le litre) . .	» 60	5 » à 6 »
Porreaux (la botte)	» 50	3 » à 4 »
Salsifis (la botte) .	» 50	5 fr. »
Ognons	» 50	3 50

SALADES

	1869	1870
Escarole (la pièce).	» fr. 20	» fr. 50
Mâche (1/2 kilog.).	» 40	2 »
Céleri (pièce) . .	» 60	1 75

DENRÉES COLONIALES (1/2 kilog.)

	1869	1870
Café.	de 1 fr. 80 à 2 fr. »	2 fr. » à 2 fr. 20
Chocolat) avant la	1 » à 1 50	1 50 à 3 »
Sucre. .) taxe	0 fr. 65	0 fr. 90
Riz	» fr. 20 à » fr. 50	» fr. 50 à » fr. 80

ÉPICERIE (1/2 kilog.)

	1869		1870	
Fécule.	» fr.	10	» fr.	70
Tapioca	»	25	»	60
Farine ordinaire	»	20	»	60
— de Gruau	»	40	1	»
Vermicelle	»	30	»	80
Macaroni.	»	50	»	70
Conserves (grande boîtes)				
— de pois.				
— haricots blancs . .	» fr. 75		2 fr. 75	
— — verts . .				
— champignons. . . .	»	60	7	50
— asperges	1	25	4	50
Raisin de Corinthe	»	40	1	50
Huile d'olive	2	20	7	»
— à bruler.	»	75	1	»
Bougie	1	10	1	50
Essence minérale	»	80	1	30
Confiture de groseilles	»	60	1	10
— de cerises	»	80	1	50
— de prunes	»	60	1	20
— d'abricots	»	80	1	60

On voit que les négociants, en général, n'ont pas négligé leurs intérêts.

Nous avons mangé des chiens et des chats en grande quantité.

Le chien se vendait 2 fr. 50 le kilogramme.

Le chat atteignait 12 francs la pièce.

On mangeait des corbeaux bouillis avec des choux.

On mangeait des rats. J'en ai vu vendre jusqu'à 0 fr. 60, place de l'Hôtel-de-Ville qui était le rendez-vous des marchands de rats, je ne sais pourquoi. Il est même surprenant qu'on n'en ait pas mangé davantage ; car, avec une sauce intelligente, le rat avait, dit-on, son mérite. Or, il y en a dans les sous-sols de Paris, aux alentours des Halles surtout, des millions et des millions. En établissant des barrages de distance en distance dans les égouts, on aurait pu les prendre par quantités énormes, et les vendre, par conséquent, moins cher. Bien des gens s'en seraient accommodés.

Quelques-uns ont mangé du gibier. Malgré les grand'gardes, certains paysans trouvaient moyen de communiquer avec les Prussiens. Ceux-ci, qui chassaient dans les bois autour de Versailles, tuaient des chevreuils, lapins, etc. et les échangeaient avec les paysans contre des légumes ou des... informations. Les paysans échangeaient, à Paris, le gibier contre des billets de banque.

Mais il me faut détruire une des légendes du siège. On n'a pas tué les animaux du Jardin des Plantes pour les manger. Il est mort, il est vrai, des singes, une lionne, un jaguar et quelques petits animaux des pays chauds ; mais les animaux les plus précieux, les deux hippopotames, les trois éléphants, le rhinocéros, les antilopes ont survécu.

Les animaux débités dans plusieurs boucheries, comme viande de fantaisie, provenaient du Jardin d'Acclimatation : notamment les deux éléphants Castor et Pollux, tués, les 28 et 29 décembre, à coups de fusils, au Muséum, où ils s'étaient réfugiés au moment du siège. Ces éléphants étaient jeunes ; la viande qui en est provenue était rose et tendre comme de la viande de veau.

Le Gouvernement, impuissant à empêcher les exagérations de prix, ne voulait pas, cependant, paraître se désintéresser de ces consommations secondaires. Il intervenait platoniquement par des conseils et des recettes dont je vais donner quelques exemples.

Après tout, ce n'est pas sa faute si l'on n'avait pas fait un approvisionnement de denrées coloniales et conserves assez considérables pour lui permettre de péser sur les cours par des ventes bien réparties.

Le 18 Octobre, on avait affiché dans tout Paris un avis relatif aux précautions à prendre pour la conservation des denrées alimentaires.

En ce qui concerne les blés et farines, visites fréquentes, éviter l'humidité, séparer immédiatement les parties avariées. Pour les salaisons (viandes ou poisson), visites fréquentes, maintien dans un lieu sec, enveloppes de gaze, jambons suspendus dans les cheminées. Pour les saucissons, quand l'odeur se modifie, les consommer immédiatement, mais après coction. Pour les fromages, visites fréquentes; conservation dans un lieu sec. Pour les œufs, conservation dans un vase rempli d'eau, avec 10 grammes de chaux par litre, ou dans la cendre. Pour les légumes, éviter l'humidité, la gelée. Placer les fruits sur des planches, dans les lieux frais et secs, à l'abri de la gelée; les isoler et les visiter souvent. Les pommes de terre doivent être gardées dans des paniers non couverts; les visiter fréquemment, séparer celles dont la maturité est imparfaite. Les carottes, les navets, les poreaux, le céleri peuvent être gardés à la cave dans du sable; visites fréquentes.

Tout cela n'était pas bien nouveau et venait un peu tard; mais pouvait encore être utile.

L'éclectisme de la commission des Subsistances embrasse tous les détails, dit un journal. La commission avait raison et aurait dû se préoccuper plus souvent d'économie domestique. Les gens de bons sens lui en auraient su gré.

Le 27 Novembre, toujours vers la fin, la commission d'Hygiène, à son tour, publiait *une manière d'accommoder le riz*, soit au gras, soit au maigre, soit même en salade. — Faire attention surtout à modérer la coction de manière à bien laisser au grain sa forme : c'est capital. —

Le 17 Décembre, c'est-à-dire plus tard encore, après des études approfondies, elle nous apprenait que la chair des chiens, des chats et des rats pouvait être mangée sans inconvénient; mais qu'il était prudent, en ce qui concernait les rats, de les soumettre à une cuisson prolongée à la température de l'eau bouillante, pour détruire les germes de *trichinose* qui ont été parfois observés sur ces animaux. Or, il y avait trois mois qu'on en mangeait.

Enfin, le 7 Janvier, elle nous exhortait à faire usage de la graisse et de l'huile comme alimentation topique pendant la période de froid que l'on traversait alors. La note, due à M. Bouchardat, était un utile renseignement et a dû rendre des services. Il l'a développée plus tard en ces termes :

« Les graisses, les *huiles* sont les aliments qui, à poids égal, donnent le plus de chaleur; c'est grâce à elle que les habitants de l'extrême Nord peuvent résister aux rigueurs des hivers. Toutes les huiles, toutes les graisses peuvent nous rendre les mêmes services. *Si elles diffèrent considérablement par le prix, ce n'est qu'affaire de goût et d'habitude...* Si les prix des huiles d'olive, d'œillette, d'amande se sont beaucoup élevés, par contre, la valeur de *l'huile de colza vierge* ne s'est point accrue. L'habitant d'un grand nombre de nos campagnes prépare la soupe, qui forme la base de son alimentation, avec *l'huile de navette qui, hygiéniquement, est identique avec l'huile de colza vierge*, qu'il ne faut pas confondre avec l'huile de colza préparée pour l'éclairage. Deux fois par jour, depuis l'investissement, je mangeais avec ma famille de la soupe à l'huile d'olives ; *l'huile de colza vierge lui a été substituée sans qu'on s'aperçût du changement...* Quand la réparation alimentaire en graisse ou en huile est suffisante (50 grammes dans les vingt-quatre heures), un exercice énergique est le moyen le plus sûr de résister aux effets du froid. »

Ce conseil emprunte évidemment à son auteur une grande autorité. Mais, la température était tombée à — 1°7, dès le 9 Novembre ; il y avait deux mois. En Décembre, elle s'était tenue pendant vingt jours au-dessous de glace. Quand l'avis relatif à l'huile nous arriva, le 7 Janvier, il y avait plus de quinze jours qu'elle oscillait entre 4 et 9 degrés au-dessous de zéro. Toujours trop tard !

J'ai dit que l'approvisionnement en combustibles avait été totalement négligé. On n'avait pas même pensé à stimuler la prévoyance privée. Par suite de cette inconcevable négligence, Paris n'a eu en 1870, y compris les deux premiers mois de 1871, que :

472,585,641 kil. de houille au lieu de 1,205,286.596 kil. en 1869
591,315 st. de bois, au lieu de 809,520 st. en 1869
2,746,349 hect. de charbon, au lieu de 4,883,906 hect. 1869

La suspension des droits d'octroi n'atténua en rien cette situation, les combustibles provenant de points placés trop au délà de la ligne d'investissement pour qu'on eût le temps d'en faire venir entre le 9 et le 18 Septembre.

On s'aperçut assez vite de la pénurie du charbon de bois, qui sert aux usages quotidiens pendant toute l'année.

Dès le 29 Septembre le Gouvernement fit annoncer dans le *Journal Officiel* qu'on organisait des *charbonnières*.

Cet avis, je m'en souviens, produisit une stupeur. Au bout de dix jours d'investissement, on manquait déjà, et de quoi ? d'une substance indispensable à tous et tous les jours.

On se mit à faire du charbon au bois de Boulogne, avec les arbres abattus pour dégager la zône de défense des fortifications. Mais, c'était long, très long, et, en attendant les distributions administratives qui ne venaient pas, ceux des marchands de charbons qui en avaient encore le vendaient 100 pour 100 plus cher que d'habitude. Cependant le 22 Novembre (le 22 Novembre !) les journaux constatent que les mairies commencent à débiter du charbon de bois sur le vu de la carte de boucherie. La quantité était d'un hectolitre par ménage ; le prix, de 1 franc par hectolitre.

Quant à la houille, on aurait pu tout au moins la ménager en diminuant l'éclairage au gaz. On y pensa ; mais au bout de six semaines seulement.

Ce ne fut que le 26 Octobre qu'un arrêté du maire de Paris, applicable le 1er Novembre, décida que la consommation du gaz devait être réduite de moitié, dans les habitations particulières et dans les édifices administratifs. Il n'était pas question de la voie publique.

Le public tint peu de compte de cet arrêté et, le 14 Novembre, le maire de Paris dut le rappeler et menacer les contrevenants du retrait du gaz. On n'y crut pas.

Au fond rien n'était plus faible que ce pouvoir qui avait tous les pouvoirs. Il hésitait devant tout procédé énergique.

D'autre part, le public supportait les privations ; mais seulement quand il ne pouvait pas faire autrement.

Il y avait, certes, en ce temps-là, du patriotisme ; mais c'était pour plusieurs le patriotisme passif des civilisations matérialistes.

Bientôt les bains et les lavoirs ne fonctionnèrent plus, faute de charbon.

M. Jules Ferry avait remplacé M. Étienne Arago, le 16 Novembre, tout en gardant sa préfecture et sa place au Gouvernement. Il avait cela de bon qu'il savait prendre une mesure.

On obtint de lui, dès la date du 22 Novembre, un arrêté disposant qu'à compter du 30 du même mois, la compagnie d'éclairage et de chauffage par le Gaz cesserait toute livraison de gaz aux particuliers et aux établissements publics de toute nature. C'est à cette époque que l'éclairage au gaz de la voie publique fut remplacé par des lampes au pétrole.

Malgré cette extrême pénurie, la houille ne devait être réquisitionnée que le 10 Décembre et seulement lorsque le service des moulins fut sur le point de s'arrêter.

A la fin de Décembre, la compagnie vendait encore de temps en temps dans ses dépôts un peu de coke ou de poussière de coke. Il fallait, pour en avoir, faire queue pendant de longues heures, les pied dans la boue glacée. Bientôt houille, coke et poussière de coke devinrent introuvables pour le public.

Le bois l'était également pendant les deux derniers mois, au moins pour ceux qui ne pouvaient pas le payer au prix où l'avaient mis ceux des détaillants qui en avaient encore.

La communauté des marchands de bois en gros avait bien décidé, le 30 Octobre, que les prix ne dépasseraient pas 60 francs les 100 kilogrammes de bois non scié : mais le bois n'en était pas moins rare et les regrattiers exploitaient la situation.

Le 25 Décembre, le *Journal Officiel* annonça que l'on exécutait des coupes dans les bois de Boulogne et de Vincennes, sur les routes et boulevards. N'aurait-on pu le faire plus tôt ? Le bois aurait eu le temps de sécher un peu.

La souffrance était trop vive et trop générale : il y eut désordre.

Le 28 du même mois, un avis du Gouvernement dut menacer des conseils de Guerre les dévastateurs de clôtures, les pillards de chantiers, les envahisseurs de jardins.

Le 29, M. Jules Ferry fulminait contre les malfaiteurs, *complices de l'ennemi.*

Il y eut le même jour un quiproquo qui trahit le désordre général. Le ministre du Commerce, par une note officielle, renvoya les demandeurs de combustible, à la mairie de Paris pour les usages domestiques, au ministère des Travaux publics pour les industries. Le lendemain une nouvelle note, tout aussi officielle, déclara que c'était là une erreur et qu'il fallait s'adresser à la commission des Combustibles, seule compétente. La seconde note ajoutait, sans doute par inadvertance, que le commerce des combustibles était libre. Il ne l'était que trop. Mais quelles étranges agences que celles d'où émanaient de telles indications au public en de pareilles circonstances.

Le 13 Janvier, M. Jules Ferry fait défense de carboniser les bois à brûler et à ouvrer « qui viennent d'être réquisitionnés dans les chantiers ».

A qui était réservé ce bois? Il n'y en avait que très peu sans doute ; car, malgré toutes nos demandes, nous, la masse populaire, nous ne pouvions obtenir que le bois provenant des coupes municipales.

Un soir de Janvier, comme je revenais du bureau,

vers six heures, j'entrevis dans la nuit, près de ma maison, rue Saint-Gilles, au Marais, une femme qui semblait faire des efforts désespérés pour amener un fardeau difficile à conduire. C'était ma vieille domestique traînant un petit arbre qu'elle venait de *toucher* au chantier administratif. Je l'aidai pour l'ascension qui fut pénible. L'arbre fut assez facilement débité ; la scie y entrait comme dans du beurre ; mais, impossible de l'allumer. Nous n'en pûmes tirer qu'une effroyable fumée ; et je renonçai au bois du Gouvernement : je ne fus pas le seul.

La disette de combustible fut la grande souffrance du siège. Dans son étude sur *la mortalité* à cette époque, le docteur Sueur a établi que le froid en avait été une des causes principales.

Le service des eaux était dirigé par un ingénieur de grand mérite, M. Belgrand.

De plus, le Gouvernement avait institué une *commission centrale d'Hygiène et de Salubrité*, fort bien composée, dont j'ai déjà dit un mot et indiqué les membres.

Cette commission étendit sa compétence au service des eaux ; et dès le 14 Septembre, elle adressa au public, — en ce temps-là, tout le monde parlait au peuple, — une note pour lui apprendre que ; « quand bien même la population serait privée de l'eau des aqueducs extérieurs, l'administration aurait encore à sa disposition, tous les jours, soixante-quinze millions de litres d'eau potable sans compter les puits particuliers. Il n'y avait à craindre que pour l'arrosage des rues. »

La commission crut devoir ajouter qu'en ce qui concerne l'éclairage, les rapports des ingénieurs donnaient toute sécurité. On vient de voir ce qu'il en fut. Mais, alors, on en était encore aux deux mois de siège.

Le même jour la commission annonçait, ce qui était d'une grande utilité, qu'il y avait à Paris un immense approvisionnement de substances désinfectantes.

M. Belgrand, voyant l'attraction exercée sur les ouvriers par le décret qui accordait aux gardes nationaux 1 fr. 50 par jour pour ne rien faire, s'était fait donner, dès le 24 Septembre, le droit de retenir, au besoin par voie de réquisition, tous les ouvriers plombiers, égoutiers et vidangeurs dont il aurait besoin pour assurer le service de la salubrité.

Le 1ᵉʳ Octobre, le *Journal Officiel* contenait une nouvelle note concernant le service des eaux de Paris. Celle-là, par un renversement des rôles, il l'avait empruntée au journal l'*Avenir National* qui l'avait reçue d'un membre de la commission.

On y constatait que l'ennemi n'était parvenu à diminuer le débit quotidien des eaux que sur deux points ; en coupant l'aqueduc de la Duys, et en pratiquant dans le canal de l'Ourcq des sections qui réduisaient la quantité d'eau fournie aux réservoirs de la Villette. Il restait donc les puits artésiens de Grenelle et de Passy, l'ancien aqueduc d'Arcueil et les eaux de Seine données par les machines élévatoires du Port à l'Anglais et de Chaillot. Pour ces dernières, il importait qu'elles fussent filtrées, et, au besoin, désinfectées par le charbon. De plus l'administration faisait creuser, notamment devant l'Institut, des puits correspondant à des nappes d'eau potable encore inutilisées. Quant aux cas d'incendie, au service de l'arrosage et de la salubrité, la Seine devait suffire et au delà.

Tout cela était rassurant. Le fait est que, pendant le siège, en ce qui concerne l'eau, nous n'avons souffert qu'au point de vue de la qualité.

Les hauts quartiers ont été desservis par les réservoirs de Belleville et de Ménilmontant alimentés en eau de rivière, au moyen de machines élévatoires : la zône moyennne, par les anciennes pompes à feu établies à l'intérieur de Paris ; enfin, les parties basses, au moyen des locomobiles installés sur la Seine, des puits artésiens de la Ville et de celui que M. Constant Say, le grand raffineur, avait mis à la disposition de l'Administration.

CHAPITRE ONZIÈME

RÉQUISITIONS

Blés et farines. — Décret de principe. — Denrées en souffrance dans les gares. — Orges prussiennes. — Fourrages. — Avoines, seigles, orges et escourgeons. — Poisson. — Os de boucherie. — Bœufs et moutons. — Pommes de terre. — Pétroles. — Recensement des chevaux. — Vaches laitières. — Charcuterie. — Houilles. — Bois de boulange. — Réquisition des chevaux. — Grains et farines de ménage. — Semences. — Prime à la délation. — Perquisitions à domicile. — MM. Jules Ferry et Jules Favre.

J'aurais pu parler plus tôt des réquisitions ; elles se classaient assez naturellement dans la partie de ces souvenirs relative à *l'approvisionnement*, puisqu'elles avaient pour but ostensible l'augmentation du stock des denrées alimentaires; je les ai rejetées à la fin pour plusieurs raisons.

D'abord, si ce n'est pour le grain et le combustible, elles ont peu produit. Ensuite, elles s'accumulèrent surtout sur les derniers temps du siège. C'est là le malheur. On y trouva un motif pour les accuser de caractériser l'action gouvernementale dans son manque de foi au succès et de n'être, pour la plupart, qu'un moyen de préparer les esprits à nos derniers malheurs.

Hélas ! on ne se donne pas la foi ! les exagérés l'avaient-ils davantage ?

Mais enfin, dès lors qu'on admettait le recours aux

réquisitions (légitime puisqu'il était nécessaire), la première chose, si l'on voulait lutter à fond, c'était de commencer par se rendre compte de ce qu'elles pouvaient ajouter à l'approvisionnement. Il fallait donc, comme on l'a fait à la fin pour la houille, s'enquérir, au moyen d'informations adroites, des stocks particuliers, les immobiliser par un séquestre immédiat, puis les inventorier rapidement et prendre les mesures conservatoires indiquées par la nature des marchandises.

Rien de tel ; des décrets incomplets, inexécutés ou mal exécutés ; des contradictions ; des enfantillages ; des réclames ; somme toute, des ressources perdues.

L'énumération chronologique démontrera suffisamment la justesse de cette appréciation.

Le 29 Septembre un décret réquisitionne les blés et les farines existant dans l'enceinte de Paris, sauf ceux ayant le caractère de provisions de ménage. Ils doivent être payés, suivant qualité, en prenant pour base le prix moyen résultant de la mercuriale de la première quinzaine de Septembre. Un arrêté d'exécution du même jour dispose que les détenteurs de blés et farines en feront la déclaration au ministère du Commerce et que la valeur en sera déterminée par trois experts choisis, l'un par le ministre, le second par le propriétaire, le troisième par le président du Tribunal de Commerce. Cela paraît équitable.

Mais pourquoi la réquisition ne s'étend-elle pas

à la banlieue, où il y avait encore de grandes quantités de grains? Pourquoi ne s'étend-elle pas aux orges, seigles, escourgeons et avoines? Cette omission ne se comprend pas. Elle donnera aux détenteurs le temps de les cacher et d'organiser une spéculation détestable.

Quoiqu'il en soit, on put croire que ce n'était là qu'une inadvertance de débutant, une manière de se faire la main et que le droit de réquisition allait être appliqué sérieusement. On le crut d'autant mieux que, deux jours après, le Gouvernement émit un décret de principe : ce qui était une manifestation significative, puisque les lois et décrets, en cette matière, ne manquaient pas.

Il y avait, en effet, le décret du 19 Brumaire an III, relatif à toutes denrées, subsistances et autres objets nécessaires aux besoins de la République. Il y avait le décret du 2 Pluviôse, an III, spécial aux grains. Il y avait le décret du 18 Décembre 1813 sur la procédure en matière de réquisition. Mais, au début, Brumaire et Ventôse pouvaient effaroucher.

Le nouveau décret avait pour but, en établissant une législation et une procédure en rapport avec le progrès des mœurs, de « rassurer les citoyens contre les abus qui pourraient être commis par des individus sans mandat et de leur donner un titre au moyen duquel ils pourraient être payés de leurs fournitures faites dans un intérêt public. »

Ce n'était pas une précaution inutile; car, en ce

temps-là, déjà, il ne manquait pas d'honnêtes courtiers.

Le décret s'appuyait sur ceux de Brumaire an III
et Décembre 1813; il visait aussi l'article 484 du
code Pénal. Il limitait le droit de réquisition au
gouverneur de Paris et aux ministres. Les maires
des vingt arrondissements et les commandants de
Secteurs, dans le cas d'extrême urgence, pouvaient
aussi requérir ce qui était nécessaire; mais à
charge de rendre compte dans les douze heures et
d'envoyer copie de leur réquisition à l'Hôtel de
Ville et au ministère de l'Intérieur.

On remarquera que, si les maires d'arrondissement avaient droit de réquisition, leur supérieur
hiérarchique, celui qui les avait nommés, le
maire de Paris ne possédait pas ce droit. Il exerçait
pourtant un contrôle, puisqu'on devait lui envoyer
une copie.

Tout cela n'était pas dépourvu d'incohérence.

Dans tous les cas, il devait être désigné un com-
missaire, qui, sous sa responsabilité, surveillerait
la remise de la prestation requise et fournirait un
récépissé dûment timbré, signé et daté, pour servir
de titre au contribuable.

Au demeurant, ce décret était protecteur. L'opinion, à Paris surtout, était habituée à l'expropriation pour cause d'utilité publique; il fut assez bien
accueilli.

On se disait: « Le Gouvernement va utiliser sérieusement les ressources de cette immense cité et de sa banlieue. »

Voyons la suite.

Le 7 Octobre, réquisition des denrées alimentaires et fourrages restés en souffrance dans les gares de chemins de fer, au prix fixé d'accord entre le ministre et les compagnies. On ne comprend pas très bien de quel droit les compagnies interviennent ici comme parties contractantes, dans l'appréciation de marchandises qui, bien que restées en souffrance, peuvent cependant avoir des propriétaires. On comprend moins encore pourquoi l'on n'a pas recours, soit à l'expertise, qui vient d'être prescrite, en ce qui concerne les blés et farines, soit à l'adjudication.

Le 12, réquisition d'orges germées propres à la fabrication de la bière, abandonnées par un sieur Reuter, sujet prussien. Cette fois, le décret d'expropriation prescrit l'adjudication avec publicité et concurrence comme moyen de déterminer la valeur des objets saisis. Il est beau de respecter le droit de propriété chez un ennemi; on aurait pu en faire autant pour les épaves des gares.

Mais ces deux perquisitions sont surtout des mesures d'ordre. En effet, il était urgent: 1° de débarrasser les gares: 2° de statuer sur des denrées périssables à bref délai.

Le 4 Octobre, le ministre arrête que tous propriétaires de bœufs, vaches, veaux, moutons et porcs, devront déclarer, personnellement ou par écrit, l'espèce et le nombre des animaux qu'ils possèdent et la quantité de fourrages dont ils disposent pour l'alimentation de ces animaux. Les vaches laitières seront l'objet d'une mention spéciale. Toutes ces déclarations seront faites au ministère.

On remarquera que ces déclarations n'ont aucun caractère obligatoire, puisqu'on peut s'en dispenser sans encourir aucune pénalité, et qu'elles n'emportent pas interdiction pour les propriétaires de disposer de leurs animaux au mieux de leurs intérêts. Ce n'est qu'un recensement bénévole. Donc, la mesure est insignifiante, au point de vue de l'approvisionnement. Persuadés qu'ils seraient atteints bientôt par la réquisition, s'ils faisaient la déclaration demandée, plusieurs l'esquivèrent. Sans sequestre, ce dénombrement n'était donc qu'un coup d'épée dans l'eau.

Le 18 Octobre, on s'aperçoit que le bétail vivant, objet très particulier de l'attention du ministère, allait bientôt manquer de fourrages. Aussitôt un arrêté réquisitionne les fourrages *existant à Paris*, entre les mains des marchands de fourrages. Mais on ne pense pas à ceux qui sont emmaganisés dans la banlieue, où il y en avait bien davantage, attendu qu'ils y étaient à l'abri de l'octroi.

Le lendemain, 19, un autre arrêté comblant l'une des lacunes signalées dans le décret du 29 Septembre, réquisitionne les avoines, seigles, orges et escourgeons, en grains, gerbes et farines existant *dans l'enceinte de Paris*. Mais, on continue à oublier ceux qui se trouvent en dehors ; et tout le monde savait qu'il y en avait des quantités considérables. Nous y viendrons.

On ne fera croire à personne que la place manquât à Paris pour loger le produit de réquisitions faites au complet. C'était donc, simplement, des opérations mal conçues et mal exécutées par des gens mal renseignés.

Le 22, comme les déclarations d'animaux et le produit de la réquisition des fourrages laissaient également à désirer, ce qui pouvait avoir des conséquences désagérabls pour le service de la viande, le ministère se fâche et, laissant de côté le décret bénin du 1er Octobre, il rappelle aux propriétaires touchés par les réquisitions le décret révolutionnaire du 19 Brumaire an III, dont l'art. 14 menace de la confiscation des objets requis ceux qui ne se seraient pas conformés aux réquisitions.

Le 28, un arrêté ministériel réquisitionna le poisson existant dans les parties de la Marne et de la Seine encore accessibles, dans le canal Saint-Martin et dans les lacs des bois de Boulogne et de Vincennes. La pêche de ces divers cours et pièces d'eau était affermée. On comprend très bien que l'on ait réquisitionné le poisson ; il ne fallait pas le laisser perdre.

Mais pourquoi ne s'occupait-on pas un peu des chevaux ? La viande de bœuf commençait à man-

quer. Il importait donc d'avoir sous la main les
chevaux dont l'abatage clandestin, c'est-à-dire le
gaspillage prenait dès lors de grandes proportions. Or, on ne pouvait l'empêcher qu'au moyen
d'un recensement portant réquisition ou tout au
moins sequestre. Cela viendra, mais longtemps
après que la viande de boucherie sera devenue un
rêve, au moins pour le public.

Le 3 Novembre, un arrêté réquisitionne dans les
boucheries municipales, dans les boucheries *libres*
de cheval et dans les fourneaux économiques, la
totalité des os non vendus au public avec la viande
et ne servant plus à la préparation du bouillon.
Le prix en est fixé à 2 fr. 50 les 100 kilog. Disons
de suite pour en finir avec les os, qu'après avoir
gourmandé l'apathie des détenteurs d'os qui n'en
apportaient que des quantités insignifiantes, l'administration, par un arrêté du 21 Décembre, rapporta la réquisition du 3 Novembre ; attendu que
« grâce à l'impulsion donnée par l'Académie des
Sciences et à l'initiative prise par l'administration,
l'industrie privée avait déjà pourvu au traitement
régulier des os pour préparations alimentaires ;
et que, d'ailleurs, les dépôts reconnus suffisaient à
tous les besoins. » Les dépots suffisaient à tous
les besoins. Fin Décembre ! La phrase n'est pas
heureuse et paraît singulière après les reproches
de négligence adressés aux bouchers et directeurs
de fourneaux.

Je reprends la chronologie des réquisitions.

Le 8 Novembre, sur les fins de l'approvisionnement en viande, le ministre réquisitionna toutes les bêtes à cornes et à laine *existant dans Paris*. Les vaches laitières étaient comprises dans les réquisitions. Toutefois, étaient autorisés à les conserver les propriétaires possédant les moyens de les nourrir *pendant au moins un mois*.

Pourquoi un mois ? On était au 8 Novembre. Espérait-on être délivré le 8 Décembre ? Le Gouvernement n'a jamais cru à la délivrance ; et, à Paris, les plus confiants n'y croyaient plus guères. Il était bien inutile de stipuler un délai. Les Prussiens ont dû croire que nous n'avions plus que pour un mois de vivres.

Le ministre mettait l'embargo sur les bêtes déclarées; les propriétaires ne pouvaient plus en disposer. On menaçait de la confiscation édictée par la loi de Brumaire, — cela faisait plaisir à Belleville, — les personnes en retard pour leurs déclarations. On disait même formellement « la peine de la confiscation sera prononcée, etc. » tandis que la loi de Brumaire dit simplement : « Les agents nationaux seront tenus de faire les diligences nécessaires pour faire prononcer la confiscation par les tribunaux de district. » Ce n'est pas la même chose.

Dès qu'il s'agissait de la viande, les agents spéciaux du ministère perdaient un peu la tête.

La qualité du bétail devait être appréciée par

l'inspecteur de l'abattoir contradictoirement avec
le propriétaire. Dans le cas de désaccord, ils
devaient prendre pour arbitre un des bouchers de
l'abattoir. Les animaux devaient être pesés vivants
à leur entrée à l'abattoir et payés aux prix de 0 fr. 65,
0 fr. 85 et 1 franc le kilog., poids vivant, suivant
la catégorie dans laquelle ils auraient été classés
par les arbitres.

Ainsi, aux dispositions équitables des réquisitions précédentes, expertises, interventions des syndicats , prix suivant qualité, le ministère, de son
autorité privée, substituait l'appréciation de l'inspecteur, l'arbitrage souverain du premier boucher
venu de l'abattoir et des prix toujours les mêmes.
Cet arrêté dépassait évidemment la mesure : de
plus, il ouvrait la porte à tous les courtages.

Le 11 Novembre, la réquisition des avoines,
pailles et fourrages est tout à coup levée. L'arrêté
en donne pour raison que cette réquisition a fourni à l'État les quantités nécessaires à l'alimentation du bétail destiné à *l'approvisionnement de
Paris*. La vérité est qu'il n'y avait plus de bétail
destiné à l'approvisionnement général.

En tout cas, on pouvait, puisqu'on avait trop de
fourrages, en donner ou en vendre aux détenteurs
de vaches laitières et ne pas les astreindre, trois
jours auparavant, à faire la preuve d'un approvisionnement d'un mois. On pouvait aussi maintenir la réquisition sur l'avoine, puisqu'on faisait

déjà des études dans le but de l'utiliser pour le pain.

Le lundi, 14 Novembre, Paris, bien étonné, lut sur ses murs que « en raison de l'affluence des déclarations de bêtes bovines et ovines, par suite de la réquisition du 8, l'administration avait consenti à proroger, jusqu'à ce même jeudi 14 (4 heures du soir) le délai accordé pour les déclarations. »

Qui trompait-on ici? Les distributions de viande de boucherie avaient cessé ou à peu près. La phrase relative à l'affluence des déclarations était donc à l'adresse de l'ennemi, à qui la réquisition du 8 Novembre en avait trop appris sur l'état de nos ressources en bétail. Mais, de bonne foi! cela pouvait-il suffire à dérouter les Prussiens? leur service d'espionnage était trop bien organisé pour que la finasserie administrative eût le moindre succès.

Le 20 Novembre, décret réquisitionnant les pommes de terre, moins les provisions de ménage ; le 22, arrêté ministériel réglant les détails de cette réquisition. Les déclarations devaient indiquer les quantités possédées, les quantités réservées pour le ménage, le nombre de personnes composant le ménage. Les pommes de terre devaient rester dans les locaux où la réquisition les aurait trouvées, sous la garde et la responsabilité du propriétaire, pour être livrées sur un simple avis du ministre.

Cette réquisition produisit peu de chose. En général, ces mesures délicates étaient trop annoncées. Elles avaient surtout le défaut de n'être pas

précédées d'une information discrète qui en aurait
assuré le résultat. Si l'on veut qu'une réquisition
aboutisse, il ne faut pas fournir à la mauvaise foi
le moyen d'y échapper. Or, il y avait eu une discussion dans l'assemblée des maires, et tout le monde
était prévenu. Nous sommes toujours des Gaulois,
gens garrula. Nous ne savons rien faire sans en
parler à l'avance et beaucoup.

Le 22 Novembre, M. Jules Ferry avait décidé que
la Compagnie Parisienne cesserait toute fourniture
de gaz aux particuliers, aux administrations et même
à la voie publique. C'est le 25 seulement que fut
décrétée la réquisition des pétroles qui devaient
éclairer nos monuments et nos rues jusqu'à la fin
du siège. Du moins, cette réquisition atteignait tous
les pétroles de Paris et de la banlieue. Si on y
avait eu recours un mois plus tôt, on aurait pu économiser de la houille pour les services publics, pour
les moulins notamment. Les pétroles réquisitionnés
devaient être payés au prix résultant de la mercuriale de la première quinzaine de Septembre.

Ce fut ce même jour 25 Novembre qu'on commença à s'occuper sérieusement des chevaux.

Un décret statua que, dans la journée du 29, il
serait fait un recensement général de tous les chevaux, ânes et mulets existant à Paris et dans la
banlieue. Les déclarations devaient être faites à la
municipalité, non du propriétaire, mais du cheval,
c'est-à-dire, de la localité où était située l'écurie.

Elles devaient mentionner l'usage auquel servaient les animaux. A partir du 1er Décembre, il ne pouvait être vendu ni cheval, ni mulet, ni âne, sans déclaration préalable à la mairie, où l'animal avait été recensé. Tout animal non déclaré devenait la propriété de l'Etat.

Douze jours plus tard, le 8 Décembre, le ministre prit un arrêté pour défendre aux détenteurs de chevaux, ânes et mulets de les vendre à d'autres qu'aux délégués des ministres du Commerce et de la Guerre, sous peine de la confiscation édictée par la loi du 19 Brumaire an III.

Cette défense précise d'aliéner les animaux recensés aurait dû être décrétée dès le principe : autrement le résultat du recensement était compromis. Les détenteurs avaient tout intérêt à vendre leurs animaux pour les abatages clandestins, bien plus rémunérateurs. En effet, il ne manquait pas d'affamés, à bourse garnie, pour acheter la viande de cheval à un prix double ou triple de la taxe. Beaucoup de chevaux sont ainsi passés en salaisons.

Toujours le même procédé! On faisait les réquisitions, à moitié d'abord; puis on les complétait, quand on avait donné l'éveil aux détenteurs toujours disposés à s'y soustraire.

L'arrêté de réquisition des bêtes bovines avait autorisé la conservation des vaches laitières. Néanmoins, le 24 Novembre, le ministère fit saisir 1,720 vaches laitières, dont 954 pour déclaration tardive, 416 pour cause d'alimentation insuffisante et 350 non déclarées. Ce fut très fâcheux.

S'il y avait une chose évidente, c'est, qu'avant tout, on devait garder les vaches pour les enfants. Il est vrai que, pour garder les vaches, il fallait du fourrage. Mais, nous avons vu, le 11 Novembre, un décret lever la réquisition du fourrage, attendu que l'existence du bétail était assurée. Donc, si ces vaches, si précieuses pour les malheureux bébés qui mouraient alors par milliers, manquaient d'alimentation, le ministère, qui en avait trop, n'avait qu'à leur en donner, déclarées ou non.

La vérité est qu'on voulait se procurer de la viande de boucherie. La religion du ministre, — c'est, je crois, l'expression convenue, — aura été surprise.

Et cependant on se rendait compte autour de lui de l'effet qu'allait produire cette exécution; car, dans sa note au public, on lui faisait dire : « Après cette saisie, il restera dans Paris 4,217 vaches laitières déclarées. La disette du lait n'est donc pas à redouter. »

Il n'en est pas moins vrai que sur 67,952 décès, total du semestre obsidional, il y a eu, je l'ai dit déjà, 19,016 décès d'enfants. Donc, il est plus que probable que le lait a manqué.

De plus, au moment de la capitulation, le Gouvernement, dans l'inventaire final, annoncera qu'il ne reste plus que 3,000 vaches : c'est donc 1,217 de moins qu'au 24 Novembre; 1,217 enlevées aux enfants, et, cette fois, sans le dire. Or, 1,720 vaches saisies le 24 Novembre et 1,217 saisies plus tard, font 2,937 vaches, soit, à 230 kilogrammes de viande nette par animal, 675,510 kilogrammes. Distribués où, à qui? Pas au public, en tout cas : aux gens anémiés, sans doute.

Le 26 Novembre, réquisition de la charcuterie. Elle ne produisit que fort peu de chose. « Cette fois, cependant, dit M. Clamageran, les maires d'arrondissement, se méfiant des économistes de la Mairie Centrale, s'étaient chargés en personne d'exécuter le décret. Leur zèle ne trouva pas sa récompense. Les saucissons, les jambons et autres comestibles analogues se montrèrent non moins aptes à la fuite que les pommes de terre. Le ridicule de ces tentatives sauva l'épicerie. »

Au commencement de Décembre, la disette de combustibles prit des proportions formidables. Non seulement on n'en avait plus chez soi, ni dans les administrations ; mais, le service des moulins était compromis. Le pain pouvait manquer.

Cependant, il y avait encore de la houille, surtout dans la banlieue ; mais on avait trop attendu, et certains dépôts, situés à la ligne des Forts, qu'on aurait pu facilement enlever dans les premiers jours du siège, étaient devenus inabordables. Puis les réquisitions partielles des services publics se heurtaient et s'annulaient. On s'avisa enfin d'une mesure d'ensemble.

Mais, il y avait ici assez de difficultés, en transports, en manutentions, etc., sans y ajouter les inadvertances habituelles des décrets préparés au ministère du Commerce. Après s'être renseigné, on porta l'affaire au ministère des Travaux Publics, qui fit décréter une réquisition générale le 10 Décembre. Cette fois on n'eut pas à y revenir.

Le décret comprenait toutes les houilles, approvisionnées à quelque titre que ce fût, dans Paris et dans les communes sises en deçà de la ligne d'investissement. La mesure n'était pas applicable aux quantités destinées aux usages domestiques, lesquelles étaient limitées *au maximum* à 5,000 kilogrammes. Les prix étaient ceux de la première quinzaine de Septembre, majorés de 20 °/₀ et augmentés des seuls frais de manutention et de transport estimés par arbitres. Le défaut de déclaration dans les délais déterminés entraînait la confiscation, plus une amende de 100 à 500 francs par tonne non déclarée. C'était net et complet. On ne pouvait reprocher à ce décret que sa date tardive.

Le même jour, le ministre des Travaux publics prenait un arrêté d'exécution. Le délai pour la déclaration était de quarante-huit heures. Les houilles et cokes devaient rester chez le propriétaire, sous sa garde et responsabilité. Une commission de cinq membres devait veiller à la répartition du combustible réquisitionné. Les détenteurs avaient le droit d'exiger de la partie prenante un à compte préalable de 25 francs par tonne et le payement du droit d'octroi. Les arbitres devaient être désignés, l'un par le ministre des Travaux Publics, le second par la chambre syndicale des marchands de Charbon de terre, le troisième par le président de la chambre de Commerce.

Le 14 Décembre, le ministre annonça au public que la commission de Combustibles allait se livrer au contrôle des déclarations.

La commission avait promis au service des moulins 2,000 tonnes de houille ; elle ne put lui en donner que 1885. Pour faire marcher les machines jusqu'à la fin, les ingénieurs ont fait des prodiges, utilisant, je l'ai déjà dit, les asphaltes, bitumes, huiles lourdes, goudrons, etc., qui furent réquisitionnés, les 6 et 7 Janvier 1871, dans des conditions analogues à celles de la réquisition des houilles et cokes.

Il ne suffisait pas de chauffer les moulins. La farine faite, il fallait la transformer en pain : autrement dit, il fallait donner aux boulangers le moyen de chauffer leurs fours. C'est dans ce but que, le 11 Décembre, fut pris par M. Jules Ferry, en sa qualité de délégué à la mairie de Paris, un arrêté réquisitionnant les bois dits de boulange et les bois de hêtre.

M. Jules Ferry avait sans doute en portefeuille un décret l'autorisant à faire des réquisitions : je

n'en ai pas trouvé trace. En tout cas, il n'y était
pas autorisé par le décret de principe du 1er Octobre 1870; mais ce n'était pas l'heure des scru-
pules légaux.

Les prix, ce qui était une innovation, devaient
être fixés d'accord entre la chambre syndicale des
marchands de Bois et la mairie de Paris.

L'ordre chronologique me ramène aux chevaux.
On a vu le Gouvernement prescrire, le 25 Novembre, un recensement général des chevaux, ânes
et mulets ; puis le ministre du Commerce interdire,
le 8 Décembre, la vente de ces animaux à tout
autre qu'aux délégués de son ministère ou du ministère de la Guerre. On a vu le prix des chevaux
achetés par l'Etat fixé, d'abord, à 0 fr. 40, puis
de 0 fr. 50 à 0 fr. 90, suivant qualité.

Le 15 Décembre, le Gouvernement se décida à
réquisitionner les chevaux, ânes et mulets, par un
décret modifiant plusieurs des dispositions prises
précédemment. Ainsi, la réquisition n'est plus bor-
née à l'enceinte de Paris, ce qui permettait d'y
échapper en emmenant les chevaux dans la banlieue. Elle frappe jusqu'à la ligne d'investissement.
Les détenteurs sont de simples gardiens qui n'ont
pas le droit de transférer l'animal dans un autre
local que celui désigné par le recensement. Les
prix sont portés à 1 fr. 75 le kilogramme, poids
vivant, au maximum, et 1 fr. 25 au minimum, pour
les animaux en bon état. Les animaux inférieurs

seront payés à prix débattus. Tout propriétaire qui voudra devancer l'injonction de livrer obtiendra un prix de faveur de 2 francs par kilogramme au maximum et de 1 fr. 50 au minimum. Il sera, de plus, alloué une commission de 10 francs par tête de cheval amené, le tout applicable aux bêtes en bon état. Tout animal non déclaré sera confisqué. Tout détournement d'un cheval donnera lieu à une amende égale à la valeur de l'animal et qui ne pourra, en tout cas, être inférieure à 1,000 francs.

Un autre décret du même jour, interdisait les abatages clandestins et les punissait de la confiscation de la viande, sans préjudice des pénalités édictées par les lois et règlements.

Il y avait dans ces deux décrets du progrès au point de vue de la précision. Il est vrai qu'on aurait pu mettre tout cela dans celui du 25 Novembre relatif au recensement. Les pénalités étaient sévères ; mais, comme on ne les appliquait pas, les abatages clandestins, malgré l'appât de la prime et la menace de confiscation, n'en continuèrent pas moins. Ils rapportaient davantage.

Par un nouveau décret du 11 Janvier, on dut déclarer confisqué *ipso facto*, sans indemnité, tout cheval, mulet ou âne saisi après réquisition non obéie dans les-vingt quatre heures.

Enfin, le 13 Janvier, le Gouvernement voulant sans doute faire comprendre que Paris était sur ses fins, mais qu'on entendait aller jusqu'à la plus extrême limite des ressources, décréta le nombre de chevaux qu'il fallait conserver pour le service des farines, pompes funèbres, assainissement, etc.

En voici la répartition par arrondissement, au prorata de la population.

Ier Arrondissement . .	78 chevaux
IIe — . .	78 —
IIIe — . .	96 —
IVe — . .	96 —
Ve — . .	98 —
VIe — . .	90 —
VIIe — . .	69 —
VIIIe — . .	75 —
IXe — . .	102 —
Xe — . .	141 —
XIe — . .	183 —
XIIe — . .	100 —
XIIIe — . .	80 —
XIVe — . .	82 —
XVe — . .	93 —
XVIe — . .	44 —
XVIIe — . .	120 —
XVIIIe — . .	154 —
XIXe — . .	113 —
XXe — . .	108 —
	2,000 —

2,000 chevaux ! C'était évidemment insuffisant. On en conclut que même le cheval allait manquer.

Les mesures relatives à la viande impressionnaient naturellement l'opinion publique : mais elle était frappée bien plus encore par celles qui touchaient à la farine et au pain. Elles abondent vers la fin du siège.

Le 8 Décembre, le jour même où le *Journal Officiel* exhortait sagement les assiégés à préférer le pain bis au pain blanc, un avis solennel était adressé à ceux qui ne s'étaient pas conformés à la réquisition du 29 Septembre (il y avait 70 jours), concernant les blés, farines, gerbes en grains et seigles, et les menaçait de la terrible loi de Brumaire an III. Le lendemain, le ministre invitait ceux qui avaient déclaré des grains et farines déposés dans des locaux particuliers à les transporter à la halle au Blé.

Le 17 Décembre, nouvelles menaces adressées à ceux qui ne font pas les déclarations exigées.

Puis, le 24, un avis tout différent est publié par le *Journal Officiel,* avis équivoque et qui donna lieu à des malentendus.

« L'encombrement considérable qui s'est produit à la *Halle* par l'apport des blés et farines n'ayant pas permis de recevoir en temps utile tous les produits déclarés, un nouveau délai est accordé. Les détenteurs sont autorisés à conduire leurs blés aux *Halles Centrales,* aux Invalides ou à l'École militaire, jusqu'au mardi, 27 courant ; passé ce délai, la confiscation sera prononcée. »

Ainsi, l'encombrement considérable aux Halles, empêchait d'y recevoir les produits déclarés et

cependant les détenteurs étaient autorisés à continuer d'y conduire leurs apports, et ils les y condui-
saient d'autant plus volontiers, que c'était là qu'on
payait. Si l'avis entendait par *halle* seulement la
halle au Blé, il fallait le dire.

Ce qu'il y a de plus étrange encore, c'est que,
dès le lendemain 25, le ministre en revenait aux
menaces contre les détenteurs en retard. Il les
prévenait même qu'il serait fait un recensement
à leurs domiciles, et que ceux, qui ne représente-
raient pas les quantités annoncées, seraient passibles
des peines portées par les lois. S'il avait eu recours
sérieusement à ce moyen d'investigation, au lieu
de prodiguer ces avis auxquels on commençait à
ne plus faire grande attention, le ministère eût
probablement obtenu de meilleurs résultats.

Le 30 Décembre, le Gouvernement fait annoncer
que, nombre de détenteurs de blés et farines allé-
guant le manque de moyens de transports qui les
empêchaient de livrer les quantités déclarées, les
agents des douanes et de l'octroi étaient autorisés
à procéder à l'enlèvement. L'excuse n'était malheureusement que trop fondée, et l'on aurait dû songer
plus tôt à organiser un service de camionnage, au
lieu de laisser si longtemps, comme nous l'avons
vu, gaspiller les chevaux par les abatages clandestins. L'avis se terminait par les menaces ordinaires
de confiscation et d'emprisonnement, non sans
invoquer la loi terrible de Brumaire et la loi de

Pluviôse an III, non moins redoutable, si on l'eût appliquée.

Le 5 Janvier, le Gouvernement s'en prit aux spéculateurs qui cachaient leurs grains pour les vendre plus tard, à haut prix, au moment des semailles. On se souvient que M. Alfred Blanche avait déclaré, officiellement, au mois d'Août, que Paris deviendrait un vaste réservoir de semences. Ils s'étaient donc cru autorisés à organiser des dépôts, dans la banlieue surtout, grâce à l'omission signalée plus haut dans le décret du 29 Septembre, dont l'effet légal s'arrêtait aux fortifications.

Eh bien ! chose étrange ! le décret du 5 Janvier ne visait encore que les détenteurs de l'intérieur de Paris.

Il frappait d'une amende de 500 à 1,000 francs et de la confiscation, ceux qui, à partir du 5 Janvier et pendant une période de trois mois, à compter de la levée du siège, feraient sortir du grain de Paris sans un ordre écrit du ministre de l'Intérieur. On ne prit pas au sérieux cette prohibition à longue échéance et l'effet en fut nul.

Le Gouvernement voulait simplement se prémunir contre les accusations de tiédeur que lui prodiguaient les partis extrêmes, et il avait volontiers recours aux mesures à effet, à Brumaire et Ventôse. S'il avait eu réellement l'intention de saisir les grains cachés, sur lesquels le décret constate qu'il avait des renseignements, il aurait, sans dépenser tant de papier et brandir tant de menaces, envoyé des agents avec des voitures.

Le 12 Janvier, quand tout le monde est prévenu et a pu prendre ses mesures, un décret étend, enfin, l'effet de la réquisition du 29 Septembre et des mesures qui l'ont complétée, au département de la Seine et aux communes des départements dont les habitants sont en communication avec Paris.

Dès le lendemain, le *Journal Officiel* constate, chose peu vraisemblable, que la mesure produit son effet et qu'il a été livré dans les dépôts une quantité considérable de denrées ; mais *qu'il en manque beaucoup encore*. On rappelle aux détenteurs que les grains de semence sont compris dans les réquisitions ; puis, on change tout à coup de système. On laisse de côté Brumaire et Ventôse, et, prenant en main l'argent au lieu de la foudre, on annonce que les blés de semence, aussitôt leur livraison, seront payés à leur valeur comme *blé de semence*. On revenait à l'équité et c'était fort bien fait.

Le même jour, 13 Janvier, réquisition de toutes les farines excédant 5 kilogrammes par ménage. Il était clair que cela ne produirait rien.

Mais, il fallait avoir l'air de ne reculer devant aucune extrémité. Il fallait enlever leurs arguments aux orateurs des clubs.

Le 17, conseillé, dit-on, par l'économiste italien

Cernuschi, le ministre du Commerce offre une récompense de 25 francs par quintal métrique à toute personne qui découvrira du blé, de l'orge ou du seigle soustrait aux réquisitions et qui en fera connaître l'existence. Puis le 20, trois jours après, il rapporte cette mesure, extrême, il est vrai, comme les circonstances, mais qui avait fait trembler les spéculateurs. Dès la veille, 19, revenant à l'appât des offres avantageuses et les précisant, un décret avait réquisitionné les blés de semence (déjà réquisitionnés), mais en statuant qu'ils seraient payés au prix de 50 francs le quintal métrique. Le 20, nouveau décret réquisitionnant les orges, seigles, escourgeons et méteils de semence, et, statuant qu'il seront payés au prix de 35 francs le quintal métrique ; on aurait pu réunir ces deux décrets en un seul.

Enfin le 21, dernière adjuration aux détenteurs de livrer la marchandise réquisitionnée.

Nous touchions au dénouement.

Le 18, M. Jules Ferry, ne voulant rien négliger, avait cru devoir ordonner des perquisitions, à Paris et dans le département de la Seine, aux domiciles de toutes les personnes absentes, pour y chercher les combustibles, comestibles, liquides et denrées de toute nature qui pourraient s'y trouver. L'arrêté ordonnant ces perquisitions portait, en même temps, réquisition, au nom de la ville de Paris, des logements de tous les absents. C'était aller bien loin.

Le ministre de l'Intérieur, Jules Favre, le comprit et s'efforça d'atténuer l'effet de cette exagération. Dans une lettre adressée à son jeune collègue il déclarait « que les réquisitions ne pouvaient, sous aucun prétexte, s'étendre aux objets qui n'étaient pas de consommation courante. « Il prescrivait l'intervention du juge de paix et donnait quelques indications sur la manière de concilier les nécesités de la situation avec le droit de propriété et la sauvegarde du domicile. Du reste, ces perquisitions ne furent pas poussées à fond. On voulait surtout les avoir ordonnées.

Il est inutile d'insister sur le caractère général de ces réquisitions. Moitié inexpérience, moitié manque de foi dans le résultat, le Gouvernement, le Ministère, la Préfecture, sauf en deux ou trois rencontres, n'ont jamais fait complètement ce qu'il fallait pour les mener à bien.

Sans doute on ne faisait pas tout ce qu'on aurait voulu ; on ne le pouvait pas. Mais, il n'est pas contestable qu'on pouvait mieux utiliser les ressources.

Puis, à la fin surtout, ces informations alarmantes, cet emploi répété des réquisitions et des menaces vaines, frappant sans relâche sur l'opinion publique, parurent aux plus modérés eux-mêmes n'avoir d'autre but que de préparer les malheureux assiégés à la capitulation, sans oser le leur dire, en les forçant à croire, coûte que coûte, à l'épuisement des denrées.

Cette appréciation s'accentua encore, le 22 Janvier, quand le *Journal Officiel*, sur dépêche de Bordeaux, annonça qu'en outre des marchés en cours d'exécution, les quantités, *actuellement livrées*, placées à proximité des voies de transport en dehors de la portée de l'ennemi et prêtes à être mises en route, pour Paris, au premier signal, étaient les suivantes : 15,000 bœufs, 40,000 moutons et 300,000 quintaux de denrées alimentaires. »

« Nous comprenons, disaient les braves gens: on veut nous éprouver ; on montre à Tantale le pain frais et la viande; on lui rappelle qu'il existe encore des beefteacks et des gigots. »

Il n'est pas impossible, en effet, qu'on ait compté un peu sur cette perspective affriolante. J'ai entendu des sous-ordres imprudents en parler ouvertement.

On croyait peut-être que Paris allait demander grâce. Il ne broncha pas.

Le général Trochu, je l'ai dit, a raconté depuis que ce qui avait paru le plus difficile était de faire croire au siège. Quand cette conviction fut bien entrée dans la tête des Parisiens, ils n'en voulurent plus démordre

Et il en serait de même une autre fois.

Mais il faudrait n'exercer le droit de réquisitions qu'avec toutes les précautions indiquées par un respect sévère de la propriété et par le désir sincère d'en tirer tout ce qu'elles pourraient produire. Il faudrait surtout se garder de livrer ce droit aux

maires d'arrondissement. Il en est qui en ont terriblement abusé pendant le siège. Un seul exemple : le
19 Novembre, le général Trochu se plaignait au
Conseil que M. Clémenceau, maire du XVIIIe arrondissement, réquisitionnait du pétrole pour la fabrication des bombes. Si tous les maires en avaient
fait autant ?.....

CHAPITRE DOUZIÈME

DERNIER ACTE

Déclaration suprême. — Doutes. — Dires d'un inspecteur général de Police. — Réapparition immédiate des denrées disparues. — Spéculateurs. — Situation des magasins de la Ville.

Le Gouvernement avait annoncé qu'il donnerait l'inventaire exact de l'approvisionnement au jour de la capitulation. On attendait cet inventaire avec une curiosité fébrile ; on l'eut immédiatement. Evidemment il était prêt.

La capitulation eut lieu le 28 Janvier.

Dès le 29, le *Journal Officiel* inséra une longue, très longue note, combinée avec beaucoup d'habileté.

La voici; c'est une page d'histoire, sauf observations.

« Le Gouvernement a annoncé qu'il donnerait la preuve irréfragable que Paris a poussé la résistance jusqu'aux extrêmes limites du possible. Hier encore, il y avait inconvénient grave à publier des informations de ce genre. Aujourd'hui que la convention relative à l'armistice est signée, le Gouvernement peut remplir sa promesse.

« Il faut, d'abord, se remettre en mémoire ce que

trop de personnes semblent avoir oublié ; c'est qu'au début de l'investissement les plus optimistes n'osaient pas croire à un siège de plus de six ou sept semaines.

« Lorsque le 8 Septembre, le *Journal Officiel*, répétant une déclaration affichée sur les murailles par M. Magnin, ministre du Commerce, affirmait que les approvisionnements en viandes, liquides et objets alimentaires de toute espèce seraient largement sufffsants pour assurer l'alimentation de deux millions d'âmes pendant deux mois, cette assertion était généralement accueillie par un sourire d'incrédulité. Or, quatre mois et vingt jours se sont écoulés depuis le 4 Septembre.

« Au milieu des plus dures privations, devenues, depuis ces dernières semaines, de cruelles souffrances, Paris a résisté aussi longtemps qu'il a pu raisonnablement espérer le secours des armées extérieures, aussi longtemps qu'un morceau de pain lui est resté pour nourrir ses habitants et ses défenseurs. Il ne s'est arrêté que lorsque les nouvelles venues de province lui ont arraché tout espoir, en même temps que l'état de ses subsistances lui montrait la famine imminente et inévitable.

« Le 27 Janvier, c'est-à-dire huit jours après la dernière bataille livrée sous nos murs et presque au moment où nous apprenions les insuccès de Chanzy et de Faidherbe, il restait en magasins 42,000 quintaux de blé, orge, seigle, riz et avoine ;

ce qui, réduit en farines, représente, à cause du faible rendement de l'avoine, 35,000 quintaux de farine panifiable. Dans cette quantité sont compris 11,000 quintaux de blé et 6,000 quintaux de riz cédés par l'administration de la Guerre, laquelle ne possède plus que dix jours de vivres pour les troupes, si on les traite comme des troupes en campagne, savoir : 12,000 quintaux de riz, blé et farines, et 20,000 quintaux d'avoine. Telle était la situation de nos approvisionnements en céréales à l'heure de l'ouverture des négociations.

« En temps ordinaire, Paris emploie à sa subsistance 8,000 quintaux de farine par jour, c'est-à-dire deux millions de livres de pain. Mais du 22 Septembre au 8 Janvier, sa consommation a été réduite à 6,360 quintaux de farine par jour ; et, depuis le 18 janvier, c'est-à-dire depuis le rationnement, à 5,300 quintaux, c'est-à-dire au sixième environ de moins que la quantité habituelle, nous pourrions dire nécessaire.

« En partant de ce chiffre de 5,300 quintaux, le total de nos approvisionnements représente une durée de sept jours.

« A ces sept jours on peut ajouter un jour d'alimentation fourni par la farine actuellement distribuée aux boulangers, trois ou quatre jours auxquels subviendront les quantités de blés enlevées aux détenteurs par tous les moyens qu'il a été possible d'imaginer ; et l'on arrive ainsi à reconnaître que nous avons du pain pour huit jours au moins, pour douze jours au plus.

« Il n'est pas inutile de dire que, depuis trois semaines, il n'existe plus de provisions de farine. Nos moulins ne fournissent chaque jour que la quantité nécessaire au lendemain. Il eût suffi de quelques obus tombant sur l'usine Cail pour mettre instantanément en danger l'alimentation de toute la ville.

« En ce qui concerne la viande, la situation peut se caractériser par un seul mot : depuis l'épuisement de nos réserves de boucherie, nous avons vécu en mangeant du cheval Il y avait 100,000 chevaux à Paris. Il n'en reste plus que 33,000 en comprenant dans ce chiffre les chevaux de la guerre.

« Ces 33,000 chevaux ne sauraient d'ailleurs être tous abattus sans de grands inconvénients. Plusieurs services indispensables à la vie seraient suspendus ; ambulances, transport des grains, des farines et des combustibles ; services de l'éclairage et des vidanges ; pompes funèbres, etc. Il nous faudra, d'autre part, beaucoup de chevaux pour le camionnage, quand le ravitaillement commencera. En réalité, une fois ces diverses nécessités satisfaites, le nombre des animaux disponibles pour la boucherie ne dépassera pas 22,000 environ.

« En ce moment nous consommons avec l'armée 650 chevaux par jour, soit 25 à 30 grammes par habitant, après le prélèvement des hôpitaux, des ambulances et des fourneaux.

25 grammes de viande de cheval et 300 grammes de pain, voilà la nourriture dont Paris se contente à l'heure qu'il est.

Dans dix jours, quand nous n'aurons plus de pain, nous aurons consommé 6,500 chevaux de plus et il ne nous en restera que 26,500. Nous pouvons, il est vrai, y joindre 3,000 vaches réservées pour le dernier moment, parce qu'elles fournissent du lait aux malades et aux nouveau-nés. Mais, alors, comme il faudra remplacer le pain absent, la ration de viande devra être quadruplée et nous serons obligés de tuer 3,000 chevaux par jour. Nous vivrons ainsi pendant une semaine environ.

« Mais nous n'en viendrons pas à cette extrémité précisément parce que le gouvernement de la défense nationale s'est décidé à négocier. On dira peut-être : « Pourquoi avoir tant tardé? Pourquoi « n'avoir pas révélé plus tôt ces vérités terribles? » A ces questions il y a à répondre que le devoir était de prolonger la résistance jusqu'à la dernière limite et que la révélation de semblables détails eût été la fin de toute résistance.

« Mais le ravitaillement marchera assez vite pour que nous ne restions pas un seul jour sans pain. Toutes les mesures que la prudence pouvait suggérer ont été prises, et, pourvu que chacun com-

prenne son devoir, pourvu que les agitations in-
térieures ne viennent pas troubler la reprise de
l'activité industrielle et commerciale, de nouveaux
approvisionnements nous arriveront juste au moment où nous aurons épuisé ceux qui nous
restent.

« Nous avons le ferme espoir, nous avons la certitude que la famine sera épargnée à deux millions
d'hommes, de femmes, de vieillards et d'enfants.
Le devoir sacré de pousser la résistance, aussi loin
que les forces humaines le comportent, nous a
obligés de tenir tant que nous avons eu un reste
de pain. Nous avons cédé, non pas à l'avant-der-
nière heure, mais à la dernière heure. »

Tout cela était-il bien exact ?

Sous le rapport militaire et politique, n'avions-
nous plus rien à espérer ?

Le général Chanzy, — c'était son rôle — voulait
continuer la lutte.

Mais M. de Chaudordy, ministre des Affaires Étrangères à Tours, avait écrit au Gouvernement dès le
16 janvier: « Nous ne pouvons plus nous faire d'illusion sur aucun point, et l'effrayante nécessité de
la capitulation de Paris est inévitable. »

En dehors même de la question des vivres, M. de
Chaudordy avait raison, par ce motif qu'il n'y a
pas de victoire possible pour des troupes sans
éducation militaire et sans organisation, luttant
contre des troupes rompues à la discipline, parfai-

tement conduites et encadrées, et, d'ailleurs, supérieures en nombre.

Mais ce n'est pas là mon point de vue. Pour moi,
il s'agit de l'approvisionnement.

Il est certain, quant à la pénurie si dramatique-
ment détaillée dans la note gouvernementale, que
bien des gens se refusaient à y croire. Entendons-
nous : on ne disait pas que les magasins n'étaient
pas vides ; je donnerai la preuve que ceux de la
Ville au moins l'étaient bien réellement. Mais on
reprochait au Gouvernement de ne pas les avoir
garnis au moins dans une certaine mesure ; et on
soutenait que c'était possible.

En acceptant le rationnement, le général Trochu
n'avait-il pas déclaré qu'il comptait davantage sur
le produit des perquisitions ?

Un inspecteur général de la préfecture de Police,
attaché au service de l'approvisionnement pendant
le siège, affirmait au moment de l'armistice, il a
écrit et publié depuis « que Paris pouvait vivre
encore six semaines ou deux mois ; qu'il s'y engageait sur sa tête..... qu'il était autorisé à formuler
cette affirmation si grave par les renseignements
nombreux qu'il possédait sur l'énorme quantité de
vivres dissimulés par les spéculateurs et par ce qui
restait du stock de l'État. »

Il fournissait des renseignements à l'appui de ses
dires et ne demandait que le pouvoir d'agir avec
l'appui de l'autorité.

On refusa de l'écouter, malgré l'intervention de Louis Blanc.

Il ajoute dans son livre que le lendemain de l'armistice, les denrées qui avaient totalement disparu se montraient à profusion sur les marchés et aux étalages des marchands de comestibles.

Ce fait significatif est confirmé par les souvenirs d'une multitude de gens et par tous les journaux de l'époque. L'un d'eux s'exprime ainsi à la date du 28 Janvier 1871 :

« Bien des produits qu'on croyait absolument disparus de la capitale abondent aujourd'hui. Signalons entre autres l'apparition d'énormes tas de graisses et des boîtes de bœuf conservé en daube. Les pommes de terre, les navets, les carottes se montrent aussi en quantités considérables, de manière à arracher des cris d'étonnement à ceux qui, il y a deux jours, avaient vu les éventaires si démunis. Les étalages des épiciers se garnissent de plus en plus. »

Combien nous avons souffert de l'omission d'un recensement précis, tant des personnes que des choses, au début du siège !

Déjà la *Revue des Deux-Mondes* avait signalé la découverte de tonneaux de morue sèche ; d'approvisionnements énormes de riz ; d'avoines entassées dans les greniers de la compagnie des Omnibus, etc.

Maintenant, y avait-il des vivres pour deux mois

ou même six semaines ? C'est un problème qui ne sera probablement jamais résolu. Mais il s'est assez posé dans l'opinion pour que l'histoire en fasse mention.

Quoi qu'il en soit, s'il n'était plus possible de prolonger la résistance, on pouvait tout au moins, en s'y prenant à temps, utiliser ces vivres qu'on savait où prendre, épargner aux assiégés bien des souffrances, et, probablement, sauver bien des existences. N'est-ce donc rien ?

Quant aux magasins régis par la Ville, je les ai vus, ils étaient vides, bien vides; mes notes à ce sujet sont précises. Je ne sais s'il en était de même de tous les autres et je laisse à l'inspecteur général de police la responsabilité de son affirmation.

Voici quel était le bilan des dépôts de la Ville, au 5 février, jour de l'arrivée du premier convoi de ravitaillement.

Afin qu'on puisse apprécier l'importance des reliquats, je reproduis au tableau suivant, en regard de ces reliquats, le total des entrées que j'ai donné déjà au chapitre troisième.

DENRÉES	ENTRÉES	RELIQUATS
Blé	167,757 quint.	40 quint.
Seigle	9,369	85
— concassé . .	1,513	»
Maïs	109	»
Méteil	17	»
Orge	3,321	21

DENRÉES	ENTRÉES	RELIQUATS
Riz	41,142 quint.	881 quint.
Avoine	11,506	»
Haricots.	3,450	28
Pois	6,475	1,909
Café	1,118	256
Poivre	761	754
Farines diverses . .	538,331	4,542
Son	37,021	19,117
Issues	129	92
Semoules	201	»
Fécules	1,304	»
Pommes de terre. .	32,043	»
Oseille	661	382
Julienne.	18	18
Beurre . . , . .	1,729	354
Gruyère.	928	346
Sel	113,485	74,958
Fromage de Hollande	963	13
Saindoux	332	280
Lard	5,819	»
Bœuf salé	517	»
Conserves (bœuf et mouton)	5,950	478
Conserves (âne) . .	20	20
— (cheval) .	78	19
Graisse alimentaire .	1,050	189
Saucisson de cheval.	78	19
Thon.	70	40
Maquereau. . . .	246	21
Harengs.	2,880	15
Morue	2,356	12
Sardines	448	195
Gélatines	227	144

DENRÉES	ENTRÉES	RELIQUATS
Suif	538 quint.	423 quint.
Tourteaux	5,000	1,912
Chlorure de chaux .	2,121	1,990

L'opinion de M. Jules Simon, doublement précieuse, en sa qualité de président de la commission des Subsistances et d'esprit ennemi de l'exagération, est très formelle sur le fait de l'épuisement des ressources.

Toutefois, il concède que « quelques mesures auraient pu être prises plus tôt et exécutées avec plus d'énergie; qu'on aurait pu, en perfectionnant les procédés de distribution et de rationnement, apporter quelques adoucissements aux souffrances de la population. »

Ceci est à retenir.

CHAPITRE TREIZIÈME

RAVITAILLEMENT

Premiers essais de ravitaillement. — Routes du ravitaillement. — Notre ambassadeur à Londres. — M. Magnin à Dieppe. — Dons anglais. — Marchés du ravitaillement. — Etat des arrivages au 1er mars 1871. — La houille; taxe. — La compagnie du Chemin de fer du Nord. — M. Jules Ferry. — M. Clamageran. — M. Léon Say. — Ventes régulatrices.

Maintenant, c'était du ravitaillement qu'il s'agissait.

Une note gouvernementale du 12 Janvier 1871, insérée au *Journal Officiel,* avait fait connaître, on s'en souvient, de prétendus dépôts de vivres établis sur des quais de chemins de fer, tout prêts à partir pour Paris. Depuis lors, il n'en a plus été question. Ce n'avait-il donc été qu'un appât offert aux malheureux assiégés, comme plusieurs l'avaient soupçonné ?

Le 31 Janvier, trois jours après la capitulation, nous apprîmes, par le *Journal Officiel,* que le Gouvernement avait mandé à notre ministre à Londres, M. Tissot, d'expédier sans retard sur le port de Dieppe, tout ce dont il pourrait disposer et que le ministre avait répondu en promettant toute diligence.

« Le port de Dieppe a dû être choisi, disait la note, bien qu'il soit aux mains de l'ennemi, parce qu'il est le seul en communication avec les lignes ferrées qui n'ont pas été dévastées. Du Havre à Rouen, de Rouen à Paris, de graves dégâts empêchent la circulation. Il faudra de Rouen se diriger sur Amiens, Creil et Gonesse. Grâce à l'activité des administrateurs de nos lignes, nous espérons que, dans un délai très court, les chemins d'Orléans — Bordeaux et de Lyon — Bourbonnais pourront être utilisés... Un télégramme, arrivé à Versailles, annonce qu'à Bruxelles une grande accumulation de vivres a été faite. Malheureusement les lignes du Nord sont rompues... Les journaux Anglais nous font connaître que l'opinion est vivement émue de l'état de Paris, et que, dès le 25 Janvier, le Lord-Maire invitait tous les marchands à se préoccuper du ravitaillement de Paris. Ils peuvent le faire en toute sécurité : l'heure des réquisitions est passée, et ce sera désormais grâce à la concurrence que produit la liberté du trafic que Paris pourra être abondamment pourvu de tout ce qui lui est nécessaire. »

Le 2 Février, le Gouvernement annonçait qu'il avait contracté des marchés importants, mais qu'il n'entendait pas substituer son action à l'activité commerciale et à l'initiative privée.

Nous allons voir tout à l'heure comment il tint cet engagement.

Les réquisitions furent toutes levées du 6 au 8 Février.

Le 3, Paris, plus nerveux que jamais, avait eu une souleur. Les journaux officieux ayant annoncé que **M.** Magnin se rendait à Dieppe pour surveiller le transport des denrées du ravitaillement: « Il va tout gâter, » fut le cri à peu près général des journaux.

Heureusement, il n'en fut rien. Le 5, Paris apprit l'arrivée des dons Anglais, magnifique cadeau de la capitale Anglaise à la capitale Française.

Puis, tous les jours, jusqu'au 1er Mars inclusivement, le *Journal Officiel* eut un bulletin de ravitaillement.

La farine et l'épicerie arrivèrent d'abord; puis, la viande fraîche si désirée.

Mais le ministre ne fut pas fidéle à sa promesse de laisser au commerce la marge nécessaire pour se mouvoir. Par trop de zèle, il s'empressa de lui barrer la voie.

Les marchés du ravitaillement ne furent pas moins étonnants que ceux de l'approvisionnement.

Cette fois comme l'autre, on négligea les négociants sérieux. Parmi les co-traitants du ministre, on trouve : un imprimeur, un marchand de caoutchouc, un marchand de papiers peints, un boucher failli, des aventuriers, des aventurières et même des repris de justice.

De plus, les marchés ne comportant livraison que

dans les quinze ou vingt jours qui suivraient l'ouverture des chemins de fer, Paris avait le temps de mourir de faim.

« Malgré notre ferme intention de tenir largement compte des circonstances dans lesquelles ces marchés ont été conclus, dit un rapport parlementaire, nous ne pouvons nous empêcher de regretter que le ministre du Commerce, traitant au nom de l'État, ait poussé aussi loin l'oubli de toute précaution et accueilli indistinctement toutes les offres. Ce n'est pas sans un pénible étonnement que nous avons vu sa signature compromise à côté de celle de gens tarés et l'un des contractants passer sans transition du banc de la police correctionnelle dans le cabinet du Ministre pour y souscrire un marché de six millions de francs. Déjà dans d'autres rapports nous avions signalé des faits de ce genre et les déplorables antécédents de plusieurs des titulaires des marchés et de leurs associés. Nous ne disions donc rien de trop, quand, dans des rapports antérieurs, nous déclarions que le choix des contractants avait été fait sans souci apparent des premières et des plus élémentaires garanties de moralité, de crédit ou de réputation.

« Un fait a paru surtout digne de remarque à votre commission, dit l'honorable M. de Saint-Victor, il faut sans doute l'attribuer aux préoccupations du moment. Le ministre ignorait le chiffre

total des engagements souscrits par lui et c'est
votre commission qui lui a appris que ces engagements se montaient à la somme énorme de
86 millions. »

Certes, il n'y eut jamais circonstances plus impérieuses !
Mais . . . .   86,561,827 fr.
de marchés divers. quand il suffisait de
pourvoir Paris pendant dix jours ! Heureusement, les annulations se sont élevées
à . . . .   29,958,000 fr.
les transactions à . . .   1,432,500
les réductions à . . .   36,640,649
                         ____
                          68,031,149 fr.   68,031,149

Reste pour marchés exécutés en totalité
ou en partie (5 0/0 environ). . . . . .   18,530,678 fr.

On voit ce que valaient ces marchés. Je n'entre
pas dans les détails. Je ne cherche que la leçon,
et, ce qui me frappe surtout, c'est l'inexécution des
quatre cinquièmes des engagements pris.

Que serait-il arrivé, si les déficits avaient
atteint ces proportions lors de l'approvisionnement ?

C'était la capitulation à brève échéance.

Les marchés Ferrand et Barthélemy, passés en
vue de ravitaillement par la délégation de Tours,
ne valaient pas mieux ; on se souvient des procès
scandaleux qui s'ensuivirent.

Dans les marchés du ministère du Commerce,

la farine figurait pour 262,990 quintaux dont 28,140 quintaux au taux exhorbitant de 75 fr., le surplus à 63 fr. 70, 50 fr. et 48 fr. 30 le quintal.

On en avait même acheté à l'intendance prussienne, au prix de 60 francs, 3,400 quintaux, une demi-journée de Paris. Cela valait-il la peine d'affronter ce contact ?

La ville de Paris crut devoir acheter aussi de la farine ; prévoyante et renseignée, elle s'adressa aux courtiers et négociants sérieux. Elle acheta 142,158 quintaux, ce qui, avec les marchés du Ministère donnait 405,148 quintaux, soit deux mois d'alimentation ; c'était évidemment excessif.

Mais, il est à remarquer que, sur les 142,158 quintaux achetés par la Ville, la presque totalité, 135,724 quintaux ne fut payée que 49 fr. 78 le quintal (soit même 49,04 en défalquant la commission du courtier), preuve nouvelle de l'avantage que l'on trouve, surtout en ces circonstances difficiles, à n'employer que le négoce correct. Il faut dire encore que l'intervention de la Ville fut justifiée largement par ce fait que, sur les 262,990 quintaux achetés par l'Etat, il n'en fut livré que 38,624 quintaux. Deux marchés, de 100,000 quintaux chaque, n'ont absolument rien produit.

Les traités comprenaient, d'ailleurs, en dehors de la farine, des fournitures fantastiques.

Ainsi, 201,000 quintaux de blé. Pourquoi faire ? C'était de farine qu'il s'agissait.

55,000 quintaux de lard et jambon ;

33,000 quintaux de bœuf fumé et de conserves ;

40,000 bœufs environ ;

50,000 moutons ;

712,000 quintaux de pommes de terre ;

4,500 quintaux de fromage.

De tout cela, il fut livré plus ou moins, dans la proportion d'un cinquième environ. Si l'on avait tout livré, le commerce des denrées alimentaires était tué pour deux mois. D'autre part, le ministère, qui avait acheté fort cher, eût été obligé, vu le pléthore, de revendre en baisse, et le Trésor eût fait une grosse perte.

Au demeurant, on avait agi exactement comme Clément Duvernois. On avait acheté à tous prix et de toutes mains. Mais, au mois d'Août 1870, l'investissement était imminent et allait fermer toute voie à l'approvisionnement, tandis que, au mois de Janvier 1871, l'investissement allait cesser et ouvrir la porte au pourvoyeur par excellence, la libre industrie. Là est la différence.

En un mot, sans les achats de Clément Duvernois, pas de résistance possible ; tandis que nous aurions été ravitaillés par le commerce, si, en Janvier 1871, on n'avait acheté que peu de choses.

On a dit, pour expliquer ces exagérations, que le Gouvernement pouvait redouter une reprise des hostilités, et que, dans cette hypothèse, il fallait approvisionner Paris.

D'abord, qui croyait à la possibilité d'une reprise des hostilités ? M. de Chaudordy n'avait-il pas dénoncé la situation désespérée de nos armées?

Et puis, quelle manière d'approvisionner Paris? Des fournisseurs de farine qui ne peuvent arriver à fournir plus de 38,624 quintaux (six jours de pain), sur les 262,990 quintaux qu'ils ont promis.

Alors, quoi? Qu'y avait-il? Il y avait en 1871 ce qu'il y avait eu en 1870, des camaraderies, des recommandations, des complaisances, pas mal d'aigrefins derrière quelques honnêtes gens.

Il y en a toujours, il y en aura toujours. On devrait cependant essayer de faire qu'il y en ait le moins possible.

Les compagnies de Chemins de fer firent des prodiges. Du 5 Février au 1er Mars 1871, nonobstant l'état des voies et du matériel, elles apportèrent à Paris :

Bœufs et vaches.. . . .	23,662 têtes
Moutons	23,358 —
Porcs.	8,632 —
Vins, bières, alcools . . .	447,972 hectol.
Conserves, salaisons, lards	15,527,738 kilog.
Poisson	3,850,612 —
Grains	26,625,305 —
Farines	49,576,154 —
Biscuit	11,479,122 —
Sel	522,974 —
Sucre.	590,001 —
Graisses et beurres . . .	1,288,000 —

Fromages	812,039 kilog.
Huiles	375,711 —
Pommes de terre, légumes	17,419,588 —
Fruits.	906,111 —
Fourrages	3,702,610 —
Tourteaux	520,189 —
Divers	6,694,697 —
Combustibles	52,079,990 —

Ces chiffres comprennent la totalité des apports, y compris ceux du commerce.

On a remarqué le chiffre du combustible. La distraction du Gouvernement qui l'avait totalement négligé, comme je l'ai dit, fut réparée par la compagnie des Chemins de fer du Nord qui céda à la Ville et au public de la houille à des prix raisonnables.

C'est à propos de la houille qu'on eut recours pour la dernière fois aux mesures obsidionales.

Comme la compagnie du Nord accordait un tarif de faveur au trafic du ravitaillement, des industriels en profitèrent pour se faire adresser des charbons sous le couvert de la ville de Paris. Ils réalisèrent ainsi quelques bénéfices sur le transport, puis vendirent ces charbons au public à un taux exorbitant. M. Jules Ferry, pour empêcher cette exploitation, taxa la houille.

Ne suffisait-il pas de jeter, pendant quelque temps, sur le marché de Paris, du charbon à un prix modéré et en quantités suffisantes? On y vint, et cela valut mieux que la taxe, qui devenait un anachronisme, mais que les intéressés avaient réclamée, on doit le dire.

M. Clamageran estime qu'il eût fallu s'assurer une ou deux semaines de farine, et, pour tout le reste, avoir foi dans la liberté. De la farine seulement, ce n'était peut-être pas tout à fait assez. Mais, entre ce *minimum* et les exagérations d'un ravitaillement de 86 millions, il y avait de la place pour de la bonne administration.

M. Léon Say, parlant au Conseil Municipal, s'est prononcé aussi contre les marchés du ravitaillement.

Mes notes me permettent d'affirmer que les premiers achats ont été utiles. Ils ont remédié aux variations excessives qui se produisaient dans les cours.

Dans ce but, l'approvisionnement ministériel a été vendu, d'abord, par les facteurs à la Halle.

Ainsi, 520,000 kil. de beurre ont été vendus au taux de 1 fr. 45 le kilog.

Les œufs ont été vendus à 60 fr. le mille, c'est-à-dire à 0 fr. 06 pièce.

Il a été vendu 72,000 kil. de fromages à 1 fr. 35 le kilog.

Les facteurs à la criée de la viande de porc ont vendu 99,000 kilog. de porc salé et de jambon au prix de 1 fr. 40 le kilog., et 79,000 kilog. de viande de bœuf et de mouton à 0 fr. 45 le kilog.

Les poissons salés et fumés se sont d'abord très

bien vendus; puis on en a jeté sur le marché de telles quantités que les cours en ont été écrasés et qu'il a fallu suspendre la vente.

Les choses humaines ont leurs compensations. Le ministère ayant mal placé ses achats n'en avait tiré qu'un cinquième. Il en est résulté que presque tout a été écoulé avant l'avènement de la Commune et que l'État n'a pas beaucoup perdu.

La Ville s'étant adressée à des fournisseurs sérieux a reçu les trois quarts de ses achats; mais il lui restait beaucoup de farines en magasins au 18 mars 1871.

Les employés principaux de la caisse de la Boulangerie sont restés courageusement à leur poste, à Paris, pendant toute la durée de la Commune, pour opérer la livraison de ces farines et sauvegarder les intérêts de la Ville.

Ils en ont livré 90,000 quintaux environ, mais, en très grande partie, contre *bons de pain* dont on peut chiffrer la valeur à quatre millions environ.

CHAPITRE QUATORZIÈME

BILAN

Les dépenses de l'État. — Celles de la Ville ; M. Vautrain, président
du Conseil Municipal. — Celles des mairies. — M. Dubief et son
rapport au Conseil Municipal. — Le gaspillage. — Résumé.

Combien tout cela a-t-il coûté?

S'il n'est au pouvoir de personne, et pour
cause, de le dire avec une précision absolue, on
peut du moins reproduire les chiffres des comptes
officiels. Ils indiquent assurément de l'argent dépensé, s'ils n'indiquent pas toujours des marchandises payées ou des services rendus.

Il y a la part de l'État et celle de la Ville.

En ce qui concerne l'État, les crédits ouverts s'élèvent
à . . . .   169 574,042 fr. 28
Les dépenses constatées s'élèvent
pour l'ensemble, à   166,114,538   31
sur lesquels il a été recouvré, en
1870. . . . .   82,089,238 fr. 5
en 1871. . . .   14,640,222   48

ENSEMBLE. .	96,729,470 fr. 53	96,729,470 53

Reste pour dépense nette. . .   69,385,067 fr. 78

Voilà pour l'État. La déperdition est effrayante.

Il y a, ou il y avait naguères encore quelques difficultés entre la Caisse Municipale et le Trésor. La Ville réclamait à l'État des droits d'octroi; l'État réclamait à la Ville le prix de denrées livrées et non payées. Le litige qui, je crois, n'atteint pas même deux millions, sera réglé probablement, si ce n'est déjà fait, par une transaction.

En tout cas, le compte à faire ne peut diminuer cet énorme déficit qui se compose de frais d'assistance; de fraudes dans les livraisons; de marchés plus ou moins bien exécutés; mais surtout de gaspillage et de mauvaise administration.

La Ville n'a guère été plus heureuse. Là aussi les justifications sont très incomplètes; mais la perte sèche doit être d'au moins trente millions, au dire des spécialistes.

Elle avait acheté, au moment du ravitaillement, pour 7,316,108 francs de farines. M. Vautrain, président du Conseil Municipal, a évalué, dans un rapport officiel, à un million de francs, les quantités anéanties par les incendies des magasins généraux de la Villette et du boulevard Bourdon ; plus, à 300,000 francs, la perte sur 30,000 quintaux de farines qui n'étaient pas encore livrés au moment où l'insurrection a éclaté. D'autre part, certains boulangers n'ont pas soldé les farines dont la caisse de la Boulangerie leur avait fait l'avance, et le Conseil Municipal, qui s'est montré coulant, a subi, de ce chef, une perte dont le compte n'est pas encore, je crois, entièrement réglé.

Il y a de plus les *bons de pain* dont 7,800,000 francs sous le siège et 4,000,000 sous la Commune, au total 11,800,000 francs. Et il ne s'agit ici que des bons reçus en payement de farines ; mais la Ville en a dû rembourser en argent.

Dans une note officielle de 1871, M. Pelletier estime les bons restant à payer, à 3,000,000 de francs.

Donc, valeur totale des bons de pain, 14,800,000 francs.

Il y a encore des frais de personnel, de manutention, de minoterie, de réquisition, de transport, de combustibles, etc. dont l'incendie de l'Hôtel de Ville a détruit les pièces justificatives et qui composent certainement la presque totalité des 5,929,688fr., 86 inscrits au compte de 1870, sous cette rubrique candide : *Dépenses que, faute d'indications suffisantes, il n'est pas possible de classer dans les divers chapitres du budget :* puis, 440,000 francs de houille ; 1,044,217 francs de vins ; 368,362 francs de magasinage, etc.

D'autre part les mairies ont manié des sommes énormes : 33,023,503fr., 95 au total.

« Vous devinez aisément, disait l'honorable M. Dubief (Directeur de Sainte-Barbe) au Conseil Municipal, dans un rapport sur la comptabilité des mairies pendant le siège, vous devinez aisément la

lifficulté d'étudier dans ses détails, de juger sûre-
nent une partie de la gestion des maires qui, par
a force des choses, a été souvent incorrecte et
ur laquelle les documents nous font le plus sou-
rent défaut. Investis à l'improviste de fonctions
auxquelles, en général, ils n'étaient pas préparés,
ivrés à leur propre initiative, sans instructions
officielles, ces officiers municipaux ont été obligés
le se servir d'auxiliaires multiples, choisis à la hâte
et qui n'avaient pas toujours la pratique des affaires. »

On a vu qu'il avait été distribué en secours une
somme de 7,887,898 fr. 33 dans les vingt Mairies.

Les frais de guerre proprement dits, organisation
le la Garde Nationale, enrôlement des volontaires,
ambulances, etc. se sont élevés à 2,778,020 fr. 19.

Le surplus, ving-trois millions environ, est applicable aux comptes avec le ministère du Commerce
et à bien d'autres choses.

Certains maires avaient, en effet, singulièrement
étendu leurs attributions. Dans le IIIe arrondissement
on réparait des armes; dans le XIIIe, on fabriquait
des projectiles (qui ont servi à la Commune); dans
le XIe, on faisait des prêts d'argent; etc. etc. L'a-
narchie était dans la comptabilité, comme ailleurs,
comme partout.

Le tableau suivant donne une idée des opérations
des mairies, au moins quant aux résultats financiers.

ARRONDISSEM.	POPULATION	INDIGENTS	DÉPENSES		RECETTES		EXCÉDANT		DÉFICIT	
Ier	90,000	8,000	1,262,368 fr.	82	1,257,580 fr.	37			4,788 fr.	45
IIe	89,000	12,000	1,436,275	19	1,435,618	46			656	73
IIIe	110,000	24,000	1,893,445	74	1,569,702	45			323,443	29
IVe	102,000	19,000	1,259,880	8	1,260,630	71	750 fr.	63		
Ve	99,600	15,000	1,570,146	38	1,405,458	89			164,687	49
VIe	102,000	15,000	1,608,650	75	1,607,987	75			673	»
VIIe	80,000	10,800	603,664	6	616,643	96	12,979	90		
VIIIe	80,000	8,000	308,996	94	307,642	24			1,354	70
IXe	145,000	14,500	1,930,216	25	1,861,171	90			69,044	35
Xe	150 000	20,000	404,818	10	407,176	3	2,357	90		
XIe	170,000	30,000	1,210,619	1	809,545	17			401,073	84
XIIe	112,000	25,000	588,320	92	615,425	35	27,104	43		
XIIIe	78,500	34,000	482,366	97	388,801	76			93,573	21
XIVe	95,000	15,000	1,076,528	60	1,124,379	63	47,851	3		
XVe	76,000	24,000	456,349	4	399,857	63			56,491	41
XVIe	60,500	12,000	859,446	45	915,125	11	55,708	66		
XVIIe	136,000	39,454	2,520,168	58	2,243,059	80			277,108	78
XVIIIe	136,000	60,000	2,566,142	24	2,503,878	28			62,263	96
XIXe	113,000	66,000	701,244	87	603,150	76			98,094	11
XXe	120,000	20,000	1,676,825	34	1,732,405	16	55,579	82		

Les déficits, 1,350,000 fr. (excédents déduits) s'ajoutent aux dépenses de la Ville.

L'honorable M. Dubief dit encore sur la gestion extraordinaire des maires : « Sous la pression des événements, les diverses catégories des recettes et des dépenses effectuées dans les arrondissements ont été mêlées les unes avec les autres. C'est souvent avec le produit des denrées non payées au ministre du Commerce qu'on a alimenté la caisse des secours, le service des cantines, etc. etc ; il y a eu confusion des fonds qui n'auraient dû être affectés qu'au payement des frais de guerre et de secours avec ceux des services spéciaux des subsistances et du chauffage. »

Le XIe arrondissement, l'arrondissements populaire par excellence, avec 170,000 habitants dont 30,000 indigents, n'a dépensé que 1,210,619 fr. 01, tandis que le IXe, avec 115,000 habitants, dont 14,500 indigents seulement, en a dépensé 1,930,216 fr. 25. Pourquoi ?

Le VIIe et le VIIIe, avec un nombre égal d'habitants et un nombre à peu près égal d'indigents, ont dépensé l'un 603,664 fr. 06 ; l'autre 308,996, fr., 94. Pourquoi ?

Le Xe, avec 150,000 habitants et 20,000 indigents, a dépensé seulement 404,818 fr. 10 ; tandis que le IIe, avec 89 000 habitants et 12,000 indigents, en a dépensé 1,434,275 fr. 19. Pourquoi ?

Le XIXe avec 113,000 habitants et 66,000 indigents

n'a dépensé que 701,244 fr. 87 ; tandis que le XXe, avec 120,000 habitants et 20,000 indigents, en a dépensé 1,676,825 fr. 34. Pourquoi? Et ainsi de suite.

Le Conseil Municipal de 1872 ne paraît pas s'être préoccupé de ce côté de la question.

Ne pouvait-on demander à chaque mairie un compte moral et financier ?

Ce compte n'aurait évidemment pas été complet. Mais, enfin, il eût contenu des indications utiles.

Au demeurant, les mairies ont dépensé, sans le moindre contrôle ni la moindre méthode, 33 millions, dont un tiers, environ, représentant le prix de denrées distribuées, est couvert par des recouvrements sur les acheteurs. Pour le surplus, les caisses d'arrondissements ont dépensé les allocations gratuites de la Caisse Municipale et les dons de la charité privée.

Ces indications, tout incomplètes qu'elles sont, suffisent à donner une idée du gaspillage d'argent, du désordre administratif qui caractérisent cette néfaste époque.

Au total, l'État a perdu 100 millions, la Ville 30 millions, au bas mot.

Voilà le bilan.

Au résumé, je n'accuse pas les intentions. Il n'y eut jamais plus terribles circonstances. Mais on a accumulé les maladresses.

En politique, on a déclaré la guerre sans être prêt.

En diplomatie, pendant que M. Thiers négociait avec l'Europe un arrangement qui aurait toujours mieux valu que l'écrasement final. Jules Favre, par sa déclaration dramatique : « ni un pouce de notre territoire, ni une pierre de nos forteresses, » lui ôtait toute chance de succès.

Quant à l'approvisionnement, objet spécial de cette étude, nulle méthode, nulle prévoyance.

Approvisionnement fait sans souci des intérêts du Trésor, et, surtout, sans souci des meilleurs moyens d'en assurer le succès : omission du combustible, du sucre, du café, etc.

Pas de recensement sérieux de la population ni des denrées ;

Compétence insuffisante de la commission des *Subsistances ;*

Abandon de la distribution à des maires et à un personnel pour le moins inexpérimentés ;

Répartition de la viande de boucherie sans contrôle et sans garantie ;

Gaspillage de la viande de cheval par les abatages clandestins, presque jusqu'au dernier jour ;

Rationnement tardif et, partant, anti hygiénique, du pain ;

Réquisitions incomplètes, annoncées d'avance, sans préparation, partant sans profit sérieux ;

Nulles répressions ;

Mesures extrêmes, fâcheusement amoncelées sur les derniers jours.

Je m'arrête ici.

Et, maintenant, quelle conclusion tirer de tout ceci, au point de vue qui nous occupe ?

Est-ce l'appréhension ou le découragement ?

Bien au contraire !

Si l'approvisionnement de 1870, très médiocrement exécuté et distribué, a cependant duré quatre mois et vingt jours, c'est que ce n'est pas œuvre si difficile.

Donc, on pourrait recommencer.

Mais il faudrait s'y prendre autrement ; il faudrait s'y prendre mieux, afin de ne pas mériter une seconde fois le jugement porté par M. de Molinari dans la *Revue des Deux-Mondes* du 15 février 1871.

« Si la population de Paris a pu vivre, ce n'est pas parce que l'Administration s'est mêlée de la nourrir, c'est *quoique* elle s'en soit mêlée. »

PRÉVISIONS

CHAPITRE PREMIER

PRÉPARATION

Création d'un service spécial de *l'approvisionnement de Paris en cas de guerre*. — Commission technique; sa composition. — Employés techniques. — Agences d'arrondissement; leur travail; leur composition. — Travaux de la Commission; — Loi spéciale; — approvisionnements; — achats: — réquisitions; — transports; — recensements; — taxes; — distribution; — rationnements; etc. — Avis des Conseils Municipaux intéressés.

Le travail qui précède serait incomplet si l'on n'en tirait quelques conclusions pratiques au point de vue de circonstances à prévoir.

Je n'ai la prétention ni de tracer un plan, ni de donner des conseils. Je me contente d'appeler l'attention sur les lacunes constatées en 1870 et 1871, dans *l'approvisionnement* et la *distribution*, en y ajoutant certaines indications de nature à prévenir le retour des mêmes fautes en pareille situation.

Ceci est surtout un texte à discussion. Si les économistes et les administrateurs veulent bien se préoccuper des questions qui n'y peuvent être que posées avec quelques données pour aider aux solutions, mon but sera pleinement atteint.

L'approvisionnement de Paris, en cas de guerre, est inhérent à la défense nationale. On ne se figure pas la France luttant encore, pendant que Paris, manquant de vivres, serait tombé au mains de l'Allemand.

Que faire contre un ennemi nanti d'un pareil otage? Tout serait fini.

Dès lors, pourquoi ne pas étudier et préparer l'approvisionnemeut de Paris comme on étudie et prépare la mobilisation de l'armée, les résistances locales, les bataillons de montagnes, l'exploitation militaire des chemins de fer, etc., en un mot tous les services de la défense?

Dans les cercles qui s'en occupent, l'opinion, unanime, demande la création d'un *service spécial de l'approvisionnement de Paris*, composé d'une commission et d'employés techniques.

Je dis : *service spécial.* C'est indispensable. Entre Paris et les autres places fortes, il n'y a aucune parité. Cela n'a pas besoin de démonstration.

Le service de Paris est un service d'État.

La commission serait purement administrative et scientifique. Pas de politique, partant pas de politiciens : des fonctionnaires et des spécialistes. On la voudrait également peu nombreuse. Les commissions populeuses sont lentes à la besogne, indiscrètes, en proie aux coteries.

J'ai dit: des fonctionnaires : non de ceux que le vent promène, des ministres et des préfets ; ce serait condamner la commission à n'avoir de suite ni dans les idées, ni dans les travaux : mais de ceux qui ont fait leur carrière dans les ministères ou les préfectures, qui en représentent la permanence, l'utilité et les connaissances pratiques : des chefs de service vieillis sous le harnais.

Des spécialistes, c'est-à-dire des hommes appartenant à la science, au grand commerce et à la haute industrie.

Les administrations et corporations qui devraient figurer dans la commission paraissent être :

1° Le ministère du Commerce, comme pourvoyeur et distributeur général, avec la plus grosse part de travail et de responsabilité. Il est équitable de lui attribuer deux voix :

L'opinion générale ne reconnaît pas à l'autorité militaire les aptitudes et connaissances indispensables pour administrer et surtout distribuer l'approvisionnement, mais elle doit être consultée ; donc

2° Le ministère de la Guerre, pour l'entente à établir entre la direction de la défense et celle de l'approvisionnement, ainsi que pour les très utiles renseignements qui peuvent être fournis par l'intendance militaire, concernant les denrées et les achats : une voix ;

3° Le ministère des Travaux publics, pour les arrangements à conclure avec les compagnies de Chemins de fer et pour le service de mouture des blés de l'approvisionnement ; pour les questions relatives aux usines, travaux administratifs ; etc. : une voix ;

4° Le ministère de l'Intérieur, comme tuteur de

la ville de Paris d'abord, puis des communes du département de la Seine, du département de Seine-et-Oise et des autres départements, dont les habitants, à un titre quelconque, seront atteints par les conséquences de l'investissement, transport des denrées agricoles dans le périmètre des forts, émigrations, assistance, etc. : une voix ;

5° Le Ministère des Finances, pour les crédits à ouvrir, les modes de payement, les droits de douane et d'entrée, l'inspection des caisses et comptabilités spéciales, etc. : une voix ;

6° La ville de Paris: deux voix ;

7° L'assistance publique : une voix ;

8° La préfecture de Police: une voix ;

9° L'Académie de Médecine: une voix ;

10° La Chambre de Commerce: une voix ;

11° Les compagnies de Chemins de Fer: une voix ;

12° Les magasins généraux : une voix ;

13° La Chambre syndicale du commerce d'Alimentation : une voix.

Total quinze voix et dix-sept voix, avec celles du Président et du Vice-Président.

Les fonctions de président sont fort importantes ; elles réclament un spécialiste et un homme haut placé ; un Sénateur, par exemple, qui soit à la fois un économiste notable et un ancien administrateur mêlé de près en 1870 aux affaires de l'approvisionnement.

Le Vice-Président pourrait être un conseiller

d'État. Aux aptitudes spéciales des autres membres de la commission, il ajouterait ses connaissances juridiques et administratives.

Une fois constituée et bien composée, il serait très désirable que la commission pût échapper à l'instabilité qui est le côté faible du régime actuel. Cette permanence relative est indispensable pour la conservation du résultat de ses études. Comment, en effet, serait-elle toujours prête à fournir un conseil, un renseignement, ou, mieux encore, à faire son service de guerre, si des renouvellements venaient y interrompre à chaque instant les traditions? Comment pourrait-elle remplir utilement, pendant le siège, le rôle qui lui est tout naturellement dévolu de *commission des Subsistances*, si un certain nombre des membres qui auront étudié *la distribution* n'était plus là?

Il est indispensable aussi qu'elle ait deux ou trois secrétaires attentifs, exacts et laborieux, afin de conserver des procès-verbaux détaillés de ses séances.

Les renseignements ne lui feront pas défaut, en ce qui concerne la situation économique générale et l'histoire spéciale de l'approvisionnement en 1870.

En dehors des statistiques officielles, tarifs de douane et de chemins de fer, états mensuels des magasins généraux, comptes de l'octroi de Paris, rapports annuels sur les consommations, journaux spéciaux, mercuriales, ouvrages de MM. Jules Simon,

Cheysson, Sueur ; notes de M. Pelletier, etc., elle pourra faire appeler et interroger :

Les anciens administrateurs du ministère du Commerce sur le fait des achats ;

L'ancien Directeur de la caisse de la Boulangerie sur les questions relatives à la farine, au pain. et aussi au magasinage ;

Les facteurs à la halle ;

Les principaux courtiers du marché aux bestiaux ;

Les ingénieurs et les chefs de service de la Ville, sur le nombre de chevaux indispensables aux services publics, nettoiement, omnibus, pompes funèbres, etc. ; sur la salubrité, le service des eaux, l'éclairage, etc. ;

Les magasiniers généraux ;

Enfin toute personne qu'elle jugera utile d'entendre.

Ce qui lui manquera, ce sont les informations sur la situation économique au jour le jour de Paris, sur les modifications de la population, sur les transformations incessantes du commerce d'alimentation, sur les ressources locales de la Ville, sur les stocks commerciaux, sur le débit des marchands de subsistances et denrées, etc.

C'est ici que le service technique devient nécessaire ; nécessaire pour les études préparatoires de la commission, plus nécessaire encore pour la *distribution*, quand le moment sera venu, surtout si l'on adopte du premier coup le *rationnement* ou si l'on est obligé d'y venir. Et il n'est au pouvoir de personne d'affirmer qu'il n'en sera pas ainsi.

Il faut donc être prêt pour la *distribution*, être prêt pour le *rationnement*, c'est-à-dire tenir sous la main un système organisé, avec les formules de répartition et de comptabilité, arrêtées en *copie*, de manière qu'il n'y ait plus qu'à faire imprimer au nombre d'exemplaires voulu.

Mais il n'est aucune de ces formules qui puisse être établie sans des informations précises sur les détails de la population, sur le nombre, l'importance et la situation des boulangeries, boucheries, épiceries, marchands de comestibles. Il ne suffit donc pas que le service soit technique, il faut qu'il soit local, car ces informations ne peuvent être prises que sur place, et, comme à Paris tout se modifie sans cesse, elles doivent de plus être rajeunies fréquemment, ce qui implique la permanence du service et son installation, comme disent les ingénieurs, à pied d'œuvre.

Dès lors, ce qu'il y a de plus simple est d'adopter la division municipale et de répartir le service technique par *agences d'arrondissement*.

Les mairies étant des centres excellents d'information, auxquels la population est d'ailleurs habituée, on y installerait les *agences*. Avec un peu de bonne volonté, il serait facile de mettre à leur disposition des emplacements suffisants pour y caser quelques tables et y travailler en paix. La Ville ne manquerait pas de faciliter une installation toute dans son intérêt.

Quant au personnel des agences, je crois qu'il suffirait, quant à présent, de le composer de deux employés par arrondissement. Plus tard, s'il était nécessaire, on leur adjoindrait des auxiliaires, suivant les besoins. Comme il faut leur donner un nom, on pourrait les appeler *contrôleurs* de l'*approvisionnement*, et même les orner d'une casquette avec galons hiérarchiques. L'un d'eux aurait le commandement.

Ces cadres seraient sous les ordres d'un haut fonctionnaire qui pourrait être le directeur du Commerce intérieur au ministère du Commerce, suppléé au besoin par le Sous-Directeur. Ces employés supérieurs acquerraient ainsi des connaissances et des aptitudes qui les rendraient fort utiles dans le cas où il faudrait passer de la théorie à l'application.

Voici, en effet, comment peut se comprendre le travail des agences.

La commission établirait un questionnaire. Les contrôleurs de l'approvisionnement feraient les études nécessaires et répondraient par des rapports qui, avant d'être soumis à la commission, seraient vérifiés par le directeur, au moyen de quelques enquêtes locales, puis résumés autant que possible en tableaux pour la commission.

Exemple :

Ces agents auraient à s'assurer, de concert avec les syndicats, de l'importance du débit quotidien des boucheries et boulangeries, afin de pouvoir, en cas de siège, les alimenter de viande et de farine en conséquence. Cela est d'autant plus important, pour les boulangeries notamment, que la caisse de la Boulangerie n'est plus là pour donner de sûrs renseignements.

Ils s'assureraient aussi du nombre des vaches laitières dans Paris, etc.

Autre exemple :

Rien de plus essentiel en cas de siège qu'un bon recensement.

Or, en cas de malheur, Paris peut être investi avec une extrême rapidité.

Il est donc indispensable que l'on soit toujours renseigné sur le nombre et la répartition par ménages de la population. Ce serait l'œuvre permanente et considérable des contrôleurs. Ils pourraient emprunter à la préfecture de la Seine les tableaux par maisons du dernier dénombrement. Pour tenir les tableaux au courant, on obligerait les propriétaires ou leurs représentants à transmettre à l'agence d'arrondissement, après les déménagements et emménagements, comme ils le font déjà pour les percepteurs, un bulletin signalétique indiquant les changements survenus. Cette obligation serait inscrite dans la loi avec la sanction nécessaire. On contrôlerait sévèrement les indications fournies. Ce

serait le cadre toujours prêt d'un rationnement.

La triste expérience de 1870 a démontré ce que
valent les dénombrements hâtifs confiés à des agents
improvisés. On y a perdu en gaspillages près d'un
mois de vivres.

Le directeur, avant d'accepter le travail, s'assu-
rerait naturellement de son exactitude, en faisant
opérer des contre-vérifications dans un certain
nombre de maisons.

Toute l'économie, toute la justice de la distribution, reposent sur l'intégrité du recensement.

Le service technique ne serait donc pas une
sinécure. Il importerait beaucoup, par conséquent,
qu'il fût composé d'employés jeunes, actifs, lettrés,
pouvant aspirer aux emplois supérieurs, et qu'on
ne mît pas là, sous prétexte de leur faire gagner
leurs éperons, les conscrits décoratifs dont sont
encombrées les antichambres ministérielles.

Ces agences pourraient être constituées sans
dépenses spéciales. Rien de plus facile.

Il suffit de détacher des cinq départements ministériels représentés dans la Commission et de la
préfecture de la Seine une quarantaine d'employés,
deux par arrondissement.

Ces détachements se produisent tous les jours
sans rien compromettre.

Il ne faut pas perdre de vue, d'ailleurs, qu'il
s'agit d'un *service d'État*, puisque l'État serait

propriétaire de l'approvisionnement, ainsi qu'on le verra plus loin.

Certainement la constitution d'une *administration spéciale* ou d'une sorte d'*Intendance Civile* aurait des avantages et rentrerait mieux dans nos habitudes : elle est désirable ; mais elle coûterait gros.

Les *détachements*, économiques pour le budget, pourraient d'ailleurs être limités à deux ou trois jours par semaine.

Quant à la rémunération, les employés *détachés* seraient naturellement désignés pour l'avancement, si leur travail donnait satisfaction. En tout cas, il y a dans chaque administration le *fonds des travaux extraordinaires*. Les candidats ne manqueraient pas.

Donc le service technique, dont je viens de tracer une esquisse, n'occasionnerait pas de dépense extraordinaire.

Ainsi organisées, ces agences ne seraient pas sans analogie avec les *sections techniques de chemins de fer*, qui, sans abandonner leur travail ordinaire, se préparent cependant aux services de guerre et sont toujours prêtes à la mobilisation.

Revenons à la commission. Son travail serait considérable.

Il paraît d'abord difficile qu'elle échappe à la nécessité de préparer un projet de loi spécial à l'approvisionnement de Paris en cas de guerre.

En effet, un grand nombre de questions, inhérentes à la situation, mais qui sont du ressort du pouvoir législatif, ont été résolues en 1870 par décrets du Gouvernement de la Défense Nationale qui était une dictature. Or, quand le grand jour viendra, nous vivrons probablement sous un régime régulier, à pouvoir limité par les lois en vigueur. Il est donc nécessaire, sinon de régler tous les points à prévoir par des dispositions législatives, ce qui est assez difficile, au moins, ce qui est à la fois plus pratique et plus délicat, d'autoriser le Gouvernement, par une délégation limitée, à statuer en certaines matières, par simples décrets ou par règlement d'administration publique, c'est-à-dire avec le concours du Conseil d'Etat, suivant les matières.

Voici, en effet, une nomenclature assurément incomplète, des questions législatives que soulève la grande affaire de l'approvisionnement de Paris, sans parler des questions politiques qui frappent tous les yeux, mais qui ne sont pas de mon ressort :

Répartition, entre l'Etat, la Ville et les communes intéressées, de la dépense de l'approvisionnement et des frais extraordinaires d'assistance publique occasionnés par la guerre ;

Modes d'achats, adjudications ou marchés directs ;

Réquisitions des personnes, chevaux, voitures, locaux et denrées ;

Tarifs de transport par voies ferrées ;

Droits de douane ;

Droits d'entrée;

Droits d'octroi;

Recensements des personnes et des denrées; perquisitions éventuelles;

Taxes;

Rationnements, etc. etc;

Il n'est pas un de ces titres qui ne comporte une étude juridique et économique, des dispositions pénales, des questions de garantie, de payement, etc.

La commission pourvoirait surtout, dans son travail, aux nécessités pratiques et administratives. Après quoi, le projet de loi passerait au Conseil d'État qui l'examinerait principalement au point de vue légal.

Une fois préparé, on pourrait le conserver en portefeuille, et, prudemment, ne le produire au Parlement que lorsque le moment approcherait de l'appliquer.

Outre ce projet de loi, la commission aurait bien d'autres études à faire et des décisions à prendre, concernant, par exemple:

La nature et l'importance de l'approvisionnement;

Les cahiers de charge des fournisseurs;

Les mesures à prendre pour attirer dans le périmètre des Forts les denrées agricoles et les bestiaux des régions avoisinant Paris;

Le camionnage;

Les magasins;

L'installation des bestiaux;

Les mesures et soins conservatoires;

L'organisation et les types de la distribution;

La boulangerie;

La boucherie;

Les chevaux;

L'épicerie;

Les combustibles;

L'organisation et les types de rationnement;

Le quantùm des taxes, etc. etc.

Tous ces points seront touchés dans les esquisses qui vont suivre, à mesure que chaque question se présentera. Les solutions que j'indiquerai, comme thème à discuter, s'inspireront naturellement de l'expérience de 1870.

Mais, quand tout cela sera fini, me dira-t-on?.....

Quand la commission et le service technique auront complété leur œuvre de préparation, si cette œuvre n'est pas immédiatement utilisée par les événements, il faudra par des revisions bis-annuelles, la tenir au courant des modifications survenues dans la situation économique et dans la répartition de la population. Ce ne sera donc jamais fini: mais ce sera beaucoup plus facile.

Si l'on veut être prêt sur le terrain spécial de l'approvisionnement comme sur les autres, on fera ce que je viens d'indiquer, d'après les avis les plus compétents, ou quelque chose d'analogue.

Les Conseils Municipaux intéressés auront, d'ailleurs, été consultés.

CHAPITRE DEUXIÈME

PROGRAMME

Répartition de la dépense entre l'État, la Ville et les communes. —
Durée de l'approvisionnement. — Population. — Nature des den-
rées. — Quantités. — Farine, blé, moulins. — Viande et conserves.
— Vaches laitière. — Fourrages. — Huiles. — Fromages. —
Sel. — Riz. — Légumes secs. — Chocolat. — Sucre. — Café. —
Liquides. — Combustibles; houille; bois de chauffage et de bou-
lange; charbon de bois. — Légumes frais. — Excédents problables.
— Devis. — Résultats financiers de l'opération.

Il semble que la commission, avant de s'occuper
des détails de l'approvisionnement, devra statuer
d'abord sur la répartition de la dépense entre l'État,
la ville de Paris et les communes comprises au
camp retranché. Ce sera le premier article de la loi
spéciale.

La dépense se divise en avances pour les achats
de bestiaux et denrées, y compris les transports,
magasinages, manutentions, etc., et en frais d'assistance.

Quant aux avances pour achats de l'approvisionnement, il n'y a pas de doute possible. Il s'agit
d'un intérêt national. Les munitions de bouche sont,
d'ailleurs, des munitions de guerre. L'État doit
avoir la libre disposition des unes comme des
autres. Ayant le commandement, il faut qu'il ait la
responsabilité. Il serait injuste, d'ailleurs, d'im-

poser à la Ville un énorme découvert financier, quand c'est de la France entière qu'il s'agit. C'est donc l'État, représenté naturellement par le ministère du Commerce, qui fera les avances et les achats. Les choses se sont ainsi passées en 1870.

Quant aux frais d'assistance, la première idée qui se présente à l'esprit est de les mettre à la charge de la Ville et des communes ; mais, en y réfléchissant, on est obligé de reconnaître qu'en plus des nécessiteux *ordinaires*, il y aura toute une classe de nécessiteux *extraordinaires*, dont la détresse sera imputable à la situation générale. Dès lors il semble que la question des frais d'assistance doit se régler par un partage entre l'État, la Ville et les communes.

Aux villes et communes, y compris Paris, sera attribuée la dépense applicable aux indigents inscrits dans les bureaux de bienfaisance au moment de l'investissement. Les frais d'assistance du surplus seraient supportés par moitié entre l'État et les villes et communes. Il est juste en effet que celles-ci participent aux sacrifices nécessités par la guerre. Il importe, d'autre part, que leur budget soit engagé pour qu'elles aient intérêt à restreindre l'assistance dans les limites tracées par la raison et l'humanité. La quotité des secours d'argent serait, notamment, déterminée avec toutes les précautions de contrôle nécessaires.

Quant au service matériel d'assistance et aux

avances de fonds nécessitées par ce service, les villes et communes en seraient chargées exclusivement, pour tous les nécessiteux sans exception, sauf compte à faire après la guerre. Il y aurait là, pour les maires et les conseillers municipaux une occupation inhérente à leur mandat et l'on éviterait ces mélanges d'attribution d'interventions et de mises de fonds qui ont occasionné en 1870 tant de désordres et de gaspillages.

Les questions de responsabilité financière et administrative ainsi réglées (ou autrement, si une méthode différente paraît préférable), il s'agira de résoudre les problèmes que comporte l'opération même de l'approvisionnement.

1° Pour combien de temps faut-il approvisionner Paris et les populations comprises au camp retranché?

2° Pour combien de têtes?

3° De quelles denrées doit se composer l'approvisionnement?

4° Quelles quantités de chaque denrée faut-il acheter?

La pensée dominante ici doit être de réunir un approvisionnement suffisant à tous les besoins, je m'exprime mal, dépassant tous les besoins. Il ne suffit pas d'avoir assez; il faut avoir trop.

Il faut aussi qu'il soit hygiénique et économique.

Le premier point est la durée à prévoir.

En 1870, l'approvisionnement, tant de première

ligne, achats, que de seconde ligne, denrées et bestiaux du rayon de Paris, a duré, du 18 Septembre 1870, date de l'investissement, au 5 Février 1871, jour du premier arrivage des ravitaillements ; cent quarante jours, soit quatre mois et demi.

Dans la guerre à prévoir, les armées étant prêtes de part et d'autre, il est vraisemblable que les chocs et, par conséquent, les résultats, se produiront plus vite qu'en 1870, où le travail d'organisation de nos forces improvisées les tenait pendant longtemps en arrière de la ligne de bataille.

Il me semble prudent néanmoins de s'approvisionner pour *cinq mois pleins*, en calculant les quotités de manière à s'assurer de sérieux excédents.

Maintenant, quel sera le nombre de consommateurs à pourvoir?

Le nombre sera beaucoup plus élevé qu'en 1870. En effet, en plus de la population de Paris et des communes du département de la Seine, il faut tenir compte de ce que le périmètre des nouveaux Forts étendu jusqu'à leur limite d'action, comprend un bon tiers du département de Seine-et-Oise et même quelques localités de Seine-et-Marne. On a donc, d'après le dernier recensement :

Pour la ville de Paris	2,344,550 habitants
Pour les communes de la Seine . .	616,539 —
Pour celles de Seine-et-Oise et Seine-et-Marne, environ	300,000 —
Ensemble. . . .	3,261,089 —

Or, bien que, très vraisemblablement, en cas de guerre, les municipalités et les commerçants des villes, bourgs et villages de la banlieue militaire de Paris ne manqueraient pas de les approvisionner pour un certain laps de temps, il est prudent de mettre les choses au pis et de les comprendre dans l'approvisionnement général, comme si on devait avoir à les nourrir depuis le premier jour jusqu'au dernier. En 1870, les soixante-dix communes du département de la Seine sont venues, toutes, les unes un peu plus tôt, les autres un peu plus tard, puiser dans nos réserves.

Nous avons donc 3,261,000 consommateurs. Mais il faut, d'une part, en défalquer les émigrations, qui, vu la perspective des privations forcées, vu les souvenirs de 1870, vu les avis répétés de l'Administration, dépasseront celles du dernier siège. Prenons-les pour 400,000, au lieu de 300,000, comme en 1870. Si, d'autre part, on évalue à 120,000 le nombre des réfugiés (60,000 en 1870), qui, en plus des habitants du périmètre déjà comptés, viendront des départements voisins s'ajouter à l'ensemble, on trouve que la masse à pourvoir, largement appréciée, sera de 3 millions.

Donc, nous établirons nos calculs sur cinq mois et 3 millions d'habitants, au lieu de deux mois et 1,825,000 consommateurs comme en 1870.

Maintenant, quelles denrées?

Des denrées de conservation facile, les mêmes

pour tous, se rapprochant des subsistances militaires et telles que, s'il en restait en magasins, elles pussent être consommées par la Guerre et la Marine, sans grand dommage pour le Trésor. Quant aux aliments accessoires, comme les conserves de légumes, les confits, les fruits du Midi et même les beurres salés ou fondus, etc. etc, on laisserait le soin d'en approvisionner Paris au commerce, qui, sûr de n'avoir pas la concurrence de l'État, pourrait constituer des stocks sérieux.

Il faudrait donc acheter :

1° *De la farine et du blé.*

De la farine pour trois mois ; du blé pour deux mois. Pendant que Paris consommerait la farine, on aurait largement le temps de monter les moulins et de moudre du blé. Mais, il faudrait acheter toute la farine et, au moins, un mois et demi de blé, *en dehors du rayon de Paris.*

En 1870, le rayon de Paris a fourni deux mois de pain ; mais la population à pourvoir était moins considérable ; puis, la moisson s'achevait et les produits en étaient disponibles. Qui sait ce qu'il en sera la prochaine fois ? La guerre peut éclater au printemps.

Il est vrai que le rayon s'étendrait plus loin. Il a donné 400,000 quintaux en 1870 ; en donnerait-il, en 18.., 465,000, représentant 500 grammes de pain par jour et par tête pour 3 millions d'habitants pendant trente et un jours ? On doit en douter. Il est donc prudent de ne compter que sur 200,000 quintaux, moins encore, et d'aménager les achats en conséquence.

Quant à la mouture, Paris n'est pas plus pourvu qu'en 1870. Il y a quelques usines de plus dans le périmètre militaire ; cela ne constitue nullement une ressource. Il faudrait créer des moulins en nombre bien plus considérable que pendant le dernier siège ; donc, acheter des meules avec le matériel accessoire et s'y prendre à temps. On trouvera plus loin des détails à cet égard.

Il est singulier que l'industrie de la minoterie ne se développe pas à Paris. Nous avons vu quelques essais On a eu tort de ne les encourager qu'en paroles.

Au mois de juin 1887, un conseiller municipal a déposé une proposition tendant à la création à Paris, aux frais de la Ville, d'un service d'alimentation comprenant, dans chacun des vingts arrondissements, une minoterie-boulangerie, une boucherie et un comptoir de denrées diverses. A l'heure où j'écris, cette proposition n'a pas encore été discutée. J'ignore quel sort lui est réservé et si les minoteries-boulangeries, notamment, seraient adoptées par l'opinion tout d'abord. Mais si elles réussissaient, — et il faudrait les faire réussir, — elles se multiplieraient rapidement. Alors de quels secours ne seraient-elles pas pendant un siège ! Il y aurait donc intérêt à expérimenter une bonne fois ces innovations économiques.

2° *La viande.*

La question, très controversée autrefois, de l'alimentation de Paris assiégé en viande sur pied a été résolue en 1870 d'une manière définitive.

Les veaux, à raison de leur alimentation spéciale, ne sauraient faire partie d'un approvisionnement de longue durée ; mais on peut acheter des bœufs, moutons et porcs en quantités énormes et les conserver pendant plusieurs mois.

Toutefois, pour raison d'hygiène et aussi pour alléger d'autant les achats, on devrait se pourvoir de conserves de viande, de poissons salés et fumés, de manière à alterner les distributions. On pourrait, par exemple, donner un jour de conserves pour deux jours de viande fraîche. Dans ces conditions, que les médecins admettent parfaitement, l'approvisionnement serait fait deux tiers en bétail, un tiers en viandes et poissons salés, fumés ou préparés par des procédés spéciaux ayant fait leurs preuves. Cette industrie s'est développée au dedans et au dehors.

Je ne fais pas entrer les chevaux dans l'approvisionnement de cinq mois. La consommation hippophagique continuerait dans les conditions ordinaires, plus considérable probablement, fournissant un utile appoint de viande à bon marché. Mais en tant qu'alimentation générale, je ne considère les chevaux que comme ressource extrême. Il faudrait cependant prendre, dès le principe, à l'égard de cette réserve, quelques mesures de conservation.

3° *Le lait;* c'est-à-dire les vaches laitières.

Qui ne se souvient de l'épouvantable mortalité des petits enfants pendant le siège, causée surtout par le manque de lait?

4° *Les fourrages : foins, pailles, sons, tourteaux,* etc.

Il ne faut pas se dissimuler qu'il en faudrait des quantités d'autant plus considérables que, la consommation du bétail sur pied s'alternant avec celle des conserves, l'abatage en serait retardé. D'autre part, on devrait songer aussi à l'alimentation des chevaux. Il y a un intérêt de premier ordre à conserver jusqu'à la fin des attelages nombreux et en bon état. Au 18 mars 1871, le général Vinoy attendit pendant trois heures les attelages commandés pour l'enlèvement des canons de Montmartre; ces attelages ne vinrent pas et pour cause; il n'y en avait plus. C'est pendant ces trois heures d'attente que la Commune éclata.

5° *Les huiles comestibles:* huiles d'olive, d'œillette, d'arachide et même de colza.

On ne peut songer à faire des approvisionnements de beurre. Il en faudrait de 9 à 10 millions de kilogrammes. Pendant le siège, les hygiénistes, Bouchardat en particulier, — je l'ai cité dans les *Souvenirs,* — recommandaient instamment l'emploi de l'huile. Il y a des personnes qui en font usage de préférence au beurre, même à Paris. Dans le Midi la cuisine à l'huile est la règle absolue. Je crois qu'on s'y habituerait rapidement. Les graisses et saindoux fournis par l'abatage des animaux viendraient en addition. Le stock d'huile devrait être assez abondant et assez varié pour être distribué à tout le monde à des prix très raisonnables.

Le commerce libre pouvoirait au beurre autant que possible.

6° *Les fromages secs ;* Gruyère, Hollande, Chester, Stilton, Roquefort, Comté, etc. etc.

Le manque de fromage a été une des grandes privations du siège. Il faudrait que tout le monde pût en avoir : les riches mangeraient du Stilton, du Chester, du Roquefort ; les pauvres consommeraient le Hollande, etc.

7° *Du sel.*

Le général Trochu recommandait d'en acheter à profusion. Quand on lui demandait combien il en fallait, il répondait qu'il en fallait *trop*.

8° *Le riz*, qui peut être utilisé de tant de manières diverses pour l'alimentation, à des prix accessibles à tous.

9° *Les légumes secs :* pois cassés ; haricots ; lentilles ; qui doublent, qui triplent au besoin les plats de viande sur les tables populaires.

10° *Le chocolat*, si précieux pour les enfants et les vieillards. Il a manqué en 1870.

11° *Le sucre* qui devenait d'un prix inabordable à la fin du siège.

12° *Le café*, qui se raréfiait aussi au moment de

la capitulation et dont l'usage, si utile dans l'armée et la marine, est recommandé par les hygiénistes.

Voilà pour les vivres; ils réunissent bien le double caractère de la conservation facile et du bon marché, l'État étant maître de la vente.

Quant aux *liquides*, vins, alcools, on n'en a pas manqué en 1870. On en manquerait d'autant moins en 18... qu'on n'aurait pas cette Garde Nationale inutilisée qui peuplait sans trève les débits de vins pendant le siège. Il y en a toujours des provisions énormes dans les entrepôts du quai Saint-Bernard et de Bercy; dans les magasins généraux de Conflans et de Saint-Ouen; dans les dépôts que beaucoup de marchands de vins ont aux environs de Paris. D'ailleurs, les négociants, voyant venir la crise, ne manqueraient pas de compléter leur stock. Il n'y a donc pas à s'inquiéter des liquides.

Il n'en est pas de même des combustibles, dont il faut se préoccuper de façon toute particulière.

La *houille*, spécialement, doit être accumulée dans des proportions considérables. C'est sur la houille, en effet, que repose l'alimentation.

1° Des moulins; qui ne se souvient des angoisses de 1870?

2° Des usines, qu'il faudrait tenir, autant que possible, en activité;

3° Des foyers de lycées, hôpitaux, communautés, fourneaux, cantines, etc;

4° De l'éclairage public et privé;

5° Des chauffoirs qu'il faudrait peut-être ouvrir dans les quartiers populaires, etc. etc.

Il faut penser aussi aux *bois de chauffage et de boulange* dont la pénurie a été un des grands embarras du siège, et même une des causes de la démoralisation de la population, que l'excès de la souffrance a poussée à l'assaut des chantiers et dépôts de toute sorte.

Enfin, il ne faut pas oublier le *charbon de bois*, indispensable dans les cuisines et ménages. On pourrait, il est vrai, en fabriquer, comme en 1870; mais c'était si long à venir! que de gens renonçaient à leur part de viande faute de combustible pour la faire cuire!

Ainsi, l'approvisionnement devrait être fait pour cinq mois et trois millions de consommateurs, en farine, blé, bestiaux, conserves, fourrages, huiles, fromages, sel, riz, légumes secs, chocolat, sucre, café, houille, bois à brûler et charbon de bois.

Mais, parmi ces denrées, il y en a qui sont de tout temps entassées dans les magasins du commerce, en quantités considérables, représentant un ou deux mois de consommation. Il suffirait, par conséquent, d'en acheter un stock de quatre ou de trois mois, suivant les espèces, pour avoir, en réalité, l'approvisionnement de cinq mois; le tout, sauf vérification préalable des quantités présentes.

Dans ces données, on devrait acheter :

De la *farine* pour trois mois ;

Du *blé* pour deux mois ;

Du *bétail* et des *conserves* pour cinq mois dont deux tiers en bétail et un tiers en conserves ;

Des *vaches laitières* pour compléter cinq mois d'approvisionnement ;

Des *fourrages* pour cinq mois ;

De l'*huile*, du *fromage* et du *sel* pour quatre mois ;

Du *riz*, des *légumes secs,* du *chocolat,* du *sucre* et du *café* pour trois mois.

Quant aux *légumes frais*, aux *salades*, etc., les immenses terrains compris au périmètre des nouveaux Forts en fourniraient pendant tout le temps du siège, si l'on s'y prenait à temps ; si l'on avait recours aux cultures intensives ; si l'on y employait les résidus de Paris et si l'on donnait à l'utilisation des eaux d'égoût le développement annoncé. Les spécialistes ne sont pas d'avis de faire un approvisionnement de *pommes de terre*. On en a perdu en 1870. Il faut laisser cela au commerce libre qui saura les conserver, en attendant l'épuisement des produits de la banlieue.

Voyons maintenant les quantités par espèces.

1° *Farine* et *blé*.

Bien que la consommation moyenne en pain ne soit que de 400 grammes environ par jour et par tête, j'établis mon calcul sur 500 grammes.

Pour 500 grammes de pain, il faut 385 grammes de farine. Pour trois millions de consommateurs pendant trente et un jours, soit un mois, il faut donc

358,050 quintaux de farines; soit pour trois mois, 1,074,150 quintaux.

Pour 500 grammes de pain, il faut 500 grammes de blé. On a donc, pour trois millions de consommateurs, pendant trente et un jours, 465,000 quintaux de blé et pour deux mois, 930,000 quintaux.

Le tout donne bien 465 millions de rations de pain, à 500 grammes par tête et par jour; c'est-à-dire l'alimentation de trois millions de consommateurs pendant cent cinquante-trois jours ou cinq mois.

1,075,000 quintaux de farines et 930,000 quintaux de blé constituent des quantités d'importance. C'est peu en regard des ressources du pays. En farines, c'est presque ce qu'on a consommé pendant le siège. Quant au blé, les greniers français et après eux les docks de nos ports principaux en regorgent. La France seule en produit 80 millions de quintaux par an.

Mais, j'y reviens, on devra s'occuper sans retard de créer un service suffisant de moulins, soit à meules; soit à cylindres, si l'on peut; ce qui serait préférable.

On a vu qu'en 1870, nous avions 493 paires de meules qui donnaient par jour 4,500 quintaux de farines. En 18..., à 385 grammes de farines par tête, il en faudrait par jour 11,550 quintaux, ce qui implique 1,265 paires de meules supposées d'une production égale à celle du siège. C'est une grosse affaire ; mais l'expérience de 1870 aidera considérablement au succès.

2° *Viande*.

Les chiffres seront de beaucoup supérieurs à ceux de 1870. A cette époque, il y a eu l'hésitation et la maladresse inhérentes à tout début. Toute fois, si considérables qu'elles soient, les quantités à prévoir ne sont, pas plus que pour la farine et le blé, au-dessus des forces de la production nationale.

Des statistiques récentes estiment, en effet, pour notre pays, à

13,104,000 le nombre des animaux de race bovine ;
22,616,000 celui des animaux de race ovine ;
 5,881,000 celui des animaux de race porcine ;

Donc il y a de la marge.

Actuellement, la consommation est à Paris, par jour et par tête, de 210 grammes de viande et triperie ; 30 grammes de volaille et gibier ; 40 grammes de poissons divers ; 20 grammes d'œufs ; au total, 300 grammes de nourriture animale. Mais, comme il n'y aura ni poisson, ni volaille, ni gibier, ni œufs, ou du moins, comme il y en aura peu et seulement durant les premiers jours, il paraît raisonnable d'évaluer la consommation en viande d'un assiégé à 250 grammes, ce qui, pour trois millions d'habitants pendant cinq mois, donne 114,750,000 kilogrammes.

Si l'on évalue ce stock en animaux sur pied, on obtient, à 350 kilogrammes de viande nette par bœuf, 21 kilogrammes par mouton, 83 kilogrammes par porc, les chiffres respectables que voici :

180,000 bœufs   × 350 kilog. = 63,000,000 kilog.
1,800,000 mouton × 21   —   = 37,800,000   —
180,000 porcs   × 83   —   = 14,940,000   —

ENSEMBLE. . . . 115,740,000   —

Mais ces quantités peuvent être diminuées d'un tiers, si l'on accepte comme règle la substitution, de trois jours l'un, des conserves à la viande fraîche.

Il suffirait alors d'acheter :
120,000 bœufs donnant en viande nette   42,000,000 kilog.
1,200,000 moutons —   —   25,200,000   —
120,000 porcs   —   —   9,960,000   —

                                         77,160,000   —
Et en y ajoutant un tiers en conserve, soit 38,580,000   —

                                        115,740,000   —

C'est-à-dire, un peu plus de 250 grammes, par tête et par jour, pour trois millions de consommateurs, pendant cinq mois.

Mais, le bétail devrait être acheté en dehors du rayon de Paris.

3° *Lait.*

La consommation normale du lait à Paris est de

17 centilitres par tête et par jour. A ce compte, il faudrait chaque matin 400,000 litres ; et je ne comprends dans mon calcul, ni les réfugiés des départements voisins, ni les habitants des communes du département de la Seine, puisqu'ils conserveraient leurs vaches.

Les trois quarts du lait consommé à Paris viennent des régions situées au delà des Forts. On ne peut donc songer à garantir aux Parisiens leur ration quotidienne de lait, ni même la moitié de cette ration.

Mais il y a les malades et les tout petits enfants qu'on peut évaluer l'un dans l'autre à 100,000 consommateurs. Or, quelles sont nos ressources ? On compte, à l'intérieur de Paris, environ 6,000 vaches laitières. A 10 litres par vache, cela fait par jour 60,000 litres. La banlieue nous envoie environ 20,000 litres. Nous voici à 80,000 litres. Si nous achetons 4,000 vaches, nous aurons 120,000 litres. On ne peut pas demander davantage. Mais les achats doivent être faits avec discernement, et dans notre bonne race française. Les bretonnes sont plus faciles à nourrir et à loger, mais ne donnent guères que 8 à 10 litres de lait; les Hollandaises donnent du lait très inférieur et doivent être exclues. On devra, d'ailleurs, s'occuper avec un soin tout particulier de l'installation de ces vaches et veiller à ce que toutes les prescriptions de l'ordonnance de Police du 27 février 1838 soient exactement observées : question de salubrité.

20

4° Fourrages.

Les quantités à emmagasiner dépendent naturellement des chiffres que l'on adoptera pour le bétail sur pied. Il paraît plus vraisemblable de prendre pour base la seconde hypothèse, c'est-à-dire l'alimentation alternée en viande fraîche et en conserves.

La ration journalière d'un bœuf est d'environ 10 kilogrammes de foin et 10 kilogrammes de paille ;

Celle d'un mouton est de 2 kilogrammes de foin et 200 grammes de paille ;

Celle d'un porc est de 4 kilogrammes de son ou remoulage et de 1 kilogramme de paille.

Mais, il n'est pas possible d'établir ici des calculs aussi précis que pour les autres denrées de l'approvisionnement ; car, si, d'une part, le système d'alimentation alternée a pour effet de rendre les abatages plus lents, d'autre part, la nécessité de convertir en salaisons les animaux moins vigoureux, les porcs surtout, tendra au contraire à restreindre le nombre des animaux vivants plus que ne le ferait la consommation normale.

Dans ces conditions, on pourrait fixer l'approvisionnement à environ 50 millions de bottes de foin, 25 millions de bottes de paille et 20 millions de kilogrammes de son. Mais, il faudrait avoir grand soin de stipuler, dans les cahiers de charges, que cet approvisionnement viendrait des régions situées au delà du rayon de Paris, afin que les fourrages du rayon puissent servir de réserves.

5° *Huiles*.

La consommation quotidienne en huiles comestibles d'un habitant de Paris est de 18 grammes. Vu le manque de beurres, il sera prudent de la porter à 30 grammes. Nous avons vu qu'on peut compter sur un stock d'un mois toujours présent dans les magasins ; il suffira donc d'en acheter pour quatre mois : ce qui donne 10,800,000 kilogrammes, qu'on se procurera facilement, puisque Paris en importe annuellement 16,000,000 de kilogrammes. Mais, on s'assurera au préalable de ce que contiennent les magasins, le stock habituel de un mois étant un minimum. J'ai vu des époques où les entrepôts en contenaient pour plus de deux mois. Les achats seraient restreints proportionnellement.

6° *Fromages*.

La consommation en fromages secs est de 7 grammes par jour et par tête : portons-la à 10 grammes, vu le manque d'autres desserts. Nous aurons pour quatre mois (en défalquant le stock d'un mois des entrepôts et magasins) des achats à faire jusqu'à concurrence de 3,600,000 kilogrammes.

7° *Sel*.

L'habitant de Paris consomme par jour 17 grammes de sel. Supposons 20 grammes, puisque la nécessité d'un approvisionnement de sel est un axiôme obsidional. Il y en a toujours pour plus d'un mois dans les magasins. Le stock à réunir sera donc, pour quatre mois, de 7,200,000 kilogrammes.

8° *Riz.*

La consommation du riz est, en temps normal, de 3 grammes par jour. Supposons-la de 5 grammes. Nous n'avons à en acheter que pour trois mois, puisqu'il y en a toujours pour plus de deux mois dans les magasins. Il faudra donc acheter 1,350,000 kilogrammes.

9° *Légumes secs : haricots, pois et lentilles.*

La consommation individuelle est de 20 grammes par jour. Il y en a des quantités importantes en magasins. Pour compléter l'approvisionnement de cinq mois, on achètera un stock de trois mois, soit, 5,400,000 kilogrammes.

10° *Chocolat.*

La consommation par tête et par jour peut être évaluée à 5 grammes. Pour compléter l'approvisionnement, on achètera 1,350 kilogrammes.

11° *Café.*

A 10 grammes par tête et par jour, il faudra acheter 2,700,000 kilogrammes.

12° *Sucre.*

A 40 grammes par tête, et par jour on achètera 10,800,000 kilogrammes.

13° *Le Charbon de terre.*

La consommation annuelle est de 1,000,000,000 de kilogrammes. Mais il faut tenir compte du temps nécessaire pour faire venir du lieu de production à Paris cette encombrante marchandise. Etant donné un siège de cinq mois, il faut ajouter un mois pour les arrivages du ravitaillement ; il faut songer aussi aux consommations de la banlieue. Il paraît prudent de s'assurer de 700,000,000 de kilogrammes. Cela peut se faire, d'ailleurs, sans bourse délier, comme je l'expliquerai plus loin.

14° *Bois de chauffage et de boulange.*

La consommation qui, pour le bois à brûler, est de 7 à 800,000 stères par an, n'a pas lieu toute l'année comme celle de la houille, mais, seulement pendant six mois, du 15 Octobre au 15 Avril. Il faudrait donc, en tenant compte de cette particularité, et aussi des consommations de la banlieue et de la lenteur des arrivages, réunir un approvisionnement de 600,000 stères au bas mot.

Quant au bois de boulange, il y a, à Paris, 1,790 boulangers qui consomment, en moyenne, 12 stères par mois. Supposons 2,500 boulangers, y compris ceux des territoires compris au camp retranché, jusqu'à la limite d'action des Forts. Cela fait pour six mois 180,000 stères. Il y a des chantiers spéciaux pour ce genre de bois.

15° *Charbon de bois.*

La consommation annuelle est de 5 millions d'hectolitres. Il faudrait donc avoir en magasins, d'après les mêmes bases, environ 3 millions d'hectolitres.

Pour le bois et le charbon de bois, on pourrait, comme pour la houille, épargner à l'Etat les embarras de l'approvisionnement par un procédé que j'indiquerai tout à l'heure.

Tel est le programme général.

A ceux qui pourraient craindre que ces quantités fussent insuffisantes, malgré l'ampleur des bases adoptées, tant en ce qui concerne la population qu'en ce qui concerne les types admis pour les consommations individuelles, je répondrai par l'énumération des excédents sur lesquels il est permis de compter, excédents à provenir :

Des denrées et animaux du rayon de Paris;

De l'approvisionnement particulier des villes et communes comprises dans le périmètre des Forts;

De l'émigration qui réduira très probablement, la population à un chiffre inférieur à trois millions;

De l'avance des boulangers qui est généralement de quinze jours de farines;

Des approvisionnements commerciaux;

Des approvisionnements particuliers;

Des 100,000 chevaux du département (Paris compris) dont les 3 cinquièmes peuvent être abattus sans compromettre les transports; enfin du rationnement, si on se décide à l'appliquer.

Tous ces excédents réunis donneraient, au bas mot, un grand mois de vivres en plus.

On n'aurait donc pas à se préoccuper du ravitaillement qui se ferait tout naturellement par la voie commerciale.

Maintenant, quelle serait l'importance des avances nécessaires pour constituer cet approvisionnement?

Sans ce renseignement, le programme ne serait pas complet.

Je vais donc reprendre les quantités énumérées plus haut en y appliquant des prix établis par des spécialistes d'après les cours ordinaires et les taux admis par la commission d'*évaluation des valeurs de douane*.

Ces prix seront nécessairement des *moyennes*, les denrées ne pouvant être toutes de même qualité. Trop faibles, par exemple, pour les farines de Corbeil ou des douze marques, ils seront trop forts pour les farines de deuxième qualité qu'on ne pourra éviter d'acheter. Il y aura compensation Il en sera de même pour les huiles d'olive et les huiles de colza ou d'arachide ; pour les fromages de Chester et de Hollande ; pour les bœufs de choix et les bœufs communs, etc. etc.

Il est possible aussi qu'achetant par masses (en des régions diverses pour éviter la raréfaction) on obtienne des rabais, pourvu que les opérations soient conduites avec la discrétion, l'intelligence, la connaissance approfondie des ressources locales et, surtout, l'honnêteté indispensable ; ce qu'on obtiendra en écartant, si l'on peut. les intrigants et en n'employant que le haut commerce et les courtiers bien notés sur la place.

DEVIS

| Farines. . . | 1,074,000 quint. à | 32 fr. | 34,364,000 fr. |
| Blés. . . . | 930,000 | 22 | 20,460,000 |

Bœufs . . .	120,000 t.	440 fr.	52,800,000 fr.
Vaches laitières	4,000	500	2,000,000
Moutons . .	1,200.000	30	36,000.000
Porcs . . .	120,000	100	12.000,000
Foins . . .	50,000,000 b.	45 0/0	22,500,000
Pailles . . .	25,000,000	35 0/0	8,750,000
Son	20,000,000 k.	10 0/0	2,000,000
Conserves			
Viande ou poiss.	38,500,000	100 0/0	38,500,000
Huiles . . .	10,800,000	100 0/0	10,800.000
Fromages secs	3,600,000	200 0/0	7,200,000
Sel	7,200,000	15 0/0	1,080,000
Riz	1,350,000	35 0/0	472,500
Légumes secs.	5,400,000	50 0/0	2,700,000
Chocolat . .	1,350,000	200 0/0	2,700,000
Sucre . . .	10,800,000	100 0/0	10,800,000
Café	2,700,000	300 0/0	8,100,000
			273,230,500
	Somme à valoir. .		26,769,500
			300,000,000

Donc, en supposant toute la somme à valoir dé-
pensée, la mise de fonds de l'État serait de 300 millions
contre 169 millions en 1871, c'est-à-dire 131 millions
de plus. Mais l'approvisionnement est fait pour
3,000,000 de consommateurs au lieu de 1,800,000 ;
enfin il comprend une provision abondante de sucre,
de café, de chocolat, d'huiles, de légumes secs, de
fromages, de vaches laitières, etc. qui figuraient à
peine dans celui de 1870 ; enfin, il est calculé pour
cinq ou plutôt pour six mois.

D'ailleurs, il s'agit d'*avances*. Or les *rentrées* seraient facilement meilleures qu'en 1870, où le gaspillage a été à son comble. C'est une question de bonne administration, et j'ose espérer, dans ma candeur, que l'expérience acquise y aiderait.

Conduite avec ordre et économie, l'opération devrait être rémunératrice. Exemples:

Le pain a été taxé en 1870, pendant toute la durée du siège, à 45 centimes le kilogramme pour la première qualité, la seule acceptée à Paris, comme on sait. C'était trop cher; et, d'ailleurs, ces 45 centimes avaient l'inconvénient grave de ne pas se partager exactement en deux lots de sols; de sorte que, les centimes manquant toujours, l'ouvrier qui achetait, suivant l'usage populaire, une livre de pain, la payait cinq sols au lieu de quatre sols et demi.

Supposons le pain taxé à 40 centimes. Le boulanger ne pourra vendre la livre de pain plus de quatre sols. Ce sera un bénéfice dans la poche du pauvre au lieu d'un gain illégitime dans celle du marchand.

Et ce sera bien suffisant comme produit.

En effet, on a calculé les achats de farine et de blé sur le pied d'une consommation de 500 grammes de pain par tête et par jour; ce qui donne, pour cinq mois et trois millions de consommateurs, 232,000,000 kilogrammes de pain. A 40 centimes ces 232,000,000 de kilogrammes produisent 92 millions de francs. Les quantités de blé et de farine correspondant à ces 232,000,000 kilogrammes de pain n'ayant coûté que 54,528,000 francs, il y aurait un boni de 37,472,000 francs. Ce boni ne fût-il même que de 30 millions, il suffirait bien au delà pour couvrir les frais de mouture, de panification et même d'assistance; puisque les bons de pain, prodigués et gaspillés en 1870, n'ont atteint qu'une valeur de 15 millions. Et il y aurait encore à tenir compte du prix des issues.

De même pour la viande.

La viande en 1870 a été taxée, suivant les catégories, pour le bœuf à 3 francs, 2 fr. 10, 1 fr. 70 et 1 fr. 10 le kilogramme; pour le mouton à 1 fr. 80, 1 fr. 30 et 1 fr. 10; pour le porc à 2 fr. 50, 2 fr. 30 et 1 fr. 80. Le tout donne une moyenne de 1 fr. 87 environ.

Augmentons la viande de luxe et diminuons la viande commune de manière à obtenir une moyenne de 1 fr. 80. Les journaux l'ont souvent demandé en 1870.

Les quantités de bétail et de conserves comprises au devis donnent 115,740,000 kilogrammes, (250 grammes par tête et par jour pendant cinq mois), qui, à 1 fr. 80 le kilogramme, produiraient 208,332,000 francs. Les achats revenant, y compris les fourrages, à 172,000,000 francs, le boni serait de 36,000,000 francs. Supposons-le, si l'on veut, de 30 millions seulement, pour tenir compte

des écarts sur la moyenne. Il couvrirait et au delà
le bénéfice du boucher et les allocations gratuites ;
d'autant qu'il resterait encore les produits acces-
soirs, sang, triperie, graisses, os, cornes, peaux,
laines, crins, etc.

Et de même des autres denrées.

CHAPITRE TROISIÈME

RÉALISATION DE L'APPROVISIONNEMENT

Approvisionnement de 1re et de 2me ligne. — Modes d'achat ;
délégation par l'État ; adjudications réglementaires ; marchés
directs ; adjudications restreintes ; cahiers de charges ; marchés à
conditions suspensives. — Transports. — Vérifications à l'arrivée.
— Camionnage et magasinage. — Magasins généraux. -- Halles
de l'Exposition universelle. — Abris pour le bétail. — Rayon de
Paris. — Périmètre des nouveaux Forts. — Organisation des transports et dépôts pour le rayon. — Octroi de Paris. — Réquisitions.

On devrait mettre la main à l'approvisionnement,
aussitôt que la guerre deviendrait probable ; car il
est possible qu'on ait moins de temps encore
qu'en 1870 pour la préparation immédiate. Or, il
en faut pour réunir et amener à Paris les quantités
considérables d'animaux et de marchandises énumérées plus haut.

Il y a deux manières de réaliser l'approvisionnement : la première et la principale consiste dans
les achats immédiats sur les places de province ;
la seconde dans le transport et l'emmagasinement
au périmètre des nouveaux Forts, des animaux et
denrées du rayon de Paris, sauf achat ultérieur.

Occupons-nous d'abord des achats immédiats.

Ils comportent différents procédés.

Il y a la délégation par l'État de l'opération à

des entrepreneurs présentant la surface indispensable. C'est à peu près ce qui a eu lieu en 1871, lorsque, le charbon de terre ayant été oublié dans le ravitaillement, la compagnie des chemins de fer du Nord consentit à partager son stock avec la ville de Paris.

Ce procédé est applicable aux combustibles.

Il exempterait d'une mise de fonds et de difficultés de toutes sortes l'État qui pourrait conclure avec les grandes compagnies des traités conciliant tous les intérêts, stipulant les prix de vente, les modes et lieux de livraison, etc.

Le service officiel du contrôle aiderait, s'il était nécessaire, à l'exécution des arrangements convenus.

Les compagnies, d'autre part, sont en relations continuelles avec les centres houillers ; elles possèdent les moyens de transport et les emplacements nécessaires : elles offrent, d'ailleurs, toute garantie. Tout est donc pour le mieux et le service de la houille pendant le siège ne peut être mieux assuré. La compagnie parisienne d'éclairage et de chauffage par le Gaz et les grandes usines pourraient être associées aux compagnies de Chemins de fer pour cette opération d'intérêt public.

Il semble que pour les bois de chauffage et de boulange, ainsi que pour le charbon de bois, on pourrait procéder de la même façon, c'est-à-dire traiter avec le haut commerce qui, en

1870, a manifesté les meilleures intentions et a maintenu constamment ses prix de vente au taux normal.

Pour les autres denrées, le mode de la délégation n'est pas applicable. Il n'y a pas d'établissements industriels ou commerciaux capables de garantir à la Ville de Paris un million de quintaux de farine, à peu près autant de blé, 120,000 bœufs, 1,200,000 moutons, 10 millions de kilogrammes d'huile, etc. etc.

Il faut donc avoir recours aux achats qui, s'ils offrent des difficultés, ont du moins cet avantage pour l'État qu'il reste maître unique de la marchandise, et, par conséquent, des prix de vente.

Pour les achats, en cas de guerre imminente, l'*adjudication réglementaire*, avec ses lenteurs et ses aléas, n'est évidemment pas de mise. Doit-on donc adopter systématiquement le *marché direct* dont on a tant usé en 1870 et 1871 ?

Je ne le crois pas. Toutefois, en pareille matière, il ne faut pas de parti pris. Il est telle circonstance où le marché direct est utile, indispensable même ; par exemple, quand il s'agit d'enlever rapidement un stock convoité par d'autres, et présentant ce qu'on appelle, en termes de commerce, *une occasion*, ou quand il s'agit de denrées provenant d'un producteur unique, etc. Mais c'est là l'exception.

Il est un autre système qui réunit les avantages du marché et celles de l'adjudication. C'est ce qu'on appelle *adjudications restreintes*. Les architectes en usent souvent. Il consiste à réunir, sans publicité préalable, des fournisseurs ou entrepreneurs d'une capacité et d'une honorabilité éprouvées ; puis à leur proposer une fourniture ou un travail au rabais. On échappe ainsi aux coalitions qui rendent souvent les *adjudications* plus onéreuses que les *marchés directs*. Puis, avantage inappréciable, ce procédé comporte l'exécution immédiate.

Les formules des traités devraient être étudiées et préparées à l'avance, de manière à éviter les omissions et les légèretés signalées dans les traités de 1870 et 1871. Elles pourraient être de deux espèces : une formule générale contenant les clauses invariables (juridictions, expertises, vérifications, frais généraux, droits d'octroi ou de douanes, transports, poids net, dédits, paiements etc.): des formules spéciales à chaque fourniture, s'appliquant à la quantité, à la qualité, à la provenance, aux délais impartis, au mode de livraison, au chiffre du cautionnement, aux amendes par jour de retard, etc. C'est ainsi que le corps des Ponts et Chaussées a pour ses travaux et fournitures deux cahiers de charges : l'un général, imprimé d'avance, obligatoire dans tous les marchés ; l'autre, rédigé en vue de chaque opération.

Tout ce qui précède s'applique à des circonstance où, bien que pressé par les événements, on aurait cependant un peu, comme on dit, le temps de se retourner, où l'ennemi aurait respecté les prescriptions du droit des gens.

Malheureusement, il faut envisager aussi l'hypothèse où une attaque, puis une défaite foudroyantes ouvriraient immédiatement à l'ennemi le chemin de Paris; de telle sorte qu'il fallût compter, non par mois, mais par jours, le temps dont on disposerait pour l'approvisionnement.

Ne pourrait-on en vue de cette éventualité (invraisemblable, tant qu'on voudra, mais possible) étudier la conclusion, par avance, de marchés à conditions suspensives, réalisables au premier ordre du Gouvernement aux taux résultant du cours de la place à la date de cet ordre ? Cette dernière clause préviendrait le danger pour l'État d'être exploité à la faveur des circonstances. Il semble que c'est là une idée dont l'examen présente un certain intérêt. Je l'ai entendu recommander par des gens très autorisés.

L'adjudicataire qui accepterait d'avance ces conditions, sauf courtage légal, aurait le temps de prendre ses informations, de réunir les engagements de ses fournisseurs, d'étudier les transports, etc. D'autre part, l'État aurait le temps de se préparer pour le magasinage et la distribution.

Le jour venu, chaque courtier lancerait des agents qui iraient partout activer les livraisons, presser les transports, lever les difficultés, etc.

On doit se souvenir que Clément Duvernois, dont M. Thiers a loué par deux fois à la tribune le zèle et l'activité, avait cependant perdu dix ou onze jours entre son arrivée au ministère et ses premiers marchés. Or, à quoi a-t-il employé ces dix ou onze jours ? A des informations, des pourparlers, des hésitations.

Il pourrait bien en être de même, si la période des informations, des pourparlers et des hésitations n'était pas définitivement close le jour où la guerre apparaîtrait imminente.

Le meilleur moyen de clore cette dangereuse période au moment voulu, c'est peut-être ce marché à conditions suspensives que je viens d'indiquer. Il n'y aurait plus que l'ordre d'exécution à donner. Mais ce système ne donnerait les garanties nécessaires qu'en y ajoutant le droit de réquisition. Pourquoi pas, avec les garanties indispensables ?

D'ailleurs, quelque confiance que mérite le ministre alors au pouvoir, il serait imprudent de le laisser en tête à tête avec les faiseurs qui ne manqueront pas de venir offrir leurs services. Pour la discussion et la conclusion des marchés, il devait toujours être assisté de la commission ou d'une délégation de la commission.

Les denrées et animaux une fois achetés, il faudra les faire venir à Paris.

Les transports seront peut-être un peu plus faciles qu'en 1870, vu la multiplication des voies ferrées et des services de camionnages ; mais, en en revanche, le trafic sera beaucoup plus considérable.

Il y aura bien des choses à prévoir.

On sera en concurrence sur les chemins de fer avec les deux opérations militaires de la mobilisation d'abord, puis de la concentration, qui, le rendez-vous étant au nord-est, empruntera nécessairement, pour une très grande partie des troupes et du matériel, la voie de Paris.

Les gens toujours rassurés me diront que, lors de la mobilisation du 17e corps, les chemins de fer ont résolu le problème de faire marcher de front le service ordinaire avec le service des troupes. Fort bien ; mais ici, il ne s'agira pas d'un service ordinaire, il s'agira d'un service absolument extraordinaire, du transport d'une quantité d'animaux et de denrées, comme jamais il ne s'en est vu.

Il sera donc nécessaire de s'entendre avec les départements de la Guerre et des Travaux publics et avec les compagnies pour avoir des trains suffisants ; des trains de *grande vitesse*, s'il est possible, avec des *tarifs de faveur*. Il est juste que les compagnies supportent leur part des sacrifices résultant des circonstances. Ces sacrifices seront d'ailleurs bien atténués pour elles par la garantie d'intérêts incombant à l'Etat.

Mais on peut avoir confiance. Les compagnies,

vu les progrès réalisés, feront mieux encore qu'en 1870 et 1871.

Les animaux et les denrées arrivant à Paris seront vérifiés au point de vue du bon état et de l'exécution intégrale des marchés par des agents spéciaux. Les employés des douanes paraissent tout désignés par leurs aptitudes professionnelles pour ce service qui devra être fait à la rigueur. On pourrait les faire assister par les facteurs de la Halle et des vétérinaires, en qualité d'experts.

Puis il s'agira de dégager les gares qui seraient rapidement encombrées par de pareils arrivages.

Les services de camionnage et de magasinage auront donc été organisés d'avance.

Un plan très circonstancié aura été arrêté, dont un double sera remis à chaque agent, de manière qu'il sache, sans hésitation, sur quel magasin il doit diriger chaque arrivage. Il sera muni en outre d'un carnet sur lequel il inscrira, à mesure de la transmission en magasin, la nature, l'importance de l'envoi, le nom de l'expéditeur, la situation du magasin, etc. Le soir, les agents des gares se réuniront au ministère du Commerce sous la présidence du directeur de l'approvisionnement. Là ils rendront compte des opérations de la journée et recevront des instructions pour le lendemain ; puis les indications contenues dans leur carnet seront copiées par des employés spéciaux sur des feuilles toutes préparées au moyen desquelles on établira et tiendra à jour, au ministère, la statistique des arrivages et des magasins. Tout cela peu paraître minutieux, mais l'ordre, si nécessaire et qui a tant manqué en 1870, l'ordre vit de minuties.

L'imprévu jouera sans doute son rôle habituel ; on ne peut avoir la prétention d'y échapper absolument. L'essentiel est de circonscrire ce rôle le plus possible à force de prévoyance et d'unité.

Si l'on convient d'une bonne méthode, les faits s'y rangeront d'eux-mêmes.

Un mot maintenant sur le magasinage ; encore une grosse affaire ; car, il faudra le triple au moins des surfaces occupées pour le magasinage de 1870.

Tout d'abord, mettons hors de question les marchés, lycées, écoles, églises, usines, etc., tous les grands édifices nécessaires au fonctionnement de la vie parisienne qui ne devrait être interrompue dans aucun de ses détails. Il faut donc chercher ailleurs.

Nous aurons les magasins généraux, très augmentés depuis 1870, très bien aménagés pour la plupart, dont l'organisation technique facilitera la conservation des denrées et leur distribution. Mais ils seront insuffisants. D'ailleurs, ni le bétail, ni le fourrage, ni les grains en gerbe ne pourraient y trouver place.

Une faute d'imprévoyance a été commise récemment. Au lieu de placer au Champ-de-Mars, où ils ne peuvent être qu'à l'étroit, les halles de l'Exposition universelle de 1889 (pour les détruire ensuite, comme si on avait de l'argent à jeter par la fenêtre), il fallait les construire sur le plateau de Courbevoie, où rien n'eût empêché de les conserver. Quels immenses et admirables magasins Paris aurait eus là, protégés par la Seine et le Mont-Valérien, desservis par les chemins de fer et les tramways, par les larges voies dont abonde l'ouest de Paris. M. Alphand l'avait proposé avec son sens parisien et administratif.

On pourrait peut-être réparer cette bévue dans une certaine mesure. Puisque l'on tient à ces grandes ostentations dont le résultat pour Paris n'a jamais été que la hausse des denrées alimentaires et la vulgarisation de nos procédés de fabrication au profit de l'étranger, il faudrait au moins en tirer quelque profit pour l'éventualité d'une guerre. Ne pourrait-on conserver les hangars du Champ-de-Mars tels qu'ils seront après l'Exposition ; puis transporter et rétablir ces abris en des endroits bien choisis; par exemple, à portée du chemin de fer de ceinture? Je ne fais qu'émettre une idée

Ce qu'il y a de certain, c'est qu'on serait bien heureux de trouver ces magasins, le jour où il faudrait abriter l'approvisionnement. Et, en attendant, il y aurait certainement des gens pour les louer à titre de magasins généraux ou autrement.

Pour le bétail, il faut autre chose. Les locaux doivent être disposés de façon à éviter les concentrations trop denses et trop rapprochées, si dangereuses en cas de maladies. Les étables rudimentaires improvisées du bois de Boulogne, en 1870, n'ont pas mal réussi. On pourrait, puisqu'on aurait le double d'animaux, en établir aussi au bois de Vincennes. Mais on devrait s'y prendre avant, et non, comme la dernière fois, après l'arrivée des troupeaux.

Avec ce que nous avons d'ingénieurs, d'architectes, d'entrepreneurs, d'ouvriers et de matériaux, si l'on sait s'en servir, la question des magasins et des étables, avec fourrages à portée et services d'eau, sera bientôt résolue.

Voilà pour les achats immédiats à faire en province et à répartir, autant que possible, sur le pays tout entier. C'est l'approvisionnement de première ligne.

Reste l'approvisionnement de seconde ligne, la réserve si l'on veut, consistant dans les grains, les fourrages, les vins et les animaux du rayon de Paris.

On devra d'abord définir nettement le *rayon de Paris*, pour la précision de la clause interdisant aux fournisseurs de l'approvisionnement de première ligne tout achat à l'intérieur de ce périmètre.

Doit-on définir le rayon mathématiquement ; par exemple, le limiter à un cercle tracé à vingt-cinq lieues de Paris ? Ce serait évidemment peu pratique.

Il paraît préférable d'appliquer le nom de *rayon de Paris* à des territoires composant des divisions administratives acceptées de tous, telles que sont les départements. Le *rayon de Paris* se composerait alors des départements les plus rapprochés ; c'est-à-dire, la Seine, la Seine-et-Oise, la Seine-et-Marne, l'Oise, l'Eure-et-Loir, l'Eure, auxquels je proposerais d'ajouter la Marne et l'Aisne, comme étant la route naturelle de l'invasion et devant, par conséquent, expédier immédiatement par tous les moyens de transports possibles, leurs animaux et denrées agricoles au camp retranché de Paris, pour les soustraire à l'ennemi.

Le *rayon* ainsi entendu contient, d'ailleurs, les principaux marchés au blé dont la cote commerciale concourait au calcul du prix du pain, lorsque M. Haussman, en 1863, eût substitué la taxe par le blé à la taxe par la farine.

Ces marchés étaient, avec les distances par voies ferrées :

Chartres (Eure-et-Loire), à	88 kilomètres de Paris
Dreux —	82 — —
Chateaudun —	134 — —
Provins (Seine-et-Marne)	95 — —
Montereau —	79 — —
Meaux —	45 — —
Melun —	45 — —
Etampes (Seine-et-Oise)	56 — —
Pontoise —	30 — —

Les départements que je viens d'indiquer fourniraient donc l'approvisionnement de seconde ligne.

L'ennemi ne s'aventurera ni à l'intérieur, ni même très près de la ligne des nouveaux Forts. Les habitants de la Seine et d'une partie de Seine-et-Oise pourront probablement rester chez eux avec bestiaux et marchandises. Ils continueront leurs travaux et cultures. On les verra, comme à l'ordinaire, chaque matin apporter aux Halles leurs légumes et leurs fruits. Ils seront d'un grand secours à la grande ville, qui, en revanche, leur fournira des vivres quand ils n'en auront plus. Leur présence sur le territoire de leurs communes les préservera des déprédations de 1870.

Mais, au delà du périmètre des Forts, les cultivateurs, s'ils veulent sauver leurs bestiaux et leurs denrées, devront les conduire à l'intérieur de la ligne de défense. Et comme il s'agit éminemment de salut public, l'autorité, armée par la loi spéciale des pouvoirs nécessaires, les y contraindra, s'ils s'y refusent, et opèrera les transports par voie de réquisition. C'était, en 1870, ce que demandait M. Thiers.

Là encore il faudra prévoir et organiser.

Les avis officiels seront préparés d'avance et envoyés tout imprimés aux préfets et maires pour être immédiatement affichés. Ils indiqueront l'endroit où les bestiaux et marchandises devront être conduits.

L'État aura donc préparé des dépôts spéciaux pour l'approvisionnement de seconde ligne en des points de la banlieue choisis de manière à desservir tout le périmètre et autant que possible le long des chemins de fer. Les dépôts seront couverts, bien gardés, bien dégagés, pourvus d'eau.

L'entretien du bétail et des marchandises y sera à la charge des réfugiés ; mais l'occupation en sera gratuite.

Il seront divisés par cases dont chacun prendra le nombre qui lui sera nécessaire, et apposera sur ses compartiments son nom et son adresse, avec l'indication de la nature et de la quantité de ses marchandises.

On y aura installé d'avance un service d'ordre et de comptabilité.

Il y aura des abris spéciaux pour le bétail.

Tout cela peut se faire sans grandes dépenses ; car, il ne s'agit que d'installations provisoires, partant rudimentaires.

Quant aux transports, les préfets et maires auront dû s'en préoccuper à l'avance. Ils auront, d'ailleurs, le droit de requérir chevaux et voitures.

Comme les dépôts seront situés dans la banlieue, il n'y aura pas de difficultés quant à l'octroi, dont on suspendra d'autant moins les perceptions qu'on aura plus besoin des revenus.

Les vins, une fois sauvés des atteintes de l'ennemi, entreront dans Paris à loisir et dans les conditions ordinaires. Au besoin, si les entrepôts officiels étaient insuffisants, la loi spéciale pourrait admettre, pour les temps du siège, avec les précautions nécessaires, *l'entrepôt fictif*. De même pour l'huile, le sel, le vinaigre, etc.

Les propriétaires d'animaux et de denrées agricoles auront tout avantage à profiter des abris offerts par l'État. Sans parler de la gratuité, ils seront ainsi en bien meilleure situation pour faire acheter leurs marchandises. Quant aux volailles, œufs, beurre, lait etc., le grand marché de Paris leur sera ouvert.

Voilà donc l'approvisionnement constitué, savoir : dans les magasins de l'intérieur, le produit des achats faits ; dans les dépôts de la banlieue, la réserve, les achats à faire.

Reste une troisième source d'approvisionnement : ce sont les réquisitions.

Je me contente de les mentionner ; car, si l'approvisionnement est fait dans les proportions que je viens d'indiquer, j'ai la conviction qu'il ne sera pas nécessaire d'avoir recours aux réquisitions de denrées et d'animaux de boucherie.

Il y a cependant là un droit et une ressource que l'État doit conserver pour les cas extrêmes et pour beaucoup de nécessités courantes.

En dehors des réquisitions de marchandises qui sont des expropriations pour cause d'utilité publique, il y a, d'ailleurs, les réquisitions d'ouvriers,

de chevaux, de voitures, de machines, de terrains,
de locaux, de matériels, etc. qui ne sont que des
emprunts, mais également pour cause d'utilité publique. La loi spéciale pourvoira sur tous ces points
à la procédure et aux garanties.

CHAPITRE QUATRIÈME

LA DISTRIBUTION

La *distribution* est une opération bien plus compliquée que l'*approvisionnement* et qui exige une attention et des soins tout particuliers. C'est là surtout que la préparation est indispensable.

Le directeur général de la distribution sera naturellement le ministre du Commerce, représentant l'État, propriétaire des denrées. Il sera donc d'une haute importance de le bien choisir. L'opinion voudra là un administrateur connu par ses capacités, et non un politicien entortillé d'intrigants.

Il aura, d'ailleurs, à ses côtés la commission des *Subsistances* qui, préparée par ses études, ne le laissera jamais sans aide et sans conseil.

Mais, il ne peut pas, de son cabinet, tout voir, tout prévoir et tout faire. Il lui faut, dans les arrondissements, des représentants pour le renseigner, veiller aux détails, résoudre les difficultés courantes, servir d'intermédiaires entre lui et les administrés.

A qui déléguera-t-il ces délicates fonctions? A des improvisés comme en 1870, ou à des agents formés et instruits à l'avance? Il suffit de poser la question pour la résoudre.

En ce qui concerne les municipalités, l'expérience est faite. J'ai cité le rapport de M. Dubief *sur les opérations extraordinaires des mairies pendant le siège*. On y a vu ce qu'ont été leur rôle, leur comptabilité et leur personnel, sous la pression des circonstances et dans l'abandon où les a laissées un ministre préoccupé surtout, paraît-il, d'un essai de décentralisation.

On ne sait que ce que l'on a appris. Où ces magistrats d'état civil auraient-ils appris un service administratif aussi en dehors de la vie normale?

Il n'y a pas lieu d'y revenir. Les maires et leurs bureaux officiels ont bien assez de la besogne ordinaire. Dans un moment de crise surtout, il importe de ne pas les en distraire.

D'ailleurs, même en 1870, on s'est passé d'eux quelquefois pour la distribution des denrées. M. Dubief constate dans son rapport, que » dans la 12ᵉ mairie, il n'a été fait aucune opération extraordinaire: les commerçants ont traité directement avec le ministre pour l'achat des vivres et la mairie n'est pas intervenue. »

Puis il est une fonction qui leur revient naturellement, fonction honorable entre toutes ; c'est la répartition des secours alloués par le Conseil Municipal ; la recherche des pauvres honteux ; la centralisation des dons, en argent ou en nature, de la charité privée.

Ils auront assez à faire en dehors de leurs devoirs de tous les jours, s'ils veulent n'allouer les secours qu'à bon escient ; prévenir les gaspillages, les doubles emplois, les erreurs d'attribution ; surveiller les fourneaux et les cantines ; développer l'œuvre des bureaux de bienfaisance ; contrôler le service des bons de pain, de viande, de chauffage, de vêtements, etc.

Si le ministre directeur, envisageant de près sa responsabilité, est résolu, non à laisser couler l'eau et l'approvisionnement, mais à bien tenir tout le service en main, à donner en toutes choses des instructions ou des ordres, à se faire obéir, il lui faudra pour intermédiaires auprès de la population des agents qui ne soient pas à moitié indépendants comme les maires, mais immédiatement subordonnés ; des employés, en un mot, choisis et préparés pour cette mission spéciale.

Or ces employés, il n'aura pas à les chercher, si l'on a créé le service technique esquissé plus haut. Il les aura sous la main, avec leurs études spéciales ; leur connaissance approfondie de chaque arrondissement ; leurs relations avec les boulangers, bouchers, marchands de comestibles et de combustibles, etc.; leur entente établie avec les maires, les commissaires de police, les bureaux de bienfaisance, etc.; leurs renseignements toujours au courant sur le nombre et l'état de la population, renseignements qu'il suffira de compléter au point de vue des émigrations et des réfugiés; avec les registres et formules de distributions préparées d'avances, etc.

Comme ils auront étudié tous les détails de leur service, ils sauront immédiatement répartir ces détails entre les employés qu'on leur donnera pour compléter les agences d'arrondissement, lesquelles pourront ainsi fonctionner sur l'heure.

Au moyen de ces agences, on aura de la méthode et de l'unité dans la distribution et l'on échappera, autant que possible, aux détestables gaspillages et inégalités de 1870.

Voilà pour le personnel du service de distribution; personnel que l'on pourra comprendre autrement, compléter et perfectionner, comme la commission l'entendra, puisque je n'ai fait qu'émettre une idée.

Qu'il soit composé comme on voudra, sa pensée dominante devra être d'économiser les vivres autant que possible.

Il faudra donc commencer par un recensement sévère de la population et de l'approvisionnement: c'est capital.

La population d'abord.

Dès que l'investissement serait complet et, par

conséquent, les émigrations terminées, on ferait distribuer dans chaque maison des formules imprimées, sur lesquelles les propriétaires ou leurs représentants indiqueraient le nom, par ménages, des personnes ayant quitté Paris; sauf vérification, bien entendu.

Les formules porteraient en tête la mention des pénalités édictées par la loi spéciale contre les fausses déclarations.

Elles seraient recueillies le lendemain de la distribution, vingt-quatre heures suffisant pour les remplir.

On commencerait par éliminer celles, évidemment nombreuses, qui ne porteraient aucune indication d'émigration. Au moyen des autres, on mettrait au courant les états de répartition de la population par ménage et par maison que les contrôleurs de l'approvisionnement, comme on l'a vu, doivent tenir à jour. Le travail serait moins considérable qu'on ne croit, attendu qu'il suffirait le plus souvent de modifier des chiffres.

Le recensement des personnes devrait être fait avec une précision égale dans toute commune qui viendrait puiser aux réserves.

Quant au recensement des approvisionnements, indispensable pour que la défense sache sur quoi elle peut compter, celui des magasins de l'État n'offre aucune difficulté. La question est plus délicate en ce qui concerne les stocks commerciaux.

Il faudrait procéder autant que possible à l'amiable. La grande majorité des commerçants, appréciant les circonstances, ne feraient nulle difficulté de donner les déclarations écrites qui leur seraient demandées et d'en laisser vérifier l'exactitude. Je ne parle ici que de leurs magasins particuliers, le ministère du Commerce pouvant toujours s'assurer de l'importance des dépôts existants dans les magasins généraux. En tout cas on devrait toujours s'entendre au préalable avec le syndicat de chaque corporation, ce qn'on n'a pas assez fait en 1870.

Le commerce resterait entièrement libre.

Toutefois la disparition déloyale, non constatée par des écritures régulières, c'est-à-dire l'accaparement plus ou moins dissimulé des marchandises recensées, donnerait lieu à des enquêtes et aux suites prévues par la loi.

Les *approvisionnements particuliers* seraient à l'abri de toute mesure extraordinaire.

Il faudrait cependant donner au Gouvernement le droit d'en formuler la quantité par tête ; et ce, dans l'intérêt surtout des négociants et de leurs familles, pour le cas, peu probable, où ils seraient atteints par une réquisition dans l'intérêt public.

Passons à la distribution.

Il y a : 1° la distribution en gros, celle qui est faite par l'État aux distributeurs secondaires : boulangers, bouchers, épiciers, etc. ; et 2° la distribution en détail, c'est-à-dire celle qui est faite au public.

1° La distribution en gros.

En ce qui concerne les farines, la distribution ne commencerait pas immédiatement, les boulangers ayant presque tous une quinzaine d'avance, quelques-uns davantage. On aurait donc le temps de faire classer et numéroter par des experts les diverses sortes de farines, de façon à les livrer à la consommation proportionnellement et d'ensemble ; au lieu de commencer par les supérieures et continuer jusqu'à la fin, en descendant toujours d'un degré, comme on a fait en 1870. Le pain serait peut-être un peu moins blanc ; mais le système des mélanges pratiqué dès le commencement aurait l'avantage d'éviter au public une surprise désagréable au moment où il faudrait mettre en consommation les produits de la mouture, qui, évidemment, ne seront pas des farines perfectionnées.

On ferait aux boulangers les crédits en usage, sur leur signature, et les recouvrements seraient opérés aux échéances par la Banque, ce qui éviterait à l'État la création de caisses spéciales. Pour éviter des malentendus, les *bons de pain* ne seraient pas acceptés en payement des farines livrées. La Ville, chargée de l'assistance publique, rembourserait le prix des bons aux boulangers, sauf compte à faire sur les bases acceptées par l'État et par elle.

Quant au transport des farines, il n'y a pas à s'en préoccuper. Il y a des camionnages spéciaux qui continueraient naturellement leur service.

faudra seulement mettre leurs attelages à l'abri de toute réquisition.

Même organisation pour la boucherie. On se passerait des *chevillards* ou marchands de viande en gros, puisque c'est l'État qui serait le grand fournisseur. — Si l'abattoir de la rive gauche, projeté par le Conseil Municipal, était construit, le service serait notablement facilité. — Les bouchers jouiraient du crédit ordinaire; les recouvrements seraient faits par la Banque et la Ville payerait les bons de viande qu'elle ferait délivrer. Le service de transport existe, comme pour la farine.

Pour combien de temps les boulangers et bouchers seraient-ils fournis?

Pendant le siège, tant que la caisse de la Boulangerie eut de la farine en quantité suffisante à sa disposition, elle fit aux boulangers des distributions hebdomadaires. On pourrait faire de même.

Pour les bouchers, il semble que les fournitures de l'abattoir devraient comprendre deux jours de viandes fraîches et un jour de viandes ou de poissons salés ou fumés. Les conserves pourraient, en effet, être emmagasinées, soit à l'abattoir où il y a des terrains vacants, soit au marché aux bestiaux, qui servait, en 1870, aux exercices de la garde nationale du quartier! La distribution serait ainsi plus facile et plus prompte.

Quant aux quantités à livrer à chaque boulanger

et à chaque boucher, c'est une question plus difficile.

J'ai dit que, parmi les études à faire par les agences d'arrondissement, figurait celle de l'importance du débit quotidien des bouchers et boulangers. Le résultat de ces études serait centralisé au ministère du Commerce. On en ferait le total et l'on saurait immédiatement s'il correspond aux chiffres totaux de la consommation individuelle, savoir : 400 grammes de pain et 200 ou 210 grammes de viande par jour et par tête. S'il en était ainsi, après une diminution proportionnelle aux émigrations constatées par le recensement spécial, les fournitures pourraient être faites sur le pied des indications provenant des agences, avec majoration d'un vingtième de précaution, si l'on veut.

On voit l'utilité de ces agences et de leurs études. Grâce à elles, on ne serait pas pris au dépourvu, en ce qui concerne les quotités du prélèvement quotidien sur les stocks.

Il y aurait, d'ailleurs, en ce qui concerne la boucherie et la boulangerie, un moyen d'arriver à plus de précision encore dans les livraisons. Il en sera question plus loin à propos du rationnement.

Quant à l'épicerie, il se passera un laps de temps considérable avant que le commerce de détail n'ait recours aux réserves de l'État.

Quand le moment sera venu, en remettant aux détaillants les quantités dont ils feront la demande, on leur imposera l'obligation de ne les débiter qu'à un taux fixe et modéré, leur assurant néanmoins un bénéfice convenable. Cela suffira pour empêcher la hausse sur les denrées.

L'État, grâce à son stock, sera toujours maître du marché.

On emploiera le même procédé pour les combustibles. Les détaillants n'en obtiendront des compagnies de Chemins de fer, qu'à la condition de vendre au public à un prix déterminé.

2° La distribution au détail.

Le meilleur système serait celui qui changerait le moins les habitudes de la population et des commerçants.

On voit déjà, par ce qui vient d'être dit de la distribution en gros, que chacun pourrait continuer de s'adresser à son boulanger, à son boucher, à son épicier, à son marchand de combustibles. Donc, pas de dérangement! Tant mieux si l'on peut s'y tenir.

Le rationnement se bornerait alors, les boulangers et bouchers recevant les quantités suffisantes pour alimenter leur clientèle ordinaire, à tenir la main à ce que l'ensemble de ces quantités ne dépasse jamais, pour la population constatée, les moyennes adoptées.

Mais il faut examiner le cas où l'on serait amené à reconnaître indispensable un rationnement plus sévère et chercher comment on pourrait le rendre le moins onéreux possible aux consommateurs.

CHAPITRE CINQUIÈME

TAXES ET RATIONNEMENTS

Droit de taxe et de rationnement. — L'État seul régulateur des prix pendant l'état de guerre comme souverain et comme propriétaire de l'approvisionnement. — Taxes du pain et de la viande. — Rationnement. — Types de consommation par sexe et par âge. — Répartition des ménages par boucheries et boulangeries. —Livrets de famille et cartes personnelles.

Le droit de taxer et de rationner est inhérent au pouvoir souverain ; mais c'est un droit exorbitant dont il ne faut user que dans ces cas extrêmes où les Romains proclamaient le : *Ne quid detrimenti respublica capiat.*

L'envahissement de la France constitue certes un cas extrême, et personne ne s'étonnera que la loi spéciale à Paris assiégé consacre ce droit tout en le réglementant.

Il faut noter, d'ailleurs, qu'ici l'État taxe et rationne, autant à titre de propriétaire qu'à titre de souverain, ce qui atténue le caractère de son intervention entre le débitant et le consommateur.

C'est en vertu de cette qualité de propriétaire qu'il devrait, *seul*, en cas de guerre, êtré investi du droit d'édicter des prix de vente obligatoires. Il ne s'agit pas de retirer aux maires la faculté de taxer le pain et la viande qu'ils tiennent de la loi des 19-22 juillet 1791, mais de se conformer à la nature des choses dans un cas particulier : de ne pas retomber dans les incohérences de 1870, où l'on a vu tout à la fois le pain taxé par le maire de Paris en vertu de la loi de 1791, la viande taxée par le ministre du Commerce en violation de la même loi, le sucre et le charbon taxés par le préfet de la Seine sans droit ni autorisation d'aucune sorte. L'unité est indispensable.

Ceci dit, je crois que la taxe du pain et de la viande s'impose. Pour les autres denrées ; elle ne serait probablement pas nécessaire.

Toutefois, le droit de taxe doit être universel. Il faut tout prévoir.

En tout cas, il serait bon que toute taxe fût délibérée avec le syndicat de chaque corps d'état. On y gagnerait en autorité et les débitants seraient mal venus à se plaindre que leurs droits fussent sacrifiés.

J'ai dit qu'en ce qui concerne le pain, on ne devrait pas dépasser le prix de 40 centimes le kilogramme ; et, en ce qui concerne la viande, la moyenne de 1 fr. 80 centimes le kilogramme, en ayant soin que les prix de chaque catégorie fussent autant que possible divisibles par 2 et par 4 comme 40, 80 centimes, 1 franc, 1 fr. 20, 2 francs, 2 fr. 40, etc., de façon que l'acheteur d'une livre et d'une demi-livre n'eût jamais à payer de forts centimes.

Quant au rationnement, qu'il faut prévoir aussi

et que, pour ma part, je serais d'avis d'appliquer dès le commencement du siège, il est essentiel : 1ᵉ qu'il soit sans danger pour la santé publique ; 2° qu'en compensation des privations et dérangements qu'il comporte, il soit organisé de manière à garantir au consommateur sa part quotidienne avec une régularité absolue.

Pour être sans danger, il faut que le rationnement soit proportionnel à l'âge et au sexe. Il serait superflu de démontrer qu'un rationnement consistant uniquement dans la diminution de la distribution en gros, par exemple, dans la réduction de 11,000 à 9,000 quintaux de la consommation quotidienne de farines ne satisferait nullement à l'indispensable condition de garantir a chacun sa part d'alimentation. Dans ce système, tandis que les plus diligents continueraient à vivre comme par le passé, les autres manqueraient du nécessaire.

Il faut entrer dans le détail de la distribution au public, si l'on veut rationner hygiéniquement et équitablement.

Les médecins que j'ai consultés admettent le rationnement du pain et de la viande sur les bases suivantes, étant bien entendu que les quantités seraient corrélatives et que, si l'on diminuait, par exemple, la ration de viande, on devrait augmenter autant que possible la ration de pain.

Pour le pain :

Adulte homme.	500 grammes	
Adulte femme.	375	—
Enfant au dessous de 12 ans.	250	—

Pour la viande :

Adulte homme.	250	—
Adulte femme	200	—
Enfant au dessous de 12 ans.	100	—

Comme je l'ai dit plus haut, d'après les données normales de la statistique, la population se partage à peu près exactement entre les deux sexes, avec un cinquième d'enfants au-dessous de douze ans.

Mais, ici, prévoyant que les émigrations porteront surtout sur les femmes et les enfants, j'évalue dans l'ensemble les hommes à trois sixièmes, les femmes à deux sixièmes, les enfants à un sixième.

Ce système me fait gagner un mois.

J'ai, en effet :

1,500,000 hommes
1,000,000 femmes
500,000 enfants

ce qui, avec les chiffres types indiqués plus haut, donne une consommation quotidienne :

Pour la farine, de 9,600 quintaux environ au lieu de 11,550 ; donc cent quatre-vingt jours de pain au lieu de cent cinquante ;

Pour la viande, de 625,000 kilogrammes au lieu

de 750,000; donc cent quatre-vingt jours au lieu de cent cinquante.

Nous avons donc bien un mois de plus, en viande et en pain, sans compter les excédents énumérés ci-dessus.

Voici le mécanisme de la distribution au détail, qui paraît le plus propre à épargner aux ménagères les courses inutiles, les déconvenues, les interminables et glaciales attentes de 1870.

Tous les boulangers et tous les bouchers seraient admis à concourir à la distribution, à la condition de se conformer à la taxe et aux règlements, sous les peines portées par les lois en vigueur, très suffisantes, si on les applique. Il pourrait y avoir dans chaque arrondissement deux ou trois boulangeries et boucheries spéciales pour les grands établissements, lycées, pensions, communautés, restaurants, etc.

Quant aux autres boucheries et boulangeries, les ménages de l'arrondissement seraient répartis entre elles le plus équitablement qu'il serait possible, en tenant compte du voisinage.

Dans les boulangeries, les clients se présenteraient, comme en temps ordinaire, la vente du pain se faisant beaucoup plus vite que celle de la viande.

Dans les boucheries, les ménagères passeraient par moitié, tous les deux jours, munies de numéros de couleurs diverses. Le troisième jour, les boucheries distribueraient des salaisons. Ce jour-là, la répartition des conserves étant plus facile que celle de la viande fraîche, toute la clientèle pourrait être servie, à la condition de diviser les heures du jour entre les séries.

La clientèle serait obligatoire pour les boulangers et bouchers, et réciproquement ; c'est-à-dire que chaque ménage ne pourrait s'adresser à d'autres boulangers et bouchers que ceux qui lui seraient désignés et que chaque boucher et boulanger devrait sa part de viande et de pain à tout ménage compris dans sa clientèle. Ce serait un dérangement dans les habitudes d'un certain nombre de gens ; mais, comme cela, du moins, tout le monde serait sûr d'avoir la vie quotidienne.

Avec un peu de bonne volonté de part et d'autre, les choses s'arrangeraient à la satisfaction commune. Un système analogue a fonctionné pendant le siège de 1870 dans le XIVe arrondissement.

On s'est servi, pour le rationnement du pain, de la *carte de famille*, laquelle portait le nom du fournisseur et celui des membres de chaque famille, avec des cases quotidiennes sur lesquelles, soit à la plume, soit au moyen d'un timbre, on constatait la fourniture faite.

Je préférerais un *livret de famille*, portant à peu près les mêmes indications et de plus, sur la couverture, la quantité de pain et de viande revenant à chaque ménage. Ainsi, M. et Mme... et deux enfants mâles âgés de quinze et dix ans : rations de pain,

1 kilog. 625; rations de viande, 0 kilog. 800. Ce livret serait préparé pour plusieurs mois. Il y aurait, à chaque date, double case; l'une pour le boucher, l'autre pour le boulanger. Chacun d'eux apposerait un timbre dans sa case au moment de la fourniture et répèterait la même estampille sur un registre disposé *ad hoc* qui serait représenté au besoin.

Des agents auxiliaires seraient adjoints aux bouchers et boulangers pour cette comptabilité exceptionnelle : ressource pour des gens sans place.

Toute l'organisation de ce rationnement, avec les livrets et registres nécessaires, aurait été préparée d'avance et serait surveillée par les agences d'arrondissement qui apporteraient, à coup sûr, des perfectionnements et des améliorations à l'esquisse que je ne fais qu'ébaucher.

Mais, m'objectera-t-on peut-être, que deviennent, dans votre système, les célibataires, les employés, les ouvriers obligés de manger hors de chez eux ?

Ceux-là se feront donner, à l'agence, une feuille spéciale qu'ils remettront au restaurateur choisi par eux et au moyen de laquelle celui-ci touchera leur part de viande et de pain.

Mais, dira-t-on encore, n'y a-t-il pas à craindre de doubles emplois dans le cas où un employé ou un ouvrier mariés, mais forcés par leurs occupations de prendre leurs repas hors de chez eux, figureraient à la fois sur leur *carte personnelle* et sur le *livret de famille*. Je réponds qu'il est bien peu vraisemblable que dans ces ménages on s'inflige double dépense, en exigeant la part du membre absent, qui payerait de son côté au restaurant ; que, d'autre part, l'agence d'arrondissement ne délivrera de *carte personnelle* à un homme figurant sur un *livret de famille*, qu'après avoir annoté le livret en conséquence ; qu'enfin la loi spéciale pourra prévoir ce cas et frapper d'une peine corporelle ou d'une amende le double emploi prémédité.

Donc, les objections n'ont rien de grave.

Le rationnement, ainsi précisé, aurait l'avantage de faciliter la distribution en gros des farines et de la viande dans les abattoirs et magasins, puisque les quantités à livrer à chaque boucher et à chaque boulanger seraient toujours les mêmes.

Ce résultat serait particulièrement précieux en ce qui concerne l'attribution proportionnelle de la farine, d'après la cuisson quotidienne, problème que la disparition de la caisse de la Boulangerie rendait inquiétant.

J'ai fini. Entrer plus avant dans les détails serait inconsidéré en des matières essentiellement soumises aux circonstances.

J'ai voulu simplement appeler l'attention des patriotes sérieux sur un côté de la défense ; insister sur la nécessité de préparer ce côté comme les autres.

Prévoir ! Tout est là.

Les indications contenues dans ce livre pourront y aider, si peu que ce soit.

TABLE DES MATIÈRES

SOUVENIRS

CHAPITRE PREMIER

L'APPROVISIONNEMENT DE PARIS EN 1870

Origines de l'approvisionnement de Paris. — M. Dumas, président du Conseil Municipal. — M. Henri Chevreau, préfet de la Seine. — Programme. — Pain, viande, fourrages et sel. — Insuffisances et omissions. — Déclarations de M. Emile Ollivier. — M. Alphand et les portes de Paris. — M. Louvet, ministre du Commerce. — M. Perrier, intendant militaire. — 19 millions de conserves. — M. Clément Duvernois, ministre du Commerce. — Emprunt d'un milliard.— Marche sur Sedan. — Le général comte de Palikao. — Le maréchal de Mac-Mahon. — Refuges offerts pour leurs denrées aux agriculteurs du rayon de Paris. — Délibérations du Conseil municipal des 19 et 22 août. — L'approvisionnement de Paris au Corps Législatif. — M. de Jouvencel et les blés de la Brie; M. Jules Simon et les émigrations; M. de Kératry et les meules de grains et fourrages; M. Thiers et les mesures coercitives; M. Josseau et les lenteurs administratives; M. Darblay et les magasins généraux; M. Cochery et les chemins de fer; M. Rampont et la viande sur pied; déclaration de M. Clément Duvernois. — L'approvisionnement de

CHAPITRE DEUXIÈME

LES MARCHÉS DE L'APPROVISIONNEMENT

CHAPITRE TROISIÈME

LES MAGASINS

CHAPITRE QUATRIÈME

LA MAIRIE DE PARIS

CHAPITRE CINQUIÈME

L'ADMINISTRATION DE L'APPROVISIONNEMENT

CHAPITRE SIXIÈME

LA DISTRIBUTION DE L'APPROVISIONNEMENT

CHAPITRE SEPTIÈME

L'ASSISTANCE PUBLIQUE

CHAPITRE HUITIÈME

LE PAIN

CHAPITRE NEUVIÈME

LA VIANDE

CHAPITRE DIXIÈME

DENRÉES DIVERSES ET COMBUSTIBLES.

CHAPITRE ONZIÈME

RÉQUISITIONS

PRÉVISIONS

CHAPITRE PREMIER

PRÉPARATION

CHAPITRE DEUXIÈME

PROGRAMME

CHAPITRE TROISIÈME

RÉALISATION DE L'APPROVISIONNEMENT

Approvisionnement de 1re et de 2e ligne. — Modes d'achat;
délégation par l'État; adjudications réglementaires; marchés
directs; adjudications restreintes: cahiers de charges;

CHAPITRE QUATRIÈME

LA DISTRIBUTION

CHAPITRE CINQUIÈME

TAXES ET RATIONNEMENTS

Tours. — Imprimerie DESLIS Frères.

www.ingramcontent.com/pod-product-compliance
Lightning Source LLC
LaVergne TN
LVHW050344060726
842524LV00002B/240